会計プロフェッションと監査

会計・監査・ガバナンスの視点から

八田進二
Shinji Hatta

同文舘出版

To T, R& J

序

いずれの組織および事業体においても、その使命に見合った活動の実態および結果を利害関係者に伝達し、もって必要な意思決定を可能にさせるためには、信頼しうる情報が適時かつ適切に作成および伝達されることが不可欠である。こうした情報の中核に、確立した基準に準拠して作成される会計情報が位置づけられることは論を俟たないであろう。と同時に、不特定多数の利害関係者を擁する企業等においては、こうした会計情報の信頼性を確保するための方策として、独立の第三者である会計プロフェッションによる監査を義務づけることで、経済社会の信頼を確保しているのである。

とりわけ自由な資本市場を背景とする民主主義社会においては、自己責任の下に経済的な意思決定を行うことが求められていることから、会計情報の信頼性を担保するためのディスクロージャー制度の構築が極めて重要である。しかしながら、二一世紀を迎えた世界の市場は、グローバル化、情報ネットワーク化、高度化あるいは複雑化といった課題とともに、それを支える確立した基準等の国際的統一化の流れが加速してきたことから、二〇世紀までの環境とは比較にならない劇的な変革がみられるのである。

こうした変革を余儀なくさせたのは、二〇〇一年一二月に露呈した米国のエンロン社による会計不正事件にあったことは周知のとおりである。ただ、わが国の場合、当時にあっては、まさに対岸の火事として等閑視されており、経済社会のインフラとされるディスクロージャー制度に与える影響を正しく見極めることができなかったのである。その後、市場の信頼の失墜を回復し、かつ、投資家を保護するため「二〇〇二年サーベインズ＝オクスリー法」（俗称、「企業改革法」）の制定がなされたが、同様に、ディスクロージャー制度に及ぼす影響の重大さに意を払う者は皆無に近かったのである。

というのも、わが国では、ディスクロージャー制度を語る場合、まず第一に、会計の問題として取り上げ、会計基準ないしは開示基準等の枠組みの整備に主眼を置くとともに、そこでの情報の信頼性を担保するための監査について、若干の取組みを行うといったところが通例であったからであるといえる。ただ、二〇〇二年の監査基準の改訂および二〇〇三年の公認会計士法の改正以後は、会計不正の撲滅に向けて従来にも増して監査の重要性と厳格化が声高に叫ばれるようになったことから、会計と監査がディスクロージャー制度を支える二本柱として認識されることとなったのである。

しかし、「企業改革法」で示された基本的視点は、ディスクロージャー制度の改革は、会計上の改革、監査上の改革だけでは十分でなく、さらに、企業の内部統制を中核としたコーポレート・ガバナンス上の改革を度外視してはなし得ないという理解を明示したことにある。

まさに、「会計、監査、そしてコーポレート・ガバナンス三位一体の改革」であり、本書において思考する基本的視点でもある。

信頼しうる企業情報の発信に際しては、その背後において、誠実な経営者のもとでの健全な企業活動が透明性高い形で推進されていることが前提とされなければならない。ところが、会計および監査が果たすべき役割は、通常、こうした企業活動の結果を事後的に記録ないし検証することに主眼が置かれており、そのすべてが、企業活動の後追いである点に大きな特色がある。しかし、二一世紀以後に発覚した多くの会計不正事件では、図らずも、当事者である経営サイドにおける規律づけの強化を図ることこそが、ディスクロージャー制度の信頼性向上に不可欠であることを示したのである。つまり、会計および監査における事後対応に加えて、事前の措置として、有効な内部統制を整備および運用することが極めて重要であることを明らかにしたのである。

会計学とりわけ監査論の研究を始めてから関心を抱いてきたテーマの一つに、「不正な財務報告」をいかに防止、抑止ないしは早期に摘発・発見すべきかということがあった。その結果、辿り着いた解答として、会計上の課題および監査上の課題を克服することは当然のこととして、加えて、企業の内部統制への取組みを明らかにするとともに、早期に実践することが強く求められるということを早くから指摘してきたのである。

こうした視点に立って検討を加えてきた論稿のうち、特に、近時のディスクロージャー制度改革の基本課題に関連する論稿を集めて、ここに『会計プロフェッションと監査―会計・監査・ガバナンスの視点から―』と題して上梓することとした。これらの論稿の根底に流れる思考は、いかに厳格かつ盤石な基準ないしは制度を構築しても、時の経過ないしは環境の変化等により、必ずや制度疲労ないしは機能不全を起こすものであり、そのためには、継続的な監視と適時の見直しが不可欠であるということ、そしてまた、こうした制度を運用するのはあくまでも人間《ひと》であることから、会計および監査だけでなく、経営に携わる者の資質としての倫理観の向上を念頭に置いた対策を講じることが不可欠であるという思いである。

ところで、ディスクロージャー制度改革の視点として、筆者が提唱する「会計、監査、コーポレート・ガバナンス三位一体の改革」に対する正しい理解のために、併せて、『会計・監査・ガバナンスの基本課題』(同文舘出版)と『21世紀　会計・監査・ガバナンス事典』(白桃書房)を編纂・上梓することとした。ともに多くの読者が得られ、わが国のディスクロージャー制度のより一層の向上に資することを願うものである。

会計学および監査論の勉強を始めて既に四〇年近い歳月が流れようとしており、気がついてみると、還暦を迎える年となっていた。人生の一つの節目でもあることから、これまでのささやかな研究成果を棚卸しすることで、次なる研究の礎石にしたいと考えている。

ただ、こうした研究を続けることができたのも、多くの方達からの限りない支援があったからにほかならず、ここに改めて心より感謝申し上げるしだいである。また、自由な研究に没頭できる環境を許してくれている妻（智子）と二人の息子（龍と洵）、そして、両親（盛義と綾子）に改めてお礼を言いたい。

さらに、限られた時間の中で本書をまとめるにあたり、同文舘出版の中島治久社長と青柳裕之氏には大変お世話になった。記して感謝申しげる。

わが国会計プロフェッションが国際的信認を確立することを願って

二〇〇九年七月

八田　進二

目次

第I部　会計上の課題

第Ⅲ部 コーポレート・ガバナンス上の課題 ——内部統制問題を中心に

第15章 内部統制報告制度の果たすモニタリング機能 267

会計プロフェッションと監査

――会計・監査・ガバナンスの視点から――

第Ⅰ部　会計上の課題

健全な企業会計制度の基盤を支える要因として、企業の仕組みとしての「コーポレート・ガバナンス」（すなわち、会社の機構の問題）、また、かかる仕組みが機能するプロセスの中核を成す「会計基準」（すなわち、具体的な会計処理を規制する基準）、そして、かかるプロセスを通じて算出されるプロダクトの品質を確保するための「監査基準」（すなわち、信頼しうる会計情報の開示を担保する基準）が、まさに、新たな企業会計の枠組みを検討するに際して不可欠の要素である……。【第3章より】

第1章 財務報告の信頼性をめぐる諸問題

1 はじめに

二〇世紀末の二年程を振り返るだけでも、いわゆる〝バブル経済崩壊後の後遺症〟による企業破綻が頻発しており、とりわけ、金融機関や総合建設会社（ゼネコン）業界に見られる財務報告面での不当表示等については、国際的環境下での基準に悖るものであるとの批判がなされ、多くの改善ないし是正措置が講じられてきた。中でも、大蔵省・企業会計審議会は一九九七年以降、連結会計基準の全面的見直しにはじまり、キャッシュ・フロー計算書、税効果会計、研究開発費の会計、退職給付に係る会計そして金融商品に係る会計等々、矢継ぎ早に検討を開始し、新会計基準として各意見書を順次公表し、すでに導入が図られてきたことは周知のとおりである。

また、アジア経済危機を引き金としてわが国においても、一九九九年三月期から日本基準にて作成の英文財務諸表に対する監査報告書において、「日本基準の財務諸表は日本の会計原則や会計慣行で作成されており日本以外の国の会計原則や会計慣行で作成されたものではない旨と監査も日本の監査基準および監査慣行によって行われている旨の注意喚起文言」(小野、一九九九、一九頁)、すなわち、警句と称されるレジェンド・クローズ(Legend Clause)を付することを求めるビッグ5の要請を、その提携関係にある日本の大手監査法人が受け入れざるを得なかったことは、監査史上、過去に例を見ない由々しき事態であると解されたのである。

ところで、二〇世紀末におけるわが国の会計および監査に対する批判は、わが国企業の公表する財務諸表の作成基準たる「会計基準」の不備・未整備ないしその適用上の問題に対する批判と、当該財務諸表の信頼性を保証する会計士監査の無機能化ないし監査業務の品質管理に対する批判とが混在していたことから、両者は明確に峻別して検討しなければ、問題の本質を見誤りかねない状況にあった。そこで、本章では、当時の一連の状況を概観したうえで、国際的環境下に耐えうる新たな会計基準の適用に向けて、特に財務諸表の信頼性を確保するために会計士監査が果たすべき役割を中心に検討することとする。

2 わが国における財務報告および会計士監査をめぐる環境

周知のとおり、大蔵省・公認会計士審査会は、一九九七年四月に『会計士監査の充実に向けての提言—市場機能の有効な発揮のためのディスクロージャーの適正性の確保—(以下、「提言」)』を公表し、会計士協会の自発的提案を基盤とした早急に対応すべき施策等として一〇の具体的提言を行った。このように審査会が、監査実務ないし監査体制等のあり方について報告書を公表したのは、一九六五年一一月の「日本公認会計士協会の特殊法人化および公認会計士の共同組織体の推進についての具体的措置に関する答申」以来であり、多様化ないし国際化する今日の市場経済の根幹を担う会計士監査の機能回復が極めて重要であるとの認識があったことによるものと解される。こうした「提言」を受けて、日本公認会計士協会は、一九九八年四月には「継続的専門研修（CPE）制度」を発足させ、同年七月には監査業務の品質管理レビュー制度の導入のための会則の改正および同規則の制定とともに、一九九九年三月には「品質管理レビュー基準」および「品質管理レビュー手続」を公表し、四月から、この品質管理レビュー制度をスタートさせたのである。さらに、一九九六年七月に組織された「職業倫理高揚のためのプロジェクト・チーム」の作成による『倫理規則』の公開草案が一九九九年三月に公表され（その後一一月九日には、八月三一日までに集まった公開草案に対する意見を踏まえて、『倫理規則（修正案）』が公表されている。）、二〇〇〇年七月の総会における規則化を目指して意見のとりまとめがなされたのである。

　このように、一九九七年四月公表の「提言」は、当時のわが国会計士監査業務を取り巻く直接的な問題を提起したものであったと解されるが、かかる問題が極めて現実味を帯びて捉えられることになったのは、同審査会の検討作業中の一九九六年一一月に橋本総理によって提示された、いわゆる日本版ビッグバン構想と称される「金融システムの改革」の推進が引き金となっていることは疑う余地もない。つまり、「会計士監査は、ディスクロージャーの適正性を確保するものとして、市場機能発揮の基盤であるとともに、銀行等に対する早期是正措置においても重要な役割を担うことが期待されており、『金融システム改革』のインフラの一つとして一層の充実が求められる」（寺田、一九九七、七四頁）との観点からも、まさに会計士監査が担うべき改革の方向は、わが国金融市場をニューヨーク、ロンドン並みの国際金融市場として復権させることを目標におく金融システム改革の方向性と軌を一にするものであった。

　しかし、こうした改革の動きとは裏腹に、わが国市場経済の低迷は、一九九七年一一月、三洋証券、北海道拓殖銀行、山一證券そして徳陽シティ銀行の破綻という、これまでに例のない「システミック・リスク」とも称される「経済全体の安定が保てなくなるような、信用秩序維持にとっての重大な危機」に直面することとなった。
こうした金融不安は、同時に、わが国の会計および監査結果、すなわち、わが国企業の財務報告およびわが国会計士の監査報告書に対する不信感となって表われ、国際社会でも、Black November（暗黒の一一月）と称されて、わが国の会計および監査に対する信用は著しく失墜することとなったのであった。その主たる要因は、「経営が破綻した企業の中には、直前の決算において公認会計士の適正意見が付されていたにもかかわらず、破綻後には大幅な債務超過となっているとされているものや、破綻に至るまで経営者が不正を行っていたとされるものもある」（大蔵省・公認会計士審査会、一九九九）との指摘からも窺い知ることができるように、実質的な会計処理判断として会計基準の信頼性をめぐる問題と、会計士監査の役割をめぐる問題が合わせて批判の的となってきたのである。
その後、会計基準の整備ないし国際的調和化への作業は急ピッチで押し進められることになったものの、一九九八年一〇月の日本長期信用銀行および一二月の日本債券信用銀行の相次ぐ破綻は、バブル経済崩壊後の不良債権処理の先送りをすべての当事者が容認していたことを物語るものであり、ことここに至って、わが国の従来型の会計および監査制度は完全に信頼を失うとともに、会計士監査に対しては一日も早い監査機能の回復が求められることになったのである。[1]
一方、証券・金融行政面においても一九九八年六月二二日、「民間金融機関等に対する検査、監督機能と金融制度等の企画・立案機能を分離し、透明かつ公正な金融行政への転換を図るため」、総理府の外局として金融監督庁が設置され、また同年一二月一五日には、「わが国の金融機能の安定およびその再生を図り、金融システムに対する内外の信頼を回復し、金融機能の早期健全化を図ることを主たる任務として」、金融再生委員会が発足し、しかるべき役割を果たしてきたことは周知のとおりである（証券取引等監視委員会、一九九九、九三—九四頁）。

こうした中、公認会計士審査会は、先の「提言」公表から二年経過した一九九九年四月に「会計士監査に関するワーキング・グループ」を設置し、その後二年間の会計士監査をめぐる環境の変化の中にあって早急に整備ないし検討すべき事項をまとめた「会計士監査の在り方についての主要な論点」を七月二日に公表した。しかし、その後にあっても、わが国の財務報告および監査報告書に対する信頼回復の兆しは必ずしも明確に見えてきているとはいえず、それどころか、これまでに破綻した企業の粉飾経理等に伴う監査人の責任追及に向けた訴訟が提起され始めており、会計士監査の質および役割が法廷の場で問われようとしているのである。(2)

3　わが国の「会計基準」をめぐる諸問題

財務諸表の信頼性を確保するための一つの柱は、信頼しうる会計基準が確立しており、しかも、経済取引の多様化ないし複雑化に即応して、適宜、透明度の高い形で見直しがなされているとの保証が一般に与えられていることである。ところで、わが国の場合、以前より「そもそも日本に会計基準があるのかと聞くと、関係者の多くは首をかしげる。実際、一九四九年制定の『企業会計原則』はあるものの、中身は『ほとんど何も言っていないに等しい(3)』」と揶揄されるほどに、一般に適用されるべき会計基準が未整備であると解されていた。これに対する反省ないし改善措置として、二〇世紀末に、企業会計審議会では、新たな領域に係る会計基準の設定に関する意見書の公表を急速に進めてきたことは、すでに触れたところである。しかし、こうした一連の「企業会計審議会」公表の会計基準の規範性（すなわち適用に向けての強制力）については、金融商品取引法（旧来の証券取引法）適用会社に対しては当然に適用されるとしても、その他の企業における「会社法（旧来の商法上）の開示」に対しても全面適用ないし強制力を主張しうるのかは必ずしも明らかにされていない[4]。

また、この企業会計審議会公表の「会計基準」では、通例「本基準を実務に適用する場合の具体的な指針等については、今後、関係省令を整備するとともに、日本公認会計士協会が関係者と協議のうえ適切に措置することが必要である。また、業種固有の問題についても実務的取扱いを定めることが必要と考える。」(「金融商品に係る会計基準の設定に関する意見書」一九九九年一月二二日の例)として、骨格をなす会計基準の実務的な肉付けを、日本公認会計士協会会計制度委員会作成の「実務指針」に個々に委任していたのである。かかる「実務指針」さらには、協会の各種委員会公表の報告書(たとえば、一九九九年三月公表の報告書として、ゼネコンをめぐる会計・監査問題の調査結果に係る会長宛て『意見具申書』がある。)が、日本公認会計士協会会員を拘束することに異論はないものの、そして実質的な適用に際して、この実務指針等を度外視する実務は考えにくいものの、企業会計審議会公表の会計基準と同様の規範性があるのか、また、会計基準と実務指針の役割分担はどうなっているのかが十分に明らかになっていない。さらに、わが国のそれまでの会計基準設定に向けての基本的なスタンスとして、米国の財務会計基準審議会(FASB)や国際会計基準委員会(IASC)等に見られる会計基準設定の基盤あるいは、会計基準設定のための理論的な拠り所ないし指針ともいえる概念フレームワーク(FASBによれば、概念フレームワークとは、「首尾一貫した会計基準を導き出すと考えられ、かつ、財務会計および財務報告の本質、機能および限界を規定する相互に関連する基本目的ならびに根本原理の整合的な体系」と定義されている。)の形成がなされていないため、財務諸表の五つの構成要素(資産、負債、資本、収益、費用)についての基本的な概念規定すらどこにもなかったのである。加えて、わが国の場合、従来、商法との調整なしに会計基準の大幅な改革は困難であり、そのため、会計基準設定が商法改正を必要とする場合が多いとの理由で改革に対する制約も見られたように思われる。

このように、わが国の会計基準には、現に存する会計基準それ自体が依拠する前提が未整備ないし十分に確立していないという問題だけでなく、会計基準設定機関に対する問題点も指摘されていたのである。とりわけ、二〇世紀に入り、会計の世界基準（グローバル・スタンダード）作りを担う組織への脱皮を目指して機構改革を検討中のIASCに対応する組織作りが迫られていたこともあり、わが国においては初めてとされる、政治の世界の会計および監査制度改革の検討が進められたのである。なお、一九九九年八月に、自民党の「金融問題調査会（会長・越智通雄衆議院議員）が設置した「企業会計に関する小委員会」（委員長・塩崎恭久参議院議員）では、中心テーマの一つとして、会計基準設定主体問題を取り上げられることとなったが、それも、わが国会計基準に対する信頼回復の一つの柱となることが期待されてのことであった。

ところで、会計基準をめぐるもう一つの重要な問題として、既存ないし新規に設定の会計基準の枠組みの中での適用上の問題がいくつか挙げられていた。まず第一に、わが国の場合、いわゆる「一般に認められた会計原則（GAAP）」というものに対する共通の認識ないし理解が乏しいため、具体的な会計処理に対して多くの選択の幅を認める結果となっているのではないか、という点である。そしてこのことは、「正当な理由に基づく」会計方針の変更事例に減少傾向が必ずしも見られず、継続性の原則の厳格な適用が十分ではないといった問題も提起している。また、二〇世紀末の金融機関等における一連の経営破綻により露呈した問題として、当該企業の「経営破綻前」の財務諸表と、「経営破綻後」に示される財務諸表（とりわけ「貸借対照表」）とに著しい乖離が見られるものの、かかる差異についての十分な説明（実質的には「債務超過」についての定義および概念が一定でないこと）もないため、財務諸表全般に対して不信感を与える結果となっていた、という点である。さらに、二〇世紀末において新たに設定されてきた会計基準においては、たとえば、退職給付債務計算における予測計算や金融商品の評価における時価の決定に際しては、以前にも増して「主観的要素の介入」も多く、また、年金給付コストの損金参入の当否問題については必ずしも明確になっていなかったこともあり、こうしたことが、情報の信頼性を低減させるのではないか、との危惧も抱かれていたのである。

4 会計士監査の役割をめぐる諸問題

これまで見てきたように、信頼しうる財務諸表作成の根幹たる「会計基準」についても、わが国の場合様々な問題が潜在しており、今後、国際的な信頼を獲得するためには、改革のためのあらゆる努力を継続させることが肝要であることが認識されたのである。

ところで、企業が作成・公表する財務諸表の信頼性の程度を保証する会計士監査（財務諸表監査）の側においても、社会の期待する役割に応えるために克服ないし実践しなければならない問題がいくつか挙げられていた。

まず第一に、いわゆる「情報の信頼性の監査」が主眼とされる現行の会計士監査にあって、「不正（違法行為も含む）」の摘発発見機能の強化が求められているという点である。監査の純理論においては、監査の主題（すなわち、「監査人が監査手続を通じて証拠づけようとする対象であり、監査意見の対象となるもの」（鳥羽、一九九四、一一三頁））により、二つの監査概念での識別を行っている。つまり、監査の主題が特定の人間の行った行為や業務そのものである場合、これを「実態監査」と呼び、一方、かかる行為や業務の結果を表現した主張もしくは言明である場合、これを「情報監査」と呼んでいる。そして、歴史的にも、財務諸表（ないし財務報告）の信頼性を保証する会計士監査（財務諸表監査）は、情報監査の典型であると解されてきている。しかし、とりわけ国際社会においては会計士（監査）に対して、より積極的な立場に立った不正の摘発機能を求めてきており、こうした動向はますます高まることが予想されたのである（ＩＦＡＣ、一九九九ｂ）。

一方、わが国の監査基準においても、「監査人は、重要な虚偽記載（脱漏を含む）を看過してはならない」ことを明文（前文、および実施準則五）をもって示すことで、不正問題に関連して公認会計士の監査機能に対する社会の期待に応えようとしてきていた。こうした会計士監査の役割に対する社会の期待の変化に即応することも、今日の会計士監査の機能回復の一つと捉えられることから、情報監査機能を遂行する中で、不正に対する最大限の監視機能を発揮することが不可欠のように思われる。とりわけ、「経営者不正」と称される一部の経営上層部によって犯される不正等については、新たな枠組みによって理論武装された内部統制（COSO、一九九二）の実践面での適用とかかる内部統制の有効性を適切に評価することで、会計士監査の監視機能の強化が期待されたのである。同時に、競争市場に置かれた事業活動にあっては、企業は、まさに「自己責任」の下に、有効な内部統制システムを構築して、適切にリスク管理することが不可欠であり、かかるリスク管理の吟味という視点からも会計士監査の機能強化は期待されていたといえる。

ところで、会計士監査に対する信頼性の欠如の原因としては、監査人の専門的能力に対する疑義というよりも、監査人の人的ないし精神的な資質（すなわち、精神的な独立性、職業専門家としての倫理観、誠実性）に対する不信感が大きな原因となっていたように思われるし[5]、少なくとも多くのマスコミが会計士監査に対して寄せる不信感の根源は、こうした点にあるものとみてとれたのである。したがって、かかる批判を払拭するためにも、監査業務の品質管理の柱として、監査人の資質向上のための環境整備を図ること（たとえば、「品質管理レビュー」の実施だけでなく、継続的な教育訓練（CPE）の強制あるいは現在の開業登録制を一定期間更新の免許制の導入など）が極めて重要であると考えられるようになったのである。

さらに、プロフェッション（専門職業）の宿命として、問題視された監査結果ないし担当監査人に対する明確な制裁を含む、迅速かつ適切な自浄作用の仕組みが確立され、実践に移されるとともに、かかる自浄作用のプロセスおよび結果を透明度の高い形で公表し、その後の良き教材（ないし教訓）となるような体系的システム作りを行うことも不可欠である。

5　おわりに　―財務報告の信頼性の確保を目指して―

これまでみたように、二〇世紀末のわが国の財務報告の信頼性をめぐる批判は、非常に多くの問題が、必ずしも十分に識別されないまま議論されてきていたように思われる。確かに、「会計基準」の整備ないし適用に関する、いわゆる会計理論および会計実務上の問題と、「会計士監査」の機能不全ないし品質管理の不備に関する、監査理論ないし監査実務上の問題とは、相互に不可分の関係のものも多いであろうし、とりわけ実務においては、このように分けることに無理がある場合も想定される。しかし、少なくとも、的確な問題の解明とかかる問題解決の方策を迅速に講じるうえで、これら両者の問題は明確に峻別して議論しなければならないものと思われる。

特に、わが国において、焦眉の急の課題ともされているゴーイング・コンサーン（企業経営の存続可能性）問題、すなわち、倒産リスク情報の開示とかかる情報開示の適切性に対する監査人の関与についての問題は、国際的な動向を踏まえて、実践上の取扱いを明示することが必要であると考えられていたのである。その結果、二〇〇二年一月の「監査基準」の改訂により、このゴーイング・コンサーン問題に対する監査上の手立てが図られることになったことは周知のとおりである。

いずれにせよ、二〇世紀末の二年程の間に吹き荒れた「金融危機」に直面して、わが国の財務諸表（ないし財務報告）および会計士監査といった、健全な市場経済社会のインフラともいえるディスクロージャー制度の根幹が根本的に問い直されたことで、従来型のディスクロージャー制度全般の見直しと改善のための改革を早急に押し進めることが必要であることが認識されたのである。

中でも、会計士監査の有効性を従来にも増して、信頼しうる形で高めることが不可欠であり、そのために講じられるべき諸施策について、以下、列挙することとする。

①内部統制の有効性を高めるため、内部監査および監査役監査との連携を一層強化すること。

②最新の会計および監査知識だけでなく、情報技術（IT）に関する知識を保持するための継続的かつ強制的な教育システムを導入すること。

③担当監査人のローテーションの強制ないし監査結果に対するレビューの強化（品質管理）を図ること。

④国際的感覚を身につけることで、グローバル・スタンダードに依拠した監査を身をもって実践すること。

⑤必要に応じて、企業のガバナンス問題（コーポレート・ガバナンス）に対して、適切なアドバイスができるだけの能力を保持すること。

さらに、会計士ないし監査人として、激動し、かつ、複雑化する経済社会の「秩序の番人」としての社会的な役割を担うためにも、より一層の、会計および監査教育を推進するとともに、社会の人々に向けて啓蒙ないし情報の発信を図ることも重要である。特に、会計固有の問題や監査固有の問題ないし限界等々を、社会の多くの人々に正しく理解させるような教育・啓蒙活動を積極的に支援するシステムを構築することは、会計士監査の役割と機能に対する誤解や誤った理解を是正するとともに、監査機能に対する信頼回復の一助となるものと考えられる。

同時に、会計士監査の適切かつ健全な発展に向けての施策と、会計および監査機能に係る教育・啓蒙活動を推進することで、経済秩序を維持・強化を図ることこそ、われわれ学界人に課せられた緊急の課題であると考えられる。

【注】

（1） 例えば、英国の経済専門紙『フィナンシャル・タイムズ』によれば、わが国の監査は「単なる儀式」にすぎない、と評されている（Wonderland accounting,*Financial Times*, November 26 1997.）。

（2） 『読売新聞』一九九九年二月一六日、一五面および一九九九年一一月九日一面を参照のこと。

（3） 「ニュース複眼　場当たりな会計改革」『日本経済新聞』一九九九年一一月一二日、三面。

（4） 一九九一年三月一九日の日本コッパース有限会社の事案に係る東京地裁の判決では、「企業会計原則には、法的な拘束力はないものと考えられる。」との考え方が示されている（東京地裁民事第二八部判決、平成三年三月一九日）。

（5） 学会での研究によれば、監査人の外見的独立性を観察（評価）するためのモノサシは、「公認会計士の意思の強さ」あるいは「公認会計士のプロフェッショナリズム」と強い相関関係を有することが明らかにされている（日本会計研究学会スタディ・グループ、一九九九）。

【参考文献】

Blue Ribbon Committee on Improving the Effectiveness of Corporate Audit Committees（1999）*Report and Recommendations of the Blue Ribbon Committee on Improving the Effectiveness of Corporate Audit Committees*, February.

Committee of Sponsoring Organizations of the Treadway Commission（COSO）（1992）*Internal Control-Integrated Framework*, September.（鳥羽至英・八田進二・高田敏文共訳（一九九六）『内部統制の統合的枠組み—理論篇およびツール篇—』白桃書房。）

———（1999）*Fraudulent Financial Reporting:1987-1997 An Analysis of U.S. Public Companies*, March.

IFAC（1999b）Council Developments, *A Discussion Paper ; The Accountancy and the Fight Against Corruption*,

May.

National Commission on Fraudulent Financial Reporting（NCFFR）（1987）*Report of the National Commission on Fraudulent Financial Reporting*, October.（鳥羽至英・八田進二共訳（一九九一）『不正な財務報告―結論と勧告―』白桃書房。）

Securities and Exchange Commission（SEC）（1999）*Staff Accounting Bulletin No.99; Materiality*, August 12.

大蔵省・公認会計士審査会（一九九七）「会計士監査の充実に向けての提言」（平成九年四月二四日）。

――（一九九九）「会計士監査の在り方についての主要な論点」（平成一一年七月二日）。

小野行雄（一九九九）「国際社会における日本の会計監査の証価」『日本監査研究学会第二二回全国大会研究報告要旨』所収、一一月。

金融監督庁金融検査マニュアル検討会（一九九九ａ）「最終とりまとめ」（平成一一年四月八日）。

――（一九九九ｂ）「預金等受入金融機関に係る金融検査マニュアル」通達の発出（平成一一年七月一日）。

寺田達史（一九九七）「公認会計士審査会報告『会計士監査の充実に向けての提言』について」『企業会計』第四九巻第七号、七一―七九頁。

鳥羽至英（一九九四）『監査基準の基礎』（第二版）白桃書房。

日本会計研究学会スタディ・グループ（一九九九）『監査人（公認会計士）の独立性に関する実証研究：最終報告』（平成一一年九月一〇日）

日本公認会計士協会（一九九九ａ）公開草案『倫理規則（案）』公表（平成一一年三月二四日）。

――（一九九九ｂ）公開草案『倫理規則（修正案）』公表（平成一一年一一月九日）。

――（一九九九ｃ）監査問題特別調査会『監査問題特別調査報告書』公表（平成一一年九月七日）。

証券取引等監視委員会編（一九九九）『証券取引等監視委員会の活動状況　平成一一年』一〇月。

第2章 会計情報の拡大と監査可能性

1 はじめに

周知のとおり、すでに半世紀を迎えたわが国公認会計士監査制度ではあるが、これまでにも幾度となく、その信頼性ないし有効性を問われる不祥事が発覚し、社会的にも多くの批判が寄せられてきている。

たとえば、証券取引法監査のみの時代にあっては、昭和三〇年代後半から四〇年代の不況に際して、相当数の会社で粉飾決算と虚偽の監査証明という不祥事が続発した（たとえば、リコー時計（昭和三八年）、サンウェーブ工業（昭和三九年）および山陽特殊製鋼（昭和四〇年）が挙げられる）。また、商法特例法の会計監査人監査制度の導入がなされた昭和四〇年代末から五〇年代にかけての複数の企業倒産等を伴う粉飾経理（たとえば、日本熱学・東京時計（昭和四九年）、興人（昭和五〇年）および不二サッシ・同販売（昭和五三年）が挙げられる）、さらには、昭和末期の六〇年代初頭に連続して発覚した企業幹部による巨額の不正事件等（富士石油、菱三商事および加州三菱銀行（昭和六二年）

が挙げられる)、一九九一年(平成三)年一二月に「監査基準」等が全面改訂されるまでにも、実に多くの監査制度の見直しあるいは改善のための貴重な生きた教材が与えられていたのである。

しかし、平成の時代に入っても、粉飾ないし不正経理等が企業倒産ないし経営破綻等によって相当数露呈しており、社会的な批判は弱まるどころかますます厳しいものとなってきている。とりわけ、バブル経済崩壊後の相次ぐ金融機関等の経営破綻をめぐり、会計士監査の有効性に疑問の声が多く寄せられることとなった。かかる状況認識の下に、三〇年振りに公認会計士審査会が「監査体制・監査報告のあり方等を含めた制度全体の検討を行う必要性を認め」、一九九七年四月『会計士監査の充実に向けての提言』を公表して、会計士協会の自発的提案を基盤とした早急に対応すべき施策等として一〇の具体的提言[1]を行ったことは、今日の市場経済において会計士監査が有効に機能することがいかに重要であるかを如実に示している。

ところで、この審査会の提言の背景には、わが国の社会・経済の多様化および国際化の中で、拡大し高度化する監査上のニーズに会計士監査が十分応えていないとの認識があるとされる。そして、ディスクロージャーの適正性を担保し、自己責任原則を前提とする市場機能発揮の基盤を成す会計士監査を、「金融システム改革(日本版ビッグバン)」のインフラの一つと捉え、より有効に機能することを期待していたのである。こうした会計士監査に対する期待は、従来の証券取引法監査ないし商法特例法監査以外に、各種金融機関および地方自治体等に対しての外部監査の要請として、監査範囲(監査領域)のより一層の拡大となって表われている。

他方、公共的・社会的性格を有する監査業務の品質、とりわけ財務諸表の信頼性を保証する適正性意見に対しては、それまでに経験したことのない大型金融機関等の経営破綻に伴って、社会からの強い不信感が表明されている。そこで、本章では、二〇世紀末の会計プロフェッションをめぐる内外の環境を概観したうえで、とりわけ、ディスクロージャーの拡大とそれに対する監査人としての関与の可能性、および、こうした会計士監査に対して増大する期待に応えるべく、信頼しうるわが国会計士監査の進むべき方向性についての検討を加えることとする。

2 会計プロフェッション（監査人）を取り巻く業務の拡大に係る主要な問題

まず、米国における会計および監査制度発展の歩みを振り返る時、そこには、一九七〇年代初頭を一つの大きな節目として、会計基準および監査基準だけでなく、会計プロフェッションを取り巻く様々な問題が露呈したことで、米国公認会計士協会（AICPA）は当然のことながら、連邦証券取引委員会（SEC）および米国議会をも巻き込む形で、そうした問題に対して継続的に検討が加えられてきている状況がみられる。こうした一九七〇年代以降、一九九〇年代半ばに至るまでの会計プロフェッションをめぐる問題点の洗い出しと改革の跡付けを総括した、一九九六年九月公表の合衆国会計検査院（GAO）の報告書『会計プロフェッション—主要な問題：経緯と問題点』（GAO, 1996）では、過去二〇年以上にわたって討議対象とされてきた問題領域を、次のような五つの範疇に分類するとともに、かかる問題に対して改善勧告の盛られた報告書等を公表した各委員会等の活動を、さらに五つの時代区分に分けて要約している。

(一)監査人の独立性および企業統治システムを強化する際の監査委員会の役割
(二)不正の発見とその報告および内部統制の有効性の評価とその報告における監査人の役割および責任
(三)監査人の業務遂行の質および会計プロフェッションの自己規制
(四)会計基準および監査基準の妥当性、質および適時性を含む、両基準の設定プロセスと、財務報告の妥当

性、目的適合性および有用性

（五）財務報告をより向上させる際の監査人の役割

ところで、こうした五つの範疇すべてに関わるとともに、今日に至るまでの米国会計プロフェッションの方向性に多大な影響を及ぼしているのが、一九七八年に公表されたAICPAの『監査人の責任に関する委員会報告書（通称、コーエン委員会報告書）』（AICPA, 1978）である。そこでは、監査人の役割の明確化および監査職能の拡大のみならず、会計および監査制度に係るあらゆる問題（すなわち、会計基準の適用、企業のアカウンタビリティ、会計教育、監査人の独立性、監査基準の設定および会計プロフェッションの自己規制等）についての見直しと改善のための勧告がなされている。

一方、GAO報告書では、会計プロフェッションおよびその他の関係者が講じてきている、監査人の独立性強化および向上の努力は認めつつも、オピニオン・ショッピングに伴う被監査会社の会計基準の不当な解釈の見逃しや、経営コンサルティング業務さらには財務報告上の問題に対して被監査会社を擁護する姿勢に対しては、依然として監査人の独立性と客観性に疑問を抱いているのである（八田、一九九七、三九―四〇頁）。かかる状況を受けてAICPAは、SECの要請の下に一九九七年五月に、SEC監査業務部会（SECPS）の中に、今後拡大が見込まれる非監査業務等についての規制を含む、監査人の独立性の維持および改善のために指導的な役割を担う独立性基準委員会（ISB, 1997）を設置して、AICPAの自己規制の強化に努めることとしたのである。

また、GAO報告書では、一九八〇年代に入って発生した貯蓄貸付組合（S&L）を中心とする金融機関の経営破綻問題を契機に、一九九一年制定の「連邦預金保険公社改革法」（FDICIA）において法定された、内部統制報告書の公表とそれに対する監査人の関与を一般事業会社にまで拡大することで、企業における重大な不正の発見および防止に対して監査人が重要な役割を担うことを提言している（八田、一九九七、四〇頁）。

さらに、一九七〇年代にみられた監査業務の質および財務報告の信頼性の低下に対する不信感（具体的理由としては、①監査人の無限定意見受領直後に企業経営が破綻していること、②監査人が被監査会社の財政状態に関して危険な状況を十分に検討せず、またそれについての証拠固めも適切に行っていなかったこと、が挙げられる）を払拭するために、ＡＩＣＰＡは、監査業務の品質管理を目的に、一九七七年会計事務所管轄部（Division for CPA Firms）の中に先のＳＥＣＰＳを設置し、自発的なピア・レビューを実施してきたが、これを一九九〇年二月以降、ＳＥＣＰＳ加入事務所に対して強制することで、監査業務全般の質の改善に向けた対応を講じることとしたのである。

一方、ＡＩＣＰＡでは、近年の企業を取り巻く激しい経済および経営環境の中で、従来の過去的および財務的情報に依拠した財務諸表に代えて、財務報告利用者に対して、より最新の経済的価値と、適時かつ将来指向的な情報を提供しうる包括的な財務報告モデル確立の必要性の指摘（AIMR, 1993）を踏まえて、一九九四年、利用者の視点に立脚した報告モデル（これには非財務的および将来指向的、さらにはセグメント別の情報も含んでいる）を提案した『事業報告の改革―顧客の視点―』と題する報告書（通称、ジェンキンズ委員会報告書）の公表を行ったのである（AICPA, 1994, FASB, 1996）。

こうした情報利用者のニーズの拡大ないし多様化に対応した財務報告を前提とする場合、そこには、自ずから、かかる広範な情報に対する信頼性の保証を付与することが必要であるとの観点から、財務諸表の信頼性の保証の枠組みを超えた（すなわち信頼性を付与する保証水準に対して、高いとか低いといった幅をもたせた）保証機能を監査人に期待するようになってきたのである。このジェンキンズ委員会報告書の公表を契機に、企業を取り巻くあらゆる状況での意思決定に利用される広範な情報に対して、一定の保証を与えることに監査人が関与すべきであるとして、監査機能よりは保証水準の低い保証業務（Assurance service）への対応が検討されるようになった。

その成果として、ひとつには一九九七年に公表されたＡＩＣＰＡの「保証業務特別委員会（通称、エリオット委員会）」の報告書（AICPA, 1997）があり、他のひとつには、同年、国際会計士連盟（ＩＦＡＣ）が公表した公開草案「情報の信頼性についての報告」（IFAC, 1997）がある。なお、後者では、保証業務という用語に代えて、職業会計士（「監査人」ではない）による「報告業務（Reporting service）」と称しているが、保証水準の異なる保証を広範囲にわたる情報等（ただし、これには、①歴史的ないし将来的財務情報、統計的情報および業績指標等の情報だけでなく、②内部統制等のシステムおよびプロセス、さらには③コーポレート・ガバナンス、法規の遵守および人的資源活用業務等の行動までを「報告業務」の対象としている）に対して行おうとしている点では共通している。

このように、二〇世紀末の会計プロフェッションを取り巻く国外の動向は、広範かつ多様な社会のニーズに応えるとの前提で、会計プロフェッションの業務範囲の拡大を指向してきているというのが実情であった。しかし、かかる業務領域ないし監査範囲の拡大に際しては、今一度、監査業務の品質管理を含め、監査機能本来の意義ないし、かかる機能を成立させている基礎概念でもある監査人の独立性についてより厳密な検討が求められていたのである。というのも、少なくとも保証（報告）業務では、会計士は、その資質として客観性は求められているものの、監査人としての基盤でもある独立性については必ずしも要求されていないからである。

3 わが国公認会計士監査範囲（監査領域）の拡大

すでに指摘したように、二〇世紀末のわが国の公認会計士監査に対しては、その有効性を疑問視する批判とは裏腹に、会計士監査としての外部監査機能の独立性と専門性を期待して、法制度上も監査対象範囲の拡大が図られてきている。

たとえば、二〇世紀末にみられた複数の地方自治体で糾弾されたカラ出張や食糧費の水増し、さらには官官接待等の問題は、地方行政に対する住民の信頼を著しく損なう結果となっており、とりわけ、従来の監査委員制度の見直しおよび改善を余儀なくさせたのである。周知のとおり、その結果としての改革が、一九九七年六月公布の改正地方自治法により込まれることになった。そこでは、地方公共団体の組織に属さない公認会計士を中心とする外部の専門的な知識を有する者による外部監査を導入することにより、地方公共団体の監査機能の独立性と専門性を一層充実・強化することで、監査機能に対する住民の信頼感を向上させようとしている。

さらに、わが国においては、バブル崩壊とともに、金融・証券不祥事や住専問題が発生し、その中で会計士監査の有効性が大きく問われた。そして、金融行政の面では、「金融システム安定化のための諸施策」(大蔵省金融制度調査会、一九九五年一二月二〇日)および、「今後の金融検査・監督等のあり方と具体的改善策について」(大蔵省、金融検査・監督等に関する委員会、一九九五年一二月二六日)の二つの報告書公表を受けて、一九九六年六月、「金融機関等の経営の健全性確保のための関係法律の整備に関する法律」が制定された。具体的には、前者の報告に関しては、信用金庫、信用組合等の協同組織金融機関への外部監査の導入が図られたことで、相当数の金融機関が新たに会計士監査の対象となった。これは、法定監査としては、一九七四(昭和四九)年の商法特例法の制定および一九八一(昭和五六)年の同特例法の改正に次ぐ規模での、監査対象範囲(監査領域)の拡大といえる。

一方、後者の報告に関しては、金融機関に対する行政当局の早期是正措置の前提となる「金融検査における資産査定」において、金融機関が行う資産の自己査定とならんで、会計監査人による監査を前提として、すなわち、会計監査人が財務諸表監査の遂行に際して行った金融機関の自己査定等内部統制の有効性の評価に依拠して、かかる自己査定結果の正確性等をチェックすることが意図されており、金融検査において監査人の果たす役割は極めて大きく、かつ、責任も重くなるものと解されていたのである。

さらには、こうした一連の金融システム改革の一環として、市場機能の有効な発揮に基づく証券市場の活性化を支える適正なディスクロージャーを担保するために、より一層充実した会計士監査を求めた、公認会計士審査会の提言が公表されたことは、すでに指摘したとおりである。加えて、一九九四（平成六）年二月の政党助成法の公布により、政党助成金の使途に関する会計士監査も導入されており、監査範囲の拡大はもはや時代の趨勢となっているといっても過言ではない。

このように、わが国の会計プロフェッションを巡る内外の環境は激しく変化し続けてきており、こうした変化と社会の期待に応えるべく、日本公認会計士協会は、自主規制機関として、精力的に「監査基準委員会報告書」等を公表するとともに、国際標準たりうる監査基準の整備に向けての努力を行っている。なかでも、「監査基準委員会報告書」の第四号「内部統制」（一九九四年三月）、第一〇号「不正及び誤謬」（一九九七年三月）、第一一号「違法行為」（同）および第一二号「監査の品質管理」（一九九七年七月）等は、監査人の役割と責任に多大な影響を及ぼすものであり、わが国の従来の対応に較べて、監査人の守備範囲の拡大が見られることから責任の拡大が図られたものと解されるが、他方において、それぞれが、ＩＦＡＣの国際監査基準あるいはＡＩＣＰＡの監査基準書（ＳＡＳ）に倣ったものであることから、本来の趣旨は、監査基準および監査体制を国際的な基準と整合性をもたせることで国際化への対応を図ったものとも考えられる。

なお、「監査の品質管理」に関しては、先の公認会計士審査会での具体的提言の中に示された「監査の品質管理基準（クオリティ・コントロール）」の整備と実務への反映」に直接対応するもので、監査業務の品質を一定レベルに高めるための指針として機能することが意図されている。加えて、同じ提言の一つに「監査法人、会計士の監査に対する事後的審査の実施」があるが、かかる事後的審査の典型は、米国において制度化されているピア・

レビューであり、その後わが国でも導入されることとなった品質管理レビューの具体的適用に際しての基本的な指針としての意義も備えていたものと解される。

4 監査業務の品質管理の内容

ところで、国を問わず、会計士監査が社会的な信頼を得る前提として、監査の機能ないし監査人の役割に対して、監査関係者の間において明確な合意が得られていることが不可欠なことはいうまでもないことである。とりわけ、財務諸表の信頼性の程度を保証し、これが無限定適正意見となる場合には、当該監査意見が、証券・金融市場において物的担保以上の保証力を有するものと捉えられており、そのため、監査人はかかる意見表明に対して全面的な責任を負うことになる（中地、一九九八、二頁）。

このように、伝統的に公認会計士の独占業務として社会的な承認を取り付けている監査業務に対しては、監査担当者としての適格性、監査判断上の合意された基準、さらには監査報告に係る監査意見の意味する内容等々において、すでに一定の品質（つまり、監査結果に対する信頼性）を確保し得るだけの環境が整備されている。したがって、こうした監査環境に整合する領域における対象に関しては、監査人が関与することに、とりわけ違和感はないものと思われる。しかし、すでにみてきたように、ＡＩＣＰＡないしＩＦＡＣ等で論じられていた業務の拡大については、幾つかの基本的な問題が存在しており、そうした問題点を整理したうえでの議論が求められたのである。

まず、監査意見のもつ高い水準の保証と異なる保証水準（いわば、監査より低い水準の保証）での提供を前提とするいわゆる監査類似業務（レビュー業務、保証業務等）については、監査人が関与すべき業務の範囲について明確な識別が必要であり、また、会計プロフェッションが、かかる監査類似業務に関与する場合の責任についても客観的な指針が必要である。

つぎに、伝統的な会計士監査は、財務諸表監査という名のとおり、会計情報の信頼性の監査、すなわち、情報監査の典型として捉えられているが、近年、会計士監査に求められている業務領域は、かかる情報監査と連動して、内部統制等、事業体のシステムおよびプロセス、ないし具体的な行動等の当否といった実態の監査が念頭にあることから、かかる監査に見合った環境整備が早急になされる必要がある。これは、従来の過去的・財務的情報を主軸とする会計情報を監査対象としていたものから、将来指向的ないし非財務的情報をも包含した新たな財務報告モデルが提示される場合においても同様に考えられる。

さらに、会計プロフェッションに対しては、種々の情報等に対する信頼性の保証を求める社会的なニーズが高まっているが、それは、会計プロフェッションが監査人としての厳格な独立性の保持を中核として、自らの業務の品質を一定水準以上に保つための自己規制システムを確立してきていることに対する社会の信頼があるからに他ならない。したがって、かかる監査業務の品質管理こそが、会計プロフェッションの今後の業務の拡大の可否を決定づけるものと考えられる。

ところで、わが国の場合、会計士監査制度は、戦後の証券取引法の下において強制的に導入されたもので、会計プロフェッションの自助努力によって築かれたものではない。と同時、わが国公認会計士には当初から、「財務書類の監査又は証明」（公認会計士法第二条）を主たる業務とし、いわゆる「監査業務」以外の業務に対して意見表明を行うことは想定されていない。そうしたこともあってか、たとえば、従来より問題視されている中間財務諸表の監査についても、年度監査における通常実施すべき監査手続の省略を容認するところから、年度監査と保証水準が異なることを認めながらも、これを「監査」と捉えており、監査類似業務（たとえば、レビュー業務）としての捉え方は示していない(2)といった、理論的にも極めて基本的かつ重大な問題が残されていることも事実である。

わが国では、少なくとも、監査基準委員会報告書第一二号「監査の品質管理」の公表までは、こうした監査業務の品質管理に対して、（個々の会計事務所ないし監査法人レベルでの議論は別にして）会計プロフェッションが継続的な努力を払ってきたという状況は、情報利用者ないし監査報告書の読者の目に具体的に見えてきていない。それは、監査結果ないし監査業務の質に対して、国内的には、第三者から責任を問われた経験（たとえば、訴訟という形で）も乏しく、また、国際的には、業務活動自体が国際的な視点で捉えられていなかったことに起因するものと考えられる。

その意味で、わが国会計プロフェッションは、まずもって、伝統的な監査業務に対する社会の信頼を確固たるものとするために、具体的な品質管理のための方策を講じることが不可欠であるといえる。そうした段階を飛び越えて、徒に国際化の流れにいち早く同調しようとする対応には、拙速にすぎるとの批判も考えられるだけでなく、また、本来の監査業務の質の低下さえ懸念される状況が考えられるのである。

5　おわりに ―わが国監査制度の進むべき方向性について―

これまでみてきたように、二〇世紀末におけるわが国の会計および監査をめぐる環境を念頭に置くとき、そこには、会計情報の拡大というよりも、監査範囲ないし監査対象の拡大が制度的にも顕著に現れてきていた。そして、そうした傾向は、市場経済社会のあらゆる側面においてアカウンタビリティーの誠実な履行と、より透明度の高いディスクロージャーおよびその信頼性の保証が求められるようになってきていることからも、社会的なニーズとして、今後ますます高まることが想定される。

しかし、そうした場合にあっても、会計士本来の業務として位置づけられる監査業務が、監査関係者すべてにとって満足のいく形で遂行されていることが肝要である。そのためには、会計プロフェッションないし監査人として、左記に述べるような、職業基準に関しての明確な取組みを実践することが求められる。

(一)会計士としての業務内容を明確にするとともに、かかる業務を遂行するに際して遵守すべき職業行為基準(日本公認会計士協会の『倫理規則』等)を包括的に構築すること。

(二)監査基準等の専門職業基準(および品質管理基準)を社会的なニーズに則する形で確立するとともに、継続的な見直しを図ること。

(三)専門職業基準の遵守度合に関して、自ら継続的な監視をするとともに、外部的レビュー(ピア・レビューおよび第三者による監視等)を受け、かつ、その結果についての情報を報告(開示)すること。

(四)専門職業基準の逸脱に対しては、しかるべき是正措置、制裁(サンクション)等を講じるとともに、その事実については適切に開示すること。

(五)専門職業基準の逸脱事例について体系的な検討を加え、その後の教訓としての教育教材として活用できるようにすること。

このように、わが国の場合にあっては、現行の監査業務の品質管理を強化すること、つまり、厳格な職業基準を核とした自主規制システムの強化を推し進めることが喫緊の課題とされていたのである。それを克服することにより、監査制度の発展に対する貢献、あるいは、会計プロフェッションの自立性および独立性の確立も達せられるものと考えられる。かかる自浄作用が適切に機能し続けていることが前提にあってこそはじめて、会計プロフェッションとしていかなる領域の、あるいは、いかなる種類の業務に対して、監査機能を発揮することが可能となるのかについて検討・討議することもできるのではないかと考えられる。

その点、二〇世紀末のAICPAないしIFACの報告書等に盛られた新たな領域での業務等の開発は、独立性を柱とした会計プロフェッションのプロフェッショナリズム（独立的な職業専門家としての誠実性を備えた職業意識）よりも、コマーシャリズム（利益指向の営利主義）重視の傾向に偏りつつあるように思われたことから、十分な注意と検討が必要とされたのであった。しかし、十分な取組みがなされないまま二一世紀を迎え、エンロン社の会計不正事件をみるに至ったことは極めて不幸なことであったと評することができる。わが国の場合、こうした教訓を生かしていくことが、制度の健全な発展にとって不可欠であるといえる。

【注】

（1）まず、第一に、投資家と発行体を正しく結ぶ会計士監査に関して、①監査の難度に対応した監査手法の高度化、②監査役監査・内部監査との相互補完、③ベンチャー企業の資金調達への貢献、の三つの提言を、第二に、会計士監査とグローバリゼーションに関して、④監査のクオリィ・コントロール、⑤監査実務指針の体系的整備、⑥外部の専門家の利用および⑦監査報告書の情報提供の拡充、の四つの提言を、そして第三に、会計士協会の指導監督機能に関して、⑧監査の事後的審査、⑨継続的専門教育の実施および⑩会計士界の活動のオープンな議論、の三つの提言を行っている（大蔵省・公認会計士審査会、一九九七）。

（2）中間財務諸表の監査に関して、諸外国においては、その多くが監査よりも保証水準の低いレビューとして位置付けているものの、わが国においては、今般の「中間監査基準の設定に関する意見書」（平成一〇年六月一六日公表）

においても、従来通り、レビューではなく、明確に「監査と位置付ける立場」を墨守している（脇田、一九九八、一三一―一四頁。南、一九九八、一九―二〇頁）。

【参考文献】

Association for Investment Management and Research（AIMR）（1993）*Financial Reporting in the 1990s and Beyond.*

American Institute of Certified Public Accountants（AICPA）(1978）The Commission on Auditors' Responsibilities：*Report, Conclusions and Recommendations.*（鳥羽至英訳（一九九〇）『財務諸表監査の基本的枠組み―見直しと勧告―』白桃書房。）

———（1994）Comprehensive Report of the Special Committee on Financial Reporting, *Improving Business Reporting-A Customer Focus: Meeting the Information Needs of Investors and Creditors.*

———（1997）*Report of the Special Committee on Assurance Service.*

Financial Accounting Standards Board（FASB）（1996）Financial Accounting Series No.158-C; *Invitation to Comment; Recommendations of the AICPA Special Committee on Financial Reporting and the Association for Investment Management and Research.*

Independence Standers Board（ISB）（1997）*Serving the Public Interest: A New Conceptual Framework for Auditor Independence.*

International Federation of Accountants（IFAC）（1997）International Auditing Practices Committee, Exposure Draft of a Proposed Framework and International Standard, *Reporting on the Credibility of Informations.*（日本公認会計士協会国際委員会訳（一九九八）「枠組み及び国際基準（案）『情報の信頼性についての報告』」『ＪＩＣＰＡジャーナル』第一〇巻第二号、一五三―一七〇頁。）

United States General Accounting Office（GAO）（1996）Report to the Ranking Minority Member, Committee on Commerce, House of Representatives, *The Accounting Profession ; Major Issues : Progress and Concerns* および *The Accounting Profession ; Appendixes to Major Issues : Progress and Concerns.*（本報告書意義及び概要等

については、八田（一九九七）を参照されたい。）

——（1989）Report of the Chairman, Oversight and Investigations Subcommittee, Committee on Energy and Commerce. House of Representatives, *CPA Audit Quality: Status of Actions Taken to Improve Auditing and Financial Reporting of Public Companies.*

大蔵省・公認会計士審査会（一九九七）『会計士監査の充実に向けての一〇の具体的施策の提言』（平成九年四月二四日）。

中地　宏（一九九八）「グローバルスタンダードに乗る公認会計士制度」『企業会計』第五〇巻第九号、二頁。

八田進二（一九九七）「会計プロフェッションを巡る最重要課題—ＧＡＯ報告書での過去二〇年間の総括を踏まえて—」『ＪＩＣＰＡジャーナル』第九巻第三号、三六—四三頁。

南　光雄（一九九八）「中間監査基準等設定の経緯と概要」『企業会計』第五〇巻第一二号、一九—二〇頁。

脇田良一（一九九八）「新『中間監査基準』の解説」『ＪＩＣＰＡジャーナル』第一〇巻第九号、一三—一四頁。

第3章 企業会計の新たな枠組みの検討

1 はじめに ―エンロン社破綻による「会計不信」の始まり―

二〇〇一年一二月に、連邦破産法第一一章の適用を申請して経営破綻したエンロン社に係る事件を契機に蔓延し始めた、米国発「会計不信」の嵐は、その後、全世界を席巻するほどに多くの影響を及ぼすこととなった。かかる「会計不信」あるいは「企業不信」は、自他ともに認める会計および監査先進国の米国において生起したことから、米国のみならず、その影響下にある世界中の国々の会計および監査制度に少なからぬ衝撃をもたらしてきているのである。また、二〇〇五年を目標に会計および監査の基準の国際的統一が推し進められていた矢先の出来事であったことから、米国は勿論のこと、世界中の国々の会計および監査を中心とした財務ディスクロージャー制度と、企業のコーポレート・ガバナンス全般に対しての徹底的な見直しを余儀なくさせることにもなったのである。(1) この結果、「会計不信」の震源地である米国が下した一つの結論は、一連の市場に対する信頼性の喪失を一掃するために、厳格な法による規制をもって対処するという方向であった。そのため、翌二〇〇二年七月三〇日、異例の早さで『二〇〇二年サーベインズ＝オクスリー法』（以下、『企業改革法』[2]）を成立させ、これまでの米国証券市場の根幹をなす一九三三年証券法および一九三四年証券取引所法制定以来の大改革を推し進めてきており、相次ぐ証券取引委員会（Securities and Exchange Commission：ＳＥＣ）関連規則の公表とともに、順次、『企業改革法』の関連条項が適用されることになったのである[3]。

一方、わが国では、バブル経済崩壊後の一九九〇年代末期に始まった会計ビッグバンによる一連の新会計基準等の整備、監査基準の大改訂およびコーポレート・ガバナンスの実効性を高めるための商法の改正等がなされ、会計および監査制度を中核とした財務ディスクロージャー制度の一層の充実が図られる制度的基盤が整えられることとなったのである。なお、わが国におけるこうした制度改革にあっては、国際的な基準との整合性を保つとの視点がことさら強調されていたものの、実際には、かかる改革が目指した模範的なモデルが米国の制度的基盤に存していたことは疑う余地もないのである。そのような中で、エンロン事件を契機として講じられた大改革は、米国の会計・監査制度および企業のコーポレート・ガバナンスの問題だけでなく、世界の国々、とりわけわが国の関連諸制度に対して、極めて多くの影響を与えたものと解されるのである。

そこで、本章では、米国の『企業改革法』にみられる一連の改革の動向を検証することにより、会計・監査およびコーポレート・ガバナンスを包括する企業会計の新たな枠組みについて検討することとする。

2　エンロン事件の伏線と改革の動き

(1)　企業不正への対応の動き

米国においては、「会計不信」の引き金ともされるエンロン事件が顕在化する以前から、会計および監査制度、企業のコーポレート・ガバナンス、そして、それらの制度ないし仕組みを担う会計プロフェッション等の専門家のあり方について、様々な見直しの動向が見られたのである。

その一つの大きな契機となったのが、当時のSEC委員長アーサー・レビット氏が、一九九八年九月二八日に行った「ザ・ナンバーズ・ゲーム（不正まがいの会計数値合わせを行うこと）」と題する講演であった（Levitt, 1998）。かかる講演は、その後の「会計不信」の根源ともなる不正の実態を予告するかのように、米国の証券市場を支えるすべての関係者に対する警鐘であったと捉えられている。同氏の講演要旨は、公正な市場を確保する立場にある監督機関の責任者として、米国企業社会において不正な財務報告が後を絶たない現状に重大な危機感を抱いたことに根差すものであった。つまり、企業経営者には、不正の温床ともなる利益の調整（earnings management）を行おうとする多くの誘因があるにもかかわらず、それらを防止ないし摘発すべき役割を、企業の監査委員会、外部監査人あるいはアナリスト達は十分に担っていないのではないか、との疑念を抱くとともに、かかる懸念を払拭するために、市場監督機関として講ずるべき今後の具体的な行動計画を表明するとともに、会計の枠組みの改善を提言していたのである。

そもそも、米国企業における不正な財務報告に関する問題は、「不正な財務報告全米委員会」（National

Commission on Fraudulent Financial Reporting. 通称「トレッドウェイ委員会」）が一九八七年に公表した報告書『不正な財務報告』（NCFFR, 1987）において、多面的な検討とかかる不正を防止・抑止するための勧告を行っていたことについては、周知のとおりである。しかし、レビット氏および同氏の下で主任会計官を勤めたリン・ターナー氏の講演（Turner, 2001）によれば、かかる報告書公表後にあっても、米国においては、不正ないし不正に近いと考えられる財務報告の公表は後を絶たず、こうした状況は、投資家保護の観点から放置できない重大な問題であるとの認識が示されていたのである。

そこで、これらの講演の内容を受けて、その後、様々な会計および監査制度ないし企業のコーポレート・ガバナンスに関する改革が進められていくこととなるのである。

一方、一九九九年三月には、レビット氏の講演内容を裏付けるかのように、トレッドウェイ委員会支援組織委員会（Committee of Sponsoring Organizations of the Treadway Commission：ＣＯＳＯ）の支援による研究（Mark S. Beasley, et al. 1999）により、先の『不正な財務報告』公表後の一一年間において、ＳＥＣの会計・監査執行通牒（Accounting and Auditing Enforcement Release：ＡＡＥＲ）で取り上げられた不正な財務報告事案についての分析結果が公表されており、その中では、大要、次の点が指摘されていた。

- 財務諸表の不正の典型的な手口は、収益および資産の過大計上である。
- 不正の大半（八三％）が、最高経営責任者（ＣＥＯ）や最高財務担当責任者（ＣＦＯ）などの企業組織の上層部によって行われている。
- 不正企業の監査委員会および取締役会は、概して脆弱である。
- 不正企業の監査を担当していたのは、中小の会計事務所だけではなく、不正企業の五六％は、大規模会計事務所による監査を受けていた。

●不正によって、企業倒産や上場廃止等の深刻な結果がもたらされた場合もある。

すなわち、エンロン事件によって注目されるようになる以前から、米国の資本ないし証券市場および経済社会においては、企業不正問題への対応という課題が、明確に意識されていたのである。

(2) 具体的な改革の方向性

アーサー・レビット氏の勧告およびリン・ターナー氏の要請を受けて、その後、次のような具体的な改革ないし措置が講じられることとなった。

①企業の監査委員会の有効性を向上させるための改革

まず、ニューヨーク証券取引所（New York Stock Exchange：NYSE）と全米証券業協会（National Association of Securities Dealers：NASD）の後援で設置された「企業の監査委員会の有効性向上に関するブルーリボン委員会」は、一九九九年二月、以下の一〇項目の改善勧告を含む報告書を公表したのである（Blue Ribbon, 1999）。

まず、NYSEとNASDに対して、①一定規模以上（時価総額二億ドル超）の上場企業の監査委員会で任務に就く取締役の独立性に関する厳格な定義の採用と、同様の企業に対して、②厳格に独立性を有する取締役から成る監査委員会の設置と、③「財務の基礎知識を備えた」最低三名の取締役で、内一名は会計および関連する財務管理の専門知識を有する者から成る監査委員会の設置、さらには、④各上場企業が監査委員会の責任範囲とかかる責任履行の方法等を規定した正式の規程書（charter）を取締役会の承認を得て採用するとともに、毎年、かかる規程書の妥当性を再評価すること、そして、かかる規程書には、⑤外部監査人は株主の代表である取締役会と監査委員会に対して最終責任を負うとともに、かかる株主代表が外部監査人の選任・評価・変更に係る最終権限と責任を有する旨を記載すること、および、⑥監査委員会は、外部監査人と企業との間の関係を詳細に記した正式文書を当該監査人から確実に入手すべき責任のあることを明記すること、を要請している。一方、SECに対しては、管轄下の報告企業に、⑦年次株主総会用の委任状説明書において、監査委員会の正式な規程書の採用の有無およびかかる規程書への準拠に対する責任履行の開示を義務づけること、⑧株主向けのアニュアル・レポートや年次報告書である様式一〇―Kにおいて、前事業年度における監査委員会の活動内容等の報告を義務づけること、および、⑨当該企業の外部監査人が、四半期報告書である様式一〇―Qの提出前に中間財務諸表に準じたレビューの実施と、かかるレビューに際しての監査委員会あるいは委員会の委員長および財務担当役員の代表者との討議を義務づけること、を要請している。さらに、一般に認められた監査基準（GAAS）に対しては、⑩外部監査人は、企業の財務報告に適用された会計原則について、単にその受容可能性ではなく、会計原則自体の質の判断に関して監査委員会と協議することを求める勧告を行っている。

かかる状況を踏まえて、SECは、一九九九年一二月二二日、前記の勧告を全面的に受け入れる形での新たな規則『監査委員会の開示』を公表し、監査委員会の任務を明らかにするとともに会社内における監視、監督機能を強化させ、不正問題に対しても有効に機能することを期待したのである。

こうした改革の流れは、NYSEにおいても、エンロン事件によって失われた投資家の信頼を回復させるため、二〇〇二年六月六日に、「企業の責任および上場基準検討委員会」が、コーポレート・ガバナンスおよびディスクロージャーに関する上場規則の改正を勧告する報告書の公表となって現れている。その後、NYSEはかかる勧告を受けて策定されたコーポレート・ガバナンス原則案について理事会で承認を行ったのち、八月一六日、これをSECに提出しているが、ここでも、監査委員会の役割ないし責任について新たな提言がなされていたのである（NYSE, 2002）。

②公認会計士監査の有効性を向上させるための改革

アーサー・レビット氏の歴史に残る講演「ザ・ナンバーズ・ゲーム」が行われた同じ一九九八年九月二八日、当時のSEC主任会計官リン・ターナー氏は、一九七七年の創設以来、会計プロフェッションの自主規制機関として機能してきた公共監視審査会（Public Oversight Board：POB）に対して書簡を送り、財務ディスクロージャー制度全般に対するレビット氏の危惧を伝えて公認会計士監査の有効性を検証することを要請したのである。かかる要請を受けて、POBは、翌一〇月に、「監査の有効性に関する専門委員会」（The Panel on Audit Effectiveness：通称、「オマリー・パネル」）を設置して、会計プロフェッションを取り巻くあらゆる問題事項について詳細な考察を行うこととなった。そして、翌二〇〇〇年五月三一日に公開草案を公表した後、同年八月三一日に、会計士監査において不正捜索型（forensic-type）の監査の導入等の改善勧告を含む報告書『監査の有効性に関する専門委員会―報告と勧告―』（通称、『オマリー・パネル報告書』）を公表したのである（POB, 2002）。

この「オマリー・パネル」での勧告を受けて、POBは、二〇〇一年二月九日、以下に示すような権限の拡大を図るべく「監査プロフェッションの自主規制プログラムと規準設定プロセスに関する監視の強化と権限の拡大を意図した」新たな憲章（Charter）を承認し、組織機構の大改革を行ったのである。

①米国公認会計士協会（AICPA）の監査基準審議会（Auditing Standards Board：ASB）や独立性基準審議会（Independence Standards Board：ISB）といった自主規制プロセスに属する機関に対する監視機能を拡大させること。

②新規の調整作業部会の創設により、会計プロフェッションの自主規制システムを構成する複数の機関の間での意思の疎通を向上させる責任を拡大させること。

③公共の利益を保護するために適切と考えられる活動に関して、その監視のためのレビューの実施およびそのための計画や措置を講ずるための役割を拡大させること。

ここに、ＰＯＢは、従来のピア・レビュー・プロセス等の品質管理に係る自主規制に限定されることなく、会計プロフェッションの活動全体に対して、独立的な立場からの監視および調整等の活動を行うこととなったのである。ＰＯＢがこのような広範な役割を担うことが期待されるようになったのは、それまでの四半世紀にわたる活動の実績を踏まえてのものであると捉えられていたのである。

それにもかかわらず、ＰＯＢは、エンロン事件後にＳＥＣが目論む、ＰＯＢに代わるべく新たな監視機関の構想に対抗して、二〇〇二年一月二〇日に、皮肉にも、新憲章に定められた手続に則って、同年三月末をもって解散することを決議し、その役割を終えることとなってしまったのである。

また、ＡＳＢは、『オマリー・パネル報告書』において示された不正問題への対処を図るため、二〇〇〇年九月に、不正問題に関するタスク・フォースを設置して検討を行うこととなった。そして、二〇〇二年二月には、『監査基準書』（Statement on Auditing Standards：ＳＡＳ）第八二号「財務諸表監査における不正の検討」の見直しを行った公開草案を公表するものの、不正に対する監査人の対応および責任については、社会の期待に応えるものではないとの視点から、大幅な見直しを余儀なくされることとなったのである。その結果、二〇〇二年一〇月、新たにＳＡＳ第九九号「財務諸表監査における不正の検討」（Consideration of Fraud in a Financial Statement Audit）が公表されることとなったのである。

一方、ＳＥＣは、ＩＳＢでの一連の研究成果を踏まえて、二〇〇〇年六月三〇日に、監査人が、被監査会社（クライアント）に対する非監査業務を行うことを全面的に禁じる監査人の独立性規則の公開草案を公表した。しかし、その後、非監査業務を禁止しようとするSECの側とそれに抵抗する会計プロフェッションとの間での激しい議論の末、当初の提案は撤回され、同年一一月二一日公表の最終規則では、禁止対象となる非監査業務の範囲を緩和したため、大幅に後退した独立性規制が、翌二〇〇一年二月五日より施行されていたのであった。したがって、その後のエンロン事件の発生により、監査人の独立性強化の流れの中で、「企業改革法」では、再び、先の公開草案において盛られた厳格な独立性規定が復活するといった皮肉な結果がもたらされることとなったのである。

③アナリストおよび機関投資家に対する選別的開示を禁じる公正開示規制の制定

SECは、大衆投資家保護の名の下に公共の利益を守る観点から、二〇〇〇年八月に「公正開示規則」(Fair Disclosure Rule)を採択することで、従来、企業と特定の関係にあるアナリストや機関投資家に対して行われていた重要な公開情報の選別的開示を禁止したのである。こうした規則制定の背景には、インサイダー取引の増加、アナリストの業績予測に近い会計数値を作り出すための「利益の調整」が横行していること、また、株価に影響する重要事実が、すべての投資家に等しく伝わっていない点などもあり、個人投資家保護に欠ける点が指摘されていた。さらに、アナリストの分析の透明性や公正性、あるいは、アナリスト自身の独立性に疑義がもたれる事例が頻発しており、こうした状況を払拭することも大きな課題とされており、その後、アナリストの独立性強化のための倫理規則の見直し等も講じられることとなったのである。

3 エンロン事件によって再認識された課題

以上みたように、アーサー・レビット氏とリン・ターナー氏の抱いていた危惧は、エンロン事件により、現実の不幸となって露呈することとなった。しかし、エンロン事件をもって、米国における例外的な特殊な事件と捉えるのは必ずしも正しくはないであろう。確かに、エンロン事件は、政治的な問題も含めて、非常に複雑かつ多岐にわたる問題を含んでおり、中でも、最も重大視されなければならないのは、「経営者の資質の問題」であると思われる。しかし、こと会計、監査およびコーポレート・ガバナンスの問題に関しては、次のような問題領域に整理することができるであろう。

①会計基準（設定主体、設定内容）をめぐる問題
②監査業務の品質（ピア・レビューの実効性および自主規制の有効性ないし監視機構の役割）をめぐる問題
③監査人の独立性（とりわけ、非監査業務の提供の禁止）をめぐる問題
④企業のガバナンス機構（コーポレート・ガバナンス、とりわけ、監査委員会の有効性）をめぐる問題
⑤証券アナリストの独立性・中立性をめぐる問題

エンロン事件後の改革においては、以上のような問題が多面的に取り上げられるとともに、米国の財務ディスクロージャー制度全般を支えるすべての関係者の役割と責任が、今一度根本から問い直されることとなったのである。

たとえば、会計の問題においては、エンロン事件での特別目的会社（SPE）問題に見られた巨額の簿外取引を抑制するべく会計基準の改訂が行われるとともに、SECは、早々に、決算報告の期限を短縮する措置を講じることとなった。また、監査の問題については、エンロン社と監査担当の会計事務所の緊密な関係を問題視して、監査人の独立性に関する問題の見直しを進めることとなったことは、すでに前述のとおりである。

しかしながら、これらの改革の多くは、先に述べたように、エンロン事件の以前から、米国の経済社会ないし資本市場において認識され、課題とされてきたものばかりであると捉えられる。したがって、そのような観点からすれば、エンロン事件は、かかる改革の動きを後押しし、あるいは、独立性規則に見られるように、再び見直しの機運を高めるのに寄与したものとして総括することもできるのである。

同時に、改革が目指す多くの方向は、ほとんどが、関係当事者である「人間《ひと》」の問題ないし当事者の意識の高揚に関わる問題であるという困難さが伴っていたのである。つまり、いかに磐石な仕組みや制度であっても、それを健全かつ適切に維持ないし運用すべき役割と責任を担っているのは、あくまでも「人間《ひと》」であるということから、時の経過ないし激しい環境の変化の中で、ややもすると誤まった運用ないし不当な対応をとる場合も想定される。そして、それは、米国にあっても例外ではない、ということである。したがって、会計および監査、そしてコーポレート・ガバナンスの領域にあっては、常に、透明性の高い情報開示を維持しながら、制度全般の継続的な見直しと疑義の生じた問題に対しては迅速な対応を図ることが何にも増して重要であることが、改めて認識されることとなったのである。

4　『企業改革法』の概要と主要な規定

エンロン事件から始まった米国の「会計不信」一掃のための切り札が、二〇〇二年七月三〇日制定の「企業改革法」であったことは、もはや衆目の一致するところである。同法は、目次（第一条）、用語の定義（第二条）およびSECの規則とその執行（第三条）について規定した後、以下に示す内容の全一一タイトルから構成されている（数字は、タイトル番号）。

①公開会社会計監視委員会（Public Company Accounting Oversight Board：PCAOB）の設置
②監査人の独立性の強化
③企業責任意識の高揚と監査委員会の使命
④財務ディスクロージャー制度の強化
⑤証券アナリストの利益相反
⑥SECの資源（財源）増加および権限の強化
⑦会計検査院（General Accounting Office：GAO）およびSECによる調査研究の必要性とその報告
⑧企業不正および刑事詐欺に関する責任
⑨ホワイトカラー犯罪に対する罰則の強化
⑩法人税申告書への署名の要求
⑪企業不正に関する説明責任

これらの条項の中で、その後、わが国における会計および監査制度ないしは企業のコーポレート・ガバナンスに対して、直接的な影響を及ぼすことが予想された事項としては、以下の諸点が指摘できる。

まず第一に、会計事務所（監査法人）に対する公的な監視機構の新設問題である（①）。すでに見たように、AICPA主導による会計プロフェッションの「自主規制システム」に対する批判の高まりにより、新生なったばかりのPOBは、二〇〇二年三月末をもって自主解散の憂き目を見ることとなった。そのため、『企業改革法』

では、ＳＥＣ管轄下での継続開示を行う企業の監査を行う監査人（会計事務所）に登録を行わせ、当該登録会計事務所の監視・監督を行う新たな機構としてＰＣＡＯＢの設置を規定し、監査基準の設定、会計事務所の行為規範の設定等を行う権限を付与するとともに、会計事務所（監査法人）に対する定期的な検査、調査ないし制裁措置を行うことを求めている。この場合、外国会計事務所でも米国公開企業を監査している場合または公開企業の監査報告書作成に際して重要な役割を果たしている場合には、本法の規制対象となる（一〇六条（ａ））。ただし、ＳＥＣまたはＰＣＡＯＢ（ＳＥＣの承認が必要）は、公共の利益または投資家保護の観点から必要または適切な場合には、外国会計事務所を規制対象外とすることができるとされている（一〇六条（ｃ））。なお、ＳＥＣには、このＰＣＡＯＢに対する監督・指導権限が付与されている（一〇七条）。

第二に、監査人の独立性の強化策として、監査業務と非監査業務の識別と禁止規定が盛られたことである（②）。これについては、二〇〇〇年六月に公開草案として公表され、その後骨抜きになって成立したＳＥＣ規則について、再度、当初の公開草案段階の厳しい規定に戻されたものと解されるのである。

第三に、会計不正防止策の目玉として、企業の財務報告および内部統制に対する経営陣の役割を明確にし、結果として、彼らに重い責任を負わせることで企業責任意識の高揚を図るための施策が講じられている（③）。加えて、健全な企業経営を推進させるために、監査委員会の役割を明確にするとともに、従来にも増して、監査委員会の監視機能強化の方向性を打ち出すことで、コーポレート・ガバナンスの強化を図ることが意図されているものと解される。この監査委員会については、登録会計事務所の選任、報酬および業務の監督に関して直接責任を負うこと、また、登録会計事務所は、監査委員会に対し直接報告する旨を定めている（三〇一条、一九三四年証券取引所法一〇Ａ条（ｍ）（２））。また、監査委員会の委員はすべて独立取締役でなければならないとされている。

さらに、監査委員会は、企業が会計、内部統制または監査上の問題に関して受理した苦情の取り扱いならびに会計および監査上の問題点に関する従業員の内部告発制度に関する手続を定めなければならない（三〇一条、一九三四年証券取引所法一〇A条（m）（4））等の規定もなされている。

第四に、最高経営責任者（CEO）および最高財務責任者（CFO）の責任意識の高揚を図るための施策が規定されている（③、⑨、⑩）。まず、財務報告書に対する企業の責任に関して、公開企業の筆頭執行役員（principal executive officer）および筆頭財務役員（principal financial officer）は、年次報告書および四半期報告書において、企業の事業および財政状態をすべての重要な点において適正に表示していることおよび内部統制の構築・維持責任を負っていることなどを証明しなければならない（三〇二条（a）および九〇六条）。さらに、法人税申告書に対するCEOの署名を求める規定も新設されている（⑩）。

5 『企業改革法』から与えられる示唆

すでにみたように、この『企業改革法』に盛られている規定内容は、会計および監査制度ないしはコーポレート・ガバナンス全般にわたる事項を取り上げていることから、わが国における今後の制度改革に対しても多くの示唆が与えられたものと思われる。

因みに、わが国では、会計ビッグバンによる会計基準の整備の後、二〇〇二年一月二五日には、約一〇年ぶりに全面的な改訂を行った新『監査基準』が、また、一二月六日には新『中間監査基準』が公表されている。両基準においては、ゴーイング・コンサーン規定の導入のほか、不正問題への対応を図る規定も導入されるなど、国際的に遜色のない監査規範の確立を図ることが目途とされている。さらに、商法の矢継ぎ早の改正がなされており、二〇〇二年五月の改正では、コーポレート・ガバナンスの実効性を高めるとの視点から、従来型の監査役（会）制度に対して米国型の取締役会内における委員会等設置会社の選択が容認されることとなった。このように、わが国にあっては、健全かつ信頼しうる市場を支える基盤ともいえる、会計および監査制度、そして企業のコーポレート・ガバナンスの仕組みが、積年の改革作業を経てやっと整ったばかりの段階であり、今後、これらがいかに有効に機能していくかについて、冷静に見届けることが必要とされていたのである。

しかし、こうしたわが国の改革の歩みに水を差すかのごとく投げかけられた米国の『企業改革法』の規定とその適用に対しては、対岸の火事として等閑視するのではなく、継続的に、かつ、慎重に注視することが求められたのである。少なくとも、当初の段階においても確認できたことは、この『企業改革法』の内容、そして、その後順次公表されることとなった。SEC規則等に見られる基本的な考えは、正に、「会計不信」を一掃するための課題として、信頼しうる会計情報の開示（ディスクロージャー）を確保するために、会計と監査およびコーポレート・ガバナンスの強化を大前提に据えていた、ということである。このように、信頼しうる新たな企業会計の枠組みの構築に際しては、会計、監査およびコーポレート・ガバナンスの三本柱を中核に据えた議論の展開が不可欠である、との理解を共有することが何にもまして重要なことであると解されたのである。したがって、『企業改革法』に盛られた各条項の意義を正しく汲み取って、可能な限りわが国における企業社会での実践に生かしていくことは大変意義深いことであったといえるのである。その意味で、『企業改革法』が示した、会計・監査、そしてコーポレート・ガバナンスが、健全で、かつ、活力ある経済社会のインフラであるとの認識は、国際社会における共通認識になっていったことから、わが国にあっても学ぶべき点は極めて多く、まさに、制度改革のための格好の教材とすべきものと解されたのである。

6　おわりに　―企業会計の新たな枠組みの検討―

ところで、『企業改革法』が示した企業会計の枠組みの根底には、会計と監査およびコーポレート・ガバナンスの三本柱が据えられているが、かかる三本柱の相互関係については、必ずしも、明確には意識されていない。

しかし、ひとたび、国際社会に目を転じてみるに、そこには、国際会計基準審議会（International Accounting Standards Board：IASB）の主導により、欧州連合（EU）およびオーストラリアをはじめとして、国際会計基準の二〇〇五年からの強制適用の問題、また、二〇〇二年四月の国際監査・保証基準審議会（International Auditing and Assurance Standards Board：IAASB）の発足により、証券監督者国際機構（International Organization of Securities Commissions：IOSCO）の承認を取り付けることを前提に、国際監査基準の二〇〇五年適用も確実視される状況にあった。さらに、かかる会計および監査制度の牽引役としての会計プロフェッションの教育問題に関しても、すでに、国際会計士連盟（International Federation of Accountants：IFAC）の教育委員会が、二〇〇二年六月に、従来の「国際教育ガイドライン」に代えて、より強制力を有する「国際教育基準」の策定作業を本格化することとなった。

このように、国際社会において進められている、会計基準、監査基準、そして教育基準の統一化問題に対して、わが国では、必ずしも十分な対応がなされないまま時が経過することとなったのである(4)。

ところで、これらの基準は、それぞれ個別に機能するものではなく、健全かつ有効な資本市場の構築とその運用を保証するものでなければならず、そのためには、かかる市場における主人公たる企業のコーポレート・ガバナンスが確立されていることが不可欠といえるのである。

このように捉えるならば、健全な企業会計制度の基盤を支える要因として、企業の仕組みとしての「コーポレート・ガバナンス」（すなわち、会社の機構の問題）、また、かかる仕組みが機能するプロセスの中核を成す「会計基準」（すなわち、具体的な会計処理を規制する基準）、そして、かかるプロセスを通じて算出されるプロダクトの品質を確保するための「監査基準」（すなわち、信頼しうる会計情報の開示を担保する基準）が、まさに、新たな企業会計の枠組みを検討するに際して不可欠の要素であると解されるのである。そして、かかる要素のそれぞれを担う「人間《ひと》」の質を担保するための基盤として、一定水準以上の会計教育が何にもまして重要であるといえるのである。

したがって、今後、制度として機能すべき企業会計の新たな枠組みについての検討を行うに際しては、こうした三つの要素の円滑な相互関係を確保しうるような法律ないし基準の策定が不可欠であるといえるのである。

【注】

（1） 二〇〇二年一一月に香港にて開催の、第九回国際会計教育者会議（一一月一四日から一六日まで）と第一六回世界会計士会議（一一月一八日から二一日）の両会議においても、講演ないし個別研究報告の中心は、この米国の一連の改革に関する問題であった。会議の概要については、八田・町田（二〇〇三、五七—六一頁）、橋本（二〇〇三、六二—六四頁）を参照されたい。

（2） 同法の正式名称は、「証券諸法に準拠し、かつ、その他の目的のために行われる企業のディスクロージャーの正確性と信頼性の向上により投資家を保護するための法」（An Act to protect investors by improving the accuracy and reliability of corporate disclosures made pursuant to the securities laws, and for other purposes）であるが、同法一条において「二〇〇二年サーベインズ＝オクスリー法」と略称する旨が規定されている。ただし、わが国においては、当初の段階から、多くのメディアにおいて、同法に対して「企業改革法」なる呼称を用いていることから、本稿においても、一応、かかる呼称を用いることとした。なお、この『企業改革法』をめぐる主要な問題に対しては、八田（二〇〇二、一―六頁）、八田（二〇〇三、六―一〇頁）、八田・町田（二〇〇二a、二三―三〇頁）、八田・町田（二〇〇二b、四―一二頁）、八田・町田（二〇〇二c、九五―一〇〇頁）、八田他（二〇〇三、一二九―一四九頁）において検討を行っている。

（3）『企業改革法』の概要については、八田・橋本（二〇〇二）、八田・橋本（二〇〇三）を参照されたい。

（4）二〇〇五年問題に関する国際社会の動向については、八田他（二〇〇二、八―二五頁）を参照されたい。

【参考文献】

Arthur Levitt, Jr.（1998）*The Numbers Game*, September 28.（八田進二・橋本　尚共訳（二〇〇四）「ザ・ナンバーズ・ゲーム（会計上の数字合わせ）」中央青山監査法人研究センター編『収益の認識―グローバル時代の理論と実務―』白桃書房、二六九―二七九頁所収。）

Blue Ribbon Committee on Improving the Effectiveness of Corporate Audit Committees（1999）*Report and Recommendations of the Blue Ribbon Committee on Improving the Effectiveness of Corporate Audit Committees*, February.

Lynn E. Turner（2001）*Revenue Recognition*, May 31.（八田進二・橋本　尚・久持英司共訳（二〇〇四）「収益の認識」中央青山監査法人研究センター編『収益の認識―グローバル時代の理論と実務―』白桃書房、二八一―二九四頁所収。）

Mark S. Beasley, Joseph V. Carcello & Dana R. Hermanson（1999）Fraudulent Financial Reporting:1987-1997 *An Analysis of U.S.Public Companies*,March.

National Commission on Fraudulent Financial Reporting（NCFFR）（1987）*Report of the National Commission on Fraudulent Financial Reporting*, October.（鳥羽至英・八田進二共訳（一九九一）『不正な財務報告―結論と勧告―』白桃書房。）

New York Stock Exchange（2002）*Corporate Governance Rule Proposals Reflecting Recommendations from the NYSE Corporate Accountability and Listing Standards Committee As Approved by the NYSE Board of Directors*, August 1,August 16.

Public Oversight Board (POB) (2000) *THE PANEL ON AUDIT EFFECTIVENESS; REPORT AND RECOMMENDATIONS*, August 31.（山浦久司監訳（二〇〇一）『公認会計士監査：米国ＰＯＢ〈現状分析と公益性向上のための勧告〉』白桃書房。）

橋本　尚（二〇〇三）「会計事情　第一六回世界会計士会議」『企業会計』第五五巻第二号、六二―六四頁。

八田進二（二〇〇二）「株式会社監査制度の方向性―監査委員会制度の実態に迫る―」『月刊監査研究』第二八巻第一〇号、一―六頁。

――（二〇〇三）「米・企業改革法とコーポレート・ガバナンスの課題」『リスクマネジメントＢｕｓｉｎｅｓｓ』第一八巻第二号、六―一〇頁。

八田進二・橋本　尚（二〇〇二）「サーベインズ＝オックスリー法の概要とわが国への影響《１》～《３》」『週刊経営財務』第二五八九号、一二―一八頁および第二五九〇号、三八―四三頁および第二五九一号、三三―三八頁。

――（二〇〇三）「サーベインズ＝オックスリー法（米国企業改革法）に関するＳＥＣの規則案の概要」『週刊経営財務』第二六〇八号、七―一五頁。

八田進二・町田祥弘（二〇〇二ａ）「米国『企業改革法』にみる監査人の独立性規制の将来像」『税経通信』第五七巻第一三号、二二―三〇頁。

――（二〇〇二ｂ）「米国『企業改革法』にみる監査委員会制度の将来像」『月刊監査役』第四六四号、四―一二頁。

――（二〇〇二ｃ）「米国『企業改革法』にみる監査規制の将来像」『ＪＩＣＰＡジャーナル』第一四巻第一一号、九五―一〇〇頁。

――（二〇〇三）「第九回国際会計教育者会議参加リポート」『ＪＩＣＰＡジャーナル』第一五巻第二号、五七―六一頁。

八田進二他（二〇〇二）「座談会　今こそ、日本発の『会計ルネッサンス』を―忍び寄る二〇〇五年統一会計基準の足音―」『旬刊経理情報』第一〇〇一号、八―二五頁。

――（二〇〇三）「座談会　米国『企業改革法』の実態とわが国への影響」『企業会計』第五五巻第一号、一二九―一四九頁。

第4章 企業情報の開示と監査

1 はじめに

今日、会計における基本的課題である企業情報の適切な開示の問題を考える場合、それは、監査およびコーポレート・ガバナンスの問題も含めた統合的な検討が不可欠と思われる。というのも、二一世紀の初頭、米国で露呈したエンロン社の会計不正事件の前と後とで、企業あるいは会計、監査、コーポレート・ガバナンスの制度を取り巻く状況は一変したからである。そのため、会計、監査そしてコーポレート・ガバナンス問題を前提とした企業情報の開示をめぐるディスクロージャーに関わる問題については、もはや、単に二〇世紀の延長線上にあるものとして捉えることは適当ではなく、「エンロン前」の問題と「エンロン後」の課題ということで、明確に区別して議論をしていく必要があると解されるのである。

ところで、「エンロン前」の好景気に沸く一九九〇年代の米国においても、ディスクロージャー制度の拡大を含む見直しとかかるディスクロージャー情報に対する信頼性付与のための監査に関する改革は、積極的に進められていたのであり、エンロン事件を契機に突如として始まったものではないのである。同時に、ディスクロージャーの失敗ともいえる「不正な財務報告」が後を絶たない状況も指摘されており、こうした状況に危機感を抱く警鐘も何回となく鳴らされていたのである。

本章では、こうした米国における動向を概観したうえで、信頼しうるディスクロージャー制度の構築には、会計、監査そしてコーポレート・ガバナンスの三位一体での改革こそが不可欠であるとの視点に基づいて、わが国の「企業情報の開示と監査」の今後の方向性について検討することとする。

2　二〇世紀末米国のエンロン前の状況

一九八〇年代後半から始まったグローバル経済における競争の激化や情報技術（IT）の高度化は、企業を取り巻く経営環境を根底から、しかも、加速度的に変化させたことは、周知のとおりである。こうした時代背景については、「グローバル化」「情報ネットワーク化」あるいは「ソフト化」といった言葉でも形容されたところでもあり、その後一九九〇年代に入ってからは、いわゆるニュー・エコノミーの台頭ということで、企業経営を担うビジネスモデルそのものの変革を伴って、「オールド・エコノミー」から「ニュー・エコノミー」へと舵取りがなされることとなったのである。

加えて、企業のディスクロージャーについては、非財務情報、将来指向的情報さらには無形資産に関する情報といった、旧来の財務報告においては埒外におかれてきた情報の重要性が飛躍的に増大したのである。このことは、製造業や商業といった従来の企業形態を念頭においた伝統的な財務報告の目的適合性、有用性および信頼性に対する厳しい批判となって表面化したのである。そのため、本来の企業の実態を理解するために必要な情報を十分に開示すべきとの情報利用者のニーズに応えるべく、投資管理調査協会（ＡＩＭＲ）[1]と米国公認会計士協会（ＡＩＣＰＡ）は、それぞれ、開示内容の拡大と開示頻度の増大を盛り込んだ報告書を公表したのである。ＡＩＭＲの財務会計方針委員会が、一九九三年一一月に公表した『一九九〇年代以降の財務報告』（AIMR, 1993. 以下、『ＡＩＭＲ報告書』）では、時価評価を導入した財務報告の重要性を指摘するとともに、監査人に対して財務情報の作成プロセスに関与することを要請したのである。一方、ＡＩＣＰＡの財務報告に関する特別委員会が一九九四年一二月に公表した『事業報告の改善―顧客指向：投資家および債権者の情報ニーズを満たすこと』（AICAP, 1994. 以下、『ジェンキンズ報告書』）は、先の『ＡＩＭＲ報告書』の視点を全面的に受け入れつつ、いわゆる「包括的事業報告モデル」を提唱したのである。

これら二つの報告書の共通点は、「意思決定有用性」の理念の下に、「顧客指向」の観点から情報利用者の声を反映させる形で目的適合性、有用性、信頼性および効率性を追求した財務報告ないしは事業報告への変革を主張していることである。なかでも、『ジェンキンズ報告書』の最大の特徴は、あくまでも「顧客指向」の視点に立脚して、情報利用者の声を直接かつ広範にわたって聞くことにより、その真の情報ニーズを明らかにし、目的適合性を有する有用かつ効率的な企業情報の将来像を提示したことである。つまり、財務諸表情報を中心とする現行の財務報告では、財務情報ないし定量的な過去情報に焦点が当てられてきているが、新たな「包括的事業報告モデル」は、こうした情報では企業の実態を把握するうえで不十分であるとの認識から、全面的に時価を導入することは控えつつも、非財務情報ないし定性的情報や将来指向的情報へと開示を拡充することを勧告しているのである。

一方、ディスクロージャーの信頼性を担保する視点から、監査の拡大や会計プロフェッションの保証業務への積極的関与の動きもみられたのである。

まず第一に、監査に対する「期待のギャップ」解消のための取組みとして、AICPAは、一九八八年に、一度に九つの監査基準書（SAS）の公表を行い、不正問題に対する期待のギャップへの対応をはじめ、財務諸表監査全般にわたる改善を図ろうとしたのである。

第二に、一九八七年に、不正な財務報告全米委員会（通称、トレッドウェイ委員会）が『不正な財務報告』（NCFFR, 1987）という報告書を公表し、不正な財務報告の原因等を多面的に検討するとともに、その防止策について具体的な勧告を行ったのである。そこでは、企業の内部統制に対する広範な議論の必要性と、内部統制概念自体に関する統合的な枠組みを明示することの重要性を指摘している点が特筆に価するものである。これを受けて、トレッドウェイ委員会支援組織委員会（COSO）では、一九九二年および一九九四年に、内部統制に関する包括的な議論を集約するとともに、かかる内部統制に対する監査人の関与を織り込んだ報告書『内部統制の統合的枠組み』（COSO, 1992 and 1994）を公表したのである。この報告書で示した内部統制についての考えは、その後、内部統制に関するディファクト・スタンダードにもなり、わが国においても、二〇〇二（平成一四）年改訂の「監査基準」において全面的に導入されるとともに、二〇〇五年に開始された企業会計審議会の内部統制部会での議論の起点にもなったのである。

第三に、事業報告に対する監査人の関与として、一九九七年にAICPAの「保証業務に関する特別委員会」（通称、エリオット委員会）が報告書（AICPA, 1997）を公表し、財務情報以外の情報などに対する保証の付与のあり方を検討している。

しかし、その一方において、米国企業社会での後を絶たない不正な財務報告の状況に重大な危機感を抱き、かかる状況を払拭するために市場の関係者すべてが必要な取組みを行う必要があるとの警鐘が何回となく鳴らされていたのである。かかる警鐘は、エンロン事件の伏線ともいうべき不正の温床となるような状況が複数潜在していたことを暗示していたものと解することができる。(2)

このように、エンロン前においても、公正なディスクロージャーを担保するための取組みがなされてはいたものの、そしてまた、エンロン事件を想起させるような事案が露呈していたものの、結局は、整合性あるディスクロージャー制度改革の結果を見届けることができずに、エンロン事件の発生をみることとなったのである。

3 二一世紀米国のエンロン後の改革

ところで、新世紀として順調なスタート切ったと思われていた二〇〇一年一二月、皮肉にも会計・監査の先進国として自他共に認める米国において、その後の会計不信の震源ともなったエンロン事件が発覚し、これを契機として一連の会計不祥事が勃発し、その影響は、世界各地に飛び火することとなったのである。しかも、かかる事件の伏線あるいは兆候に対しては、それまでも何回となく警鐘が鳴らされ、具体的な改善ないし改革が推し進められていた矢先の出来事であったことから、関係者に与えた衝撃は計り知れないものであった。

その後、米国においては、公正な証券市場の再生と投資家の保護を念頭に、異例の規模と速さで抜本的な大改革が断行され、二〇〇二年七月に「二〇〇二年サーベインズ＝オクスリー法」（俗称、企業改革法）が成立したことは周知のとおりである。この企業改革法の中には、会計、監査そしてコーポレート・ガバナンスに関して、以下のような、広範囲にわたる改革が規定されることとなったのである。

一　会計事務所に対する非政府組織としての監視機関である、公開会社会計監視委員会（PCAOB）の創設

二　監査人の独立性規制の強化として、監査業務と非監査業務の同時提供の禁止および監査担当責任者の交代期間の七年から五年への短縮

三　監査委員会の改善および権限の強化として、会計事務所（監査人）の選任、報酬決定および業務監督に対する直接責任と監査報告書の受理を規定

四　CEO、CFOといった経営者の責任意識の高揚策として、年次報告書および四半期報告書に対する宣誓の義務づけ、ならびに、内部統制の有効性評価報告書の提出と監査人の関与の義務づけ

企業改革法およびその後順次公表されてきているSEC規則等にみられる基本的な考え方は、透明で信頼しうる企業情報の開示と経営者責任の明確化のために、会計、監査そしてコーポレート・ガバナンスを三位一体で改善・強化し、健全で、かつ、活力ある経済社会の基盤を整備していくことを大前提に据えているところに特徴がある。そして、投資家保護と市場の健全性を確保し、改革を実効あるものとするために、まさに投網のように、自国の法規制の網を当該資本市場の恩恵に浴している域外の外国企業等に対してもかけようとする、域外適用の姿勢を明確に打ち出していることで、国際的にも大きな影響を及ぼすこととなったのである。この域外適用という考え方は、単一のグローバルな資本市場へ向けた世界の一体化を前提とした「グローバル・リーチ・アプローチ」と呼ばれている思考に基づいている。また、グローバル・リーチの思考に基本的に立脚しつつも、自国の規制水準と同等性を認められる外国制度に限って認めていくという考え方は、「同等性アプローチ」と呼ばれる。

これは、外国の制度によっても当初の目的が達成されるのであれば、これを承認しようというものであるが、その承認権限はあくまでも自国にあり、外国がいくら同等性を主張しても、理解が得られなければ、域外適用を免除されることはない。したがって、日本をはじめ諸外国にとっては、国際的に遜色のない制度設計によりその質を向上させると同時に、同等性を主張するための正確かつ効果的な情報発信が大きな課題となっているのである。

このように、エンロン後の改革は、国際的な視点を踏まえながら、多面的および重層的に幅広く行われてきているのである。

4 わが国の会計・監査・ガバナンス改革の動向

一方、わが国の場合も、二〇世紀末から二一世紀にかけて、会計、監査およびコーポレート・ガバナンスの問題に対して、様々な取組みがなされてきている。まず、第一に会計上の問題としては、一九九〇年代の後半に始まった「会計ビッグバン」と称された、一連の新会計基準の設定および適用等の問題が挙げられる。とりわけ、税効果会計、退職給付会計および減損会計にみられるように、従来にも増して予測、予想ないし見積りの要素の介入する余地の大きい会計基準もあり、経営者サイドの会計判断と監査人サイドの監査判断に齟齬をきたすおそれも危惧されるところであった(3)。

さらに、会計基準の問題として、国際会計基準と国内会計基準との整合性を担保するための取組みや、会計基準自体の設定を行う設定主体の位置づけ等様々な問題もある。

かかる問題に対して注目すべき点は、わが国の場合、戦後、一貫して官のレベル（金融庁の企業会計審議会）での会計基準の設定がなされてきていたものを、二〇〇一（平成一三）年七月に創設された、財団法人財務会計基準機構の下での企業会計基準委員会（ＡＳＢＪ）といった、民間レベルでの会計基準設定主体へ方向転換が図られたことである。こうした改革は、変革著しい経済環境に即応する形での会計基準の設定等を独立的、機動的に行うのに相応しいものと解されてのことであった。

第二の監査上の問題としては、一九九〇年代後半のアジア経済危機に端を発した、会計および監査情報に対する不信感の表れとして、わが国の監査に対しても、国際社会から批判が寄せられた。その結果として、一九九九（平成一一）年三月期決算において、いわゆる海外向けのディスクロージャー情報である英文財務諸表に添付の英文監査報告書において、利用者向けの注意文言の記載を要請された「レジェンド問題」がある。[4] かかる事態に対しては、その後、二〇〇二（平成一四）年一月の「監査基準」および一二月の「中間監査基準」の改訂、さらには、二〇〇三（平成一五）年六月の、公認会計士法の大改正等を踏まえて、わが国の公認会計士監査制度の根底からの見直しと厳格化が図られることとなったのである。

さらに、第三のコーポレート・ガバナンス上の問題としては、その中核的な課題でもある内部統制の構築と有効性の維持に関して、企業関係者の意識を大きく変革させる出来事がみられたのである。その一つは、二〇〇〇（平成一二）年九月二〇日に大阪地方裁判所が下した「大和銀行事件」での判決文であり、他の一つは、二〇〇二（平成一四）年四月五日に神戸地方裁判所が表明した「所見」での内容であった。これら二つに共通することは、大規模企業では、経営者が個々の従業員の行為や組織全般の活動を直接監督することは不可能であることから、経営者の責任は、有効な内部統制を構築しそれを通じて企業内の監視をはかることであるとの考えを明示した点である。したがって、今後は、内部統制システムの構築義務が、取締役に求められる注意義務の要件を構成することから、わが国の企業経営者においても、有効な内部統制を構築する責任に対して真正面から対応することが求められることになったものと解されている。その点からも、企業においては、コーポレート・ガバナンスの強化策として、かかる内部統制システムの構築およびその適切な整備・運用が求められているといえるのである。さらに、このコーポレート・ガバナンスの実効性を高めるとの観点から、二〇〇三（平成一五）年から施行の改正商法では、会社機関の見直しの一環として、大会社についてのみであるが、監査役制度の設置に代えて、米国型の監査委員会等を備えた委員会等設置会社の採用も容認されることとなった。そして、この委員会等設置会社の場合には、内部統制の構築を要請する規定（商法特例法第二一条の七第一項第二号、商法施行規則第一九三条）が制定されることとなり、いち早く、わが国企業おいては、すべからく、この内部統制問題が現実の問題として浮上することとなったのである。

以上のように、企業情報の開示については、会計、監査そしてコーポレート・ガバナンスの三つの視点から取組みがなされなければならないこと、そして、その場合にあっても、常に、関係する基準ないし規則等の策定に際しては、国際的統合ないし収斂という問題をも射程においた議論が進められなければならないことが再認識させられたのである。

5 ディスクロージャー制度における課題と展望

以上、ディスクロージャー制度を考えるに際して、「エンロン前」と「エンロン後」では決定的な違いがあるとの認識の下に、さらなる信頼性強化のための取組みについて近時の動向を概観してきた。そこでの基本的視点は、あくまでも、信頼しうるディスクロージャー制度を構築するためには、会計・監査そしてコーポレート・ガバナンスの三本柱を中核に据えた議論、さらには、会計基準、監査基準および内部統制を中核に据えたコーポレート・ガバナンス規程の国際的統一化を前提にした議論が不可欠であることを指摘した。少なくとも、資本ないし証券市場におけるグローバル化の流れは、より一層加速することを前提に国際的な歩調に合わせることが何よりも重要であるといえる。

その意味で、経済社会の基盤ともいえる「企業情報の開示」は、会計の枠組み、監査の枠組み、そしてコーポレート・ガバナンスの枠組みのそれぞれにおいて、国際的な動向も視野に入れながら、大変革する可能性は大いに考えられる。因みに、わが国の場合、「会計ビッグバン」により会計基準は国際的水準に近づいたとされるが、国際会計基準の全面的な導入等の国際的統合の流れには十分に乗り切れていない。また、監査基準については、基本的に、国際的な動向をキャッチアップしているものの、会計プロフェッションの側における厳格な適用ないし運用についてはいまだ多くの問題を抱えているように思われる。そして、コーポレート・ガバナンスの枠組みの中核にある内部統制問題については、今まさに、その環境整備が始まったばかりと捉えられるのである[5]。

いずれにしても、信頼しうる企業情報の開示制度を構築するためには、透明性の高い会計および企業情報の確保による説明責任の履行、信頼性の高い監査システムの確保による独立的な監視の導入、そして、誠実なコーポレート・ガバナンスの確保による経営責任の誠実な履行が保証されることが不可欠なのである。しかし、いかに信頼性の高い制度にあっても、それを支えるのは、あくまでも「人間《ヒト》」である。そしてまた、いかなる制度も時間の経過とともに、制度疲労（ないし機能不全）を生じるのが通例である。したがって、常に、こうした開示制度については、継続的な監視と改革に向けた対応策を講じることが不可欠であるといえる。

6　おわりに　―近時の不実開示の問題を考える―

ところで、わが国の場合、二〇〇四（平成一六）年一〇月以降、本章で検討した開示制度と監査に直接影響を及ぼす複数の不実開示の問題が発覚したのである。そこで、本章のおわりに、これらの問題について、若干の検討を行っておくこととする。

周知のとおり、二〇〇四（平成一六）年一〇月中旬以降に発覚した証券取引法上の問題として、継続開示情報としての有価証券報告書の開示内容について不適切な事例が相次いで発覚したことから、証券市場に対する投資家の信頼は著しく損なわれることとなったのである。

とりわけ、知名度の高い鉄道会社による極めて長期間にわたる大株主の持ち株数の過少申告が放置されていた事案により、有価証券報告書を中核とした企業情報の開示制度は、これまでに例のないほどの大幅な見直しを迫られることとなった。加えて、こうした有価証券報告書の不実開示については、その後、監督機関の金融庁が行っていた一二月一七日までの期間を区切っての有価証券報告書の自主点検で、対象会社四、五四三社の約一三パーセントにあたる五八九社が訂正報告書を提出したことから、開示制度自体に潜む問題の根深さを露呈することとなったのである（『朝日新聞』二〇〇五年一月二八日）。なお、これらの訂正事項の六割以上が、鉄道会社の事案に類似する株主の状況に関する訂正であり、ついで、財務諸表の表示区分に関する訂正が三割となっており、直接に、会計上の虚偽の表示につながるような訂正も含まれている（『日本経済新聞』二〇〇四年一二月二五日）。なお、今般発覚した一連の有価証券報告書における不実開示等では、これまで想定されていた「会計情報の開示」問題より、さらに広範囲な「企業情報の開示」といった点が特徴であり、ここにおいても、ディスクロージャー制度の拡大と、それに対する監査可能性といった問題が大きく投げかけられたのである。

そもそも、証券市場の主人公ともいえる公開会社に対しては、企業活動の実態を忠実に描写した会計情報の開示と、それに対する監査が求められている。しかし、こうした企業の情報開示制度を支える会計と監査は、いずれもが、情報発信の主体である企業および企業経営者の行動ないし活動の「後追い」としての役割を担うものであり、企業および企業経営者の誠実性を度外視して、本来の役割を遂行し得るものではない。つまり、投資家保護を標榜することのできる、健全かつ信頼し得る証券・資本市場の構築のためには、市場の主人公である企業および企業経営者の側において、誠実かつ透明性の高い行動を推進することのできる規律と、健全な経営マインドが備わっていることが何にも増して重要なことなのであり、こうした企業サイドにおける規律づけこそが、内部統制を中心としたコーポレート・ガバナンスとしての問題なのである。したがって、今般の事件の根底にも、このコーポレート・ガバナンス問題が根深く潜在しているものと解されている。つまり、会計ないし監査の基準等がどんなに厳格に規定されようが、あるいはまた、公認会計士ないし監査法人に対して、品質管理のための高度な基準ないし厳格な規制システムを設定したとしても、所詮は、市場の主人公である企業および企業経営者の側における経営理念ないし経営方針が不当な場合、すなわち、コーポレート・ガバナンスが脆弱な場合には、開示制度の信頼性を期待することは、当初から、困難であるといわざるを得ないのである。

かかる問題意識を背景に、金融庁では、ディスクロージャー制度の信頼性確保に向けた対応として、以下の四項目からなる具体的な改革を提言したのである（金融庁「金融審議会金融分科会第一部会報告―ディスクロージャー制度の信頼性確保に向けた対応（第二弾）について」平成一六年一二月二四日）。

①財務報告に係る内部統制の有効性に関する経営者の評価と公認会計士等による監査のあり方
②継続開示義務違反に対する課徴金制度のあり方
③コーポレート・ガバナンスに係る開示の充実のあり方
④親会社が継続開示会社でない場合の親会社情報の開示の充実のあり方

これらからも明らかなように、公正かつ信頼しうるディスクロージャー制度を構築するためには、健全かつ有効な内部統制、そしてコーポレート・ガバナンスが不可欠であることが強く認識できるのである。

加えて、金融庁が示した種々の対応策をみるに、その改革に向けた時間的な速さもさることながら、そこに盛られている改善項目のすべてが、わが国のディスクロージャー制度の根底にかかわる広範な問題を対象にしていることから、企業情報の開示に対する信頼性の回復に向けた強い意気込みを汲み取ることができる。それは、丁度、二〇〇一(平成一三)年一二月に発覚した米国でのエンロン社の経営破綻を契機に蔓延した、いわゆる会計不信を一掃するために、極めて短期間の間に制定された「企業改革法」の趣旨に符合するものといえる。その意味で、金融庁が、市場の監視機関の一翼として、本来の社会的使命を達成すべく、規制強化の方向に大きく舵を取り始めたと解することもできるであろう。加えて、皮肉にも、かかる改革の流れをみるに、わが国の「鉄道会社問題」は、その三年前に発生した米国の「エンロン問題」に匹敵するほどの大きな影響を市場に及ぼしたという点で、わが国の企業情報の開示制度の改革に果たした貢献は計り知れないものといえよう。

「会計情報の開示」から「企業情報の開示」へと、今後ますます拡大することが想定されるディスクロージャー制度ではあるが、いずれの情報が利用者にとって有用なものなのか、そして、その場合に、いかなる範囲および頻度での監査が求められるのかについて、今一度原点に戻って検討することが不可欠であるといえる。とりわけわが国の監査においては、近時、粉飾決算に伴う監査人の逮捕・起訴といった、監査自体の信頼性を失墜させるような事案も発覚していることから、より厳格な監査の履行という視点からも、包括的な検討が求められているものと思われる。

【注】

（1）投資管理調査協会（AIMR）は、二〇〇四年五月に、勅許財務アナリスト協会（CFA Institute）名称変更されている。また、現在、「包括的事業報告モデル（A Comprehensive Business Reporting Model）」と題する報告書を作成中である。

（2）この点に関する検討は、八田（二〇〇三、五四―七一頁）において行っている。

（3）新会計基準等の多くで受け入れられた会計上の予測、予想ないし見積りの介在により、従来にも増して財務数値に経営者の主観的判断介入の余地が増大した。それに対して、新「監査基準」では、監査人に対して、実質的判断を要請する規定を導入したのである。この結果、会計判断の現場において、企業の経営者サイドと監査人サイドとの間に、かかる将来予測の判断について、争いが生じるのではないかとの危惧を示していたが、その後、「りそな銀行」（二〇〇三年五月）と「足利銀行」（二〇〇三年一一月）の繰延税金資産計上額に対する両者の対立は、かかる危惧が露呈したものといえる。（実質的判断に対しての理解は、八田・高田（二〇〇三、一二一―一二五頁）を参照のこと。

（4）この点に関する検討は、八田（二〇〇〇、一八―三〇頁）において行っている。

（5）なお、金融庁の企業会計審議会では、二〇〇五年一月二八日開催の総会において、「財務報告に係る内部統制の有効性に関する経営者による評価の基準及び公認会計士等による検証の基準について策定を行う」との役割をもった「内部統制部会」（部会長　八田進二）の設置を決議した。これを受け、同部会では、同年一二月八日、「財務報告に係る内部統制の評価及び監査の基準のあり方について」を公表し、今後の制度面での整備の検討を待つこととされたのである。

【参考文献】

American Institute of Certified Public Accountants（AICPA）（1994）Special Committee on Financial Reporting, *Improving Business Reporting-A Customer Focus : Meeting the Information Needs of Investors and Creditors*, AICPA.（八田進二・橋本　尚共訳（二〇〇二）『事業報告革命』白桃書房。）

――（1997）Special Committee on Assurance Services.*Report of the Special Committee on Assurance Services*, AICPA.

Association for Investment Management and Research（AIMR）（1993）Financial Accounting Policy Committee, *Financial Reporting in the 1990s and Beyond*, AIMR.（八田進二・橋本　尚共訳（二〇〇一）『二一世紀の財務報告』白桃書房。）

Committee of Sponsoring Organizations of the Treadway Commission（COSO）（1992 and 1994）*Internal Control-Integrated Framework*, AICPA.（鳥羽至英・八田進二・高田敏文共訳（一九九六）『内部統制の統合的枠組み―理論篇およびツール篇―』、白桃書房。）

National Commission on Fraudulent Financial Reporting（NCFFR）（1987）*Fraudulent Financial Reporting-Conclusions and Recommendations*.（鳥羽至英・八田進二共訳（一九九一）『不正な財務報告―結論と勧告―』白桃書房。）

八田進二（二〇〇〇）「財務報告の信頼性をめぐる諸問題」『會計』第一五七巻第四号、一八―三〇頁。

――（二〇〇三）「『会計不信』払拭に向けた企業会計の新たな枠組みの検討」『會計』第一六三巻第四号、五四―七一頁。

八田進二・高田敏文（二〇〇三）『逐条詳解　新監査基準を学ぶ』（増補版）同文舘出版。

第5章　わが国会計・監査制度における会計操作問題

1　はじめに　―会計操作の意義と問題の提起―

様々な形態をなす企業不正の中でも、企業の作成・公表する財務諸表を中核とした財務情報の不実な開示については、一般に、粉飾決算を代表に「虚偽の表示」ということで、社会から厳しい糾弾を浴びることは周知のとおりである。しかし、こうした財務情報の開示において、それがそもそも違法なものであるのかどうか、あるいは、会計処理の原則および手続を包括する、一般に認められた会計原則（Generally Accepted Accounting Principles：ＧＡＡＰ）に準拠したものであるのか、といった点について検証しておくことが不可欠である。というのも、一つの会計事実について認められた複数の会計処理の原則および手続がある場合に、そのいずれかを採用することにより、結果として企業の利益に差異が生じることは、今日の会計の前提にある基本思考であり、こうした視点を度外視して、結果として、複数の利益数値が存在することをもって虚偽の表示とは解されないからである。

この点に関しては、「特定の状況下にある企業の経営者が、一般に認められた会計基準に反する手続きによって利益を計上するプロセス」をもって「粉飾決算」と解するとともに、他方、「特定の状況下にある企業の経営者が、一般に認められた会計基準の枠内で行った極めて意図的な利益増加型の利益調整」を、粉飾決算とは一線を画する形で、「会計操作」と捉える向きもある（須田・山本・乙政編著、二〇〇七、二一一―二一二頁）。この場合、前者の「粉飾決算」の具体的類型として、違法行為と判断される会計行為、会計不正（Accounting irregularities）および虚偽報告（Fraudulent financial reporting）があるとする。一方、会計操作を支える「利益調整」（earnings management）については、これを「経営者が、会計上の見積りと判断および会計方針の選択などを通じて、一般に認められた会計基準の枠内で当期の利益を裁量的に測定するプロセス」と意義づけ、次のような内容のものに分類できるとするのである（同、二一〇、二一二頁）。すなわち、

①当期の利益を過少に報告する守備的な（conservative）利益調整
・引当金の過大計上
・リストラ費用の過大計上
・減損損失の過大計上
②当期の利益を過剰に報告する攻撃的な（aggressive）利益調整
・引当金の過小計上
・減損損失の過小計上
・棚卸資産の過大評価

③両極の中間に位置する適度の（moderate）利益調整
・合理的な期間損益計算のもとで実施される利益平準化の手続き

仮に、この見解に従うならば「利益調整」という行動は、経営者の裁量の事柄であって、経営判断のプロセスの一環として容認されるものであるということになる。加えて、これが「適度の」利益調整とされる利益の平準化の手続と解される場合には、合理的な期間損益計算を前提にした会計処理プロセスということで、適正な会計処理の一環として捉えられることになる。しかし、こうした経営者の恣意的判断が介在する会計処理等については、まず大前提として、それがＧＡＡＰに準拠したものであるのかが問われることになる。つまり、そうした会計処理プロセスが、企業経営者の経営判断プロセスの一環として採用される恣意的な会計手続であると解される場合、あるいは、従来採用されてきた会計方針が利益調整のために変更されているような場合には、真実かつ適正な情報開示の視点からは、厳しく指弾されるべきものと考えられるからである。さらに、万が一、利益平準化の手続の採用によって作成された財務諸表に遭遇した場合、監査人はいかなる意見を表明することになるのであろうかという問題もある。

そこで、本章では、こうした会計操作をめぐる様々な課題を取り上げ、特に、わが国のこれまでの会計および監査制度の中で、どのように取り扱われてきたのかを中心に検討を加えるとともに、より厳格化が求められている今日の会計情報の確保に際しての会計操作の問題について警鐘を鳴らすこととする。

2 わが国の会計・監査制度（1）―「利益の平準化」は認められた会計実務―

周知のとおり、戦後導入されたわが国の証券取引法の下での公認会計士監査制度では、一九五一（昭和二六）年から一九五六（昭和三一）年までの制度監査を経て、一九五七（昭和三二）年一月一日からの「正規の財務諸表監査」の開始に向けて、大蔵省企業会計審議会は、一九五六（昭和三一）年一二月二五日に、一九五〇（昭和二五）年制定の「監査基準」および「監査実施準則」を全面的に改訂するとともに、新たに「監査報告準則」を制定した。その際、会計処理の原則および手続の変更がなされた場合の取り扱いについては、次のような規定が盛られることとなった。

「監査報告準則」（昭和三一年一二月二五日制定）

三．財務諸表に対する意見の表明

（一）監査人は、財務諸表に対する意見を表明するため、左の事項を記載しなければならない。

一　企業が採用する会計処理の原則及び手続が「企業会計原則」に準拠しているか否か

二　企業が採用する会計処理の原則及び手続が当年度も継続して適用されているか否か

三　財務諸表の記載様式及び記載事項に関して特に準則が設けられている場合には、企業の財務諸表がこれに準拠して作成されているか否か

（二）監査人は、財務諸表が企業の財政状態及び経営成績を適正に表示していると認めた場合には、その旨

を記載しなければならない。

(三)監査人は、次に掲げる場合には、その旨及び理由並びに第二号若しくは第三号の場合には、その財務諸表に及ぼす影響を記載しなければならない。

一　財務諸表の重要な項目について、正規の監査手続が実施可能にして合理的であるにもかかわらず省略された場合

二　財務諸表の重要な項目が「企業会計原則」に準拠せずに処理された場合

三　企業の採用する会計処理の原則及び手続について、当期純利益に著しい影響を与える変更が行われた場合

但し、正当な理由による期間利益の平準化または企業の堅実性を得るために行われている場合を除く。(傍線は筆者挿入)

つまり、「監査報告準則」の三(一)二において、監査人は、継続性の原則のいかんを記載することを要請するとともに、別途、三(三)三の前段において、継続性の変更が当期純利益に著しい影響を与える場合には、その旨および理由ならびに財務諸表に及ぼす影響を記載することを規定している。しかし、その後段の「但書」において、継続性の変更がなされた場合であっても、その変更が「正当な理由による期間利益の平準化または企業の堅実性を得るために行われている場合」については、そうした一連の記載(すなわち、変更の旨、理由および財務諸表に及ぼす影響)は不要であることを規定しているのである。そればかりか、「期間利益の平準化または企業の堅実性を得るために行われ」た会計操作については、それが「正当な理由」によるものであるとの大義名分をもって、当期純利益に及ぼす影響が著しい場合であっても、監査報告上は何らの記載もされず、無限定適正意見が

表明されることとなったのである。

このように、「期間利益の平準化」ないし「企業の堅実性の確保」という、会計上の判断とは無縁の企業経営者の経営判断ないし恣意的な経営政策の介在を容認し、かつ、それに伴う継続性の変更を監査上も正式に容認したことで、真実な会計報告の確保を第一義とする「企業会計原則」の主旨および会計処理等の継続適用を要請する継続性の原則の本旨は完全に骨抜きにされてしまったのである。

こうした状況に一層の拍車をかけたのが、一九五七（昭和三二）年に制定された「財務諸表等の監査証明に関する省令（以下、「監査証明省令」）」および「財務諸表等の監査証明に関する省令の取扱いについて」（以下、「取扱通達」）」における規定である。すなわち、継続性の原則の適用および変更に関して、「監査証明省令」の第四条第三項第二号では、監査報告書における個別的な記載事項として以下の記載を要求していた。

> 昭和三十二年制定「監査証明省令」第四条第三項第二項
> 財務諸表の項目が当該財務諸表に係る事業年度の直前の事業年度と同一の基準により処理されているかどうか、被監査会社が基準を変更した場合において、当該変更が当該財務諸表に著しい影響を与えていると公認会計士が認めた場合（当該変更が正当な理由に基づいて行われていると認めた場合を除く。）には、その旨、その理由および当該変更が当該財務諸表に与えている影響。（傍線は筆者挿入）

これを受けて、「取扱通達」の七では、前記規定の後段括弧書きにいう「正当な理由」に該当する場合の基準として、以下の五項目について掲げている（なお、これらの規定は、「その後の実例では、これを極めて幅広く解釈されることがあり、むしろ恣意的な処理に利用される危険があった」（浅地、一九六六、二二一頁））。こと等から、一九六二（昭和三七）年の改正において削除されている。

昭和三十二年制定「取扱通達」七
（一）原価法によっているたな卸資産又は有価証券について、商法第三四条第一項の規定により評価損を計上している場合
（二）減価償却資産について陳腐化等の事実の発生したことにより、従来から採用していた当該資産の耐用年数を短縮し、これに基づく減価償却費を計上している場合
（三）修繕費と資本的支出の区別、貸倒発生の有無等事実認定の著しく困難な事項について、従来から採用していた基準又は方法を変更して当期の費用又は損失として計上している場合
（四）六の（一）に該当する場合（一般に公正妥当と認められる企業会計の基準に照らして必ずしも適正と認め難い会計処理であっても、税法の規定により特に所得の計算上損金に算入することが認められているものについて、損金に算入することを認められている範囲内の金額を費用又は損金として計上している場合：引用者注）であって、前事業年度と異なった基準により算出された額を計上している場合
（五）季節的影響を受ける事業を営む会社が、その影響による上期と下期との期間利益の変動を適正に調整するため上期と下期との間に会計処理の変更を行う場合で、その変更が毎年同一の基準に従ってなされている場合（傍線は筆者挿入）

その後、一九六四（昭和三九）年改正の「監査証明省令」の第四条第三項第二号は、以下のような規定に改められた。

昭和三九年改正「監査証明省令」第四条第三項第二号

財務諸表の項目が当該財務諸表に係る事業年度の直前の事業年度と同一の基準により処理されているかどうか財務諸表の重要な項目が同一の基準により処理されていないと認められる場合において、その基準の変更が正当な理由に基づいていると認められるときは、当該変更があった旨、その基準の変更が正当な理由に基づいていないと認められるときは、その旨、当該変更が正当な理由に基づいていないと認められる理由及び当該変更が当該財務諸表に与えている影響（傍線は筆者挿入）

このように、会計処理等の変更が正当な理由に基づいている場合にあっても、監査人は、監査報告書における個別的記載事項として、「当該変更があった旨」についてだけではあるが、正当な理由に基づいていない場合の変更と同様に、その記載が義務づけられることとなったのである。

一方、先の「監査報告準則」での「但書」条項の挿入等により、ほとんど骨抜きとされた継続性の原則に係る適用に対しては、当時にあっても、識者からの強い批判が寄せられた（飯野、一九六二）こともあって、一九六六（昭和四一）年の改訂により、この但書条項は「監査報告準則」の本文から削除されることとなった。しかし、この但書の削除に伴って、新たに、監査関係者とされる日本公認会計士協会、経済団体連合会および大蔵省の三者間における覚書ないし念書として、以下のような「了解事項」が公表され、実務上の配慮を施した取扱いが施されることとなったのである。

【了解事項】

証券取引法による監査証明に関して、新監査報告準則を運用するにあたり、関係者（日本公認会計士協会、経済団体連合会、大蔵省）が、その運用方針および解釈について次のとおり了解した。

記

一　前監査報告準則三（三）の三の但書は、今回の改正において削除されることになったが、この但書の削除により、従来の証券取引法に基づく監査証明における取扱いは、なんら影響を受けないものとする。なお、この但書に関する個別的な問題については、別に検討する。（傍線は筆者挿入）

以下、省略

前記「了解事項」において、正当な理由による期間利益の平準化または企業の堅実性の確保を目的とした継続性の変更については、従前の取扱いを踏襲することが示されたことから、わが国においては、利益の平準化や企業の堅実性確保といった経営判断に依拠した会計方針の変更については、些かなりとも不適正意見が表明される余地のないことが追認されたものと解される。

しかし、その後、わが国においては、一九七四（昭和四九）年の「企業会計原則」の改訂および商法の改正ならびに商法特例法の制定に際して、継続性の変更に伴う正当な理由の内実だけでなく、継続性の原則自体の存在意義が議論の対象とされることとなった。こうした状況の下で、日本公認会計士協会は、「『正当な理由にもとづく会計処理の原則又は手続の変更』とはいかなる内容のものと解するか。同監査上の取扱いは、いかにあるべきか。」との会長諮問に対する答申として、一九七五（昭和五〇）年五月七日、以下、二つの報告書を公表している。

（一）監査委員会報告第二〇号「正当な理由にもとづく会計処理の原則又は手続の変更について」

(二)会計制度委員会報告「『継続性の原則』『特定引当金』等と商法監査の実施との関連について」

前記二つの委員会報告書は、それまでにも種々課題となっていた、継続性の変更がなされる場合における「正当な理由」についての解釈を示すことに主眼が置かれていた。

そこで、まず、監査委員会報告では、「企業会計原則」の一般原則の五（継続性の原則）に規定の「みだりに会計処理の原則及び手続を変更してはならない。」との中の「みだりに」を「正当な理由なく」と同意義に解することを明らかにするとともに、この「みだりに」（すなわち、「正当な理由なく」）に該当する場合の変更例、ならびに、「正当な理由」に基づく変更例について具体的に列挙していたのである。

しかし、これら継続性の変更に場合における「正当な理由」の正当性についての判断が、全面的に監査人サイドにおける判断に依存する形となっていることについては、従来と些かも変わっておらず、二重責任の原則の視点から見ても、多くの課題が残されていたのである。

3 わが国の会計・監査制度(2) ―裁量の範囲が拡大した会計実務―

すでにみた制定当初（一九五七（昭和三二）年）の監査証明省令での規定にもあったように、継続性の変更がなされた場合に、その変更が正当な理由であるか否かの判定は、公認会計士が行うものとされており、そうした対応がわが国の監査実務の中に根深く浸透してきたことは否めない事実である。

しかし、一九九一（平成三）年一二月改訂の「監査報告準則」三(三)二、ならびに、それを受けて一九九二（平成四）年三月に改正された「監査証明省令」第四条第三項第二号では、以下のように、当該変更の旨だけでなく、従来記載を求められていなかった当該変更が財務諸表等に与えている影響および「当該変更が正当な理由に基づいていると認められる理由」についての記載を監査人に義務づけることとなったのである。

平成三年改訂「監査報告準則」

三　財務諸表に対する意見の表明

(三)財務諸表に対する（一）（適正意見）又は（二）（不適正意見）の意見の表明に当たっては、次に掲げる事項を記載しなければならない。

二　企業が前年度と同一の会計方針を適用しているかどうか、前年度と同一の会計方針を適用していないと認められるときは、その旨、その変更が正当な理由に基づくものであるかどうか、その理由及びその変更が財務諸表に与えている影響（傍線は筆者挿入）。

平成四年改正「監査証明省令」第四条第三項第二号

財務諸表等の項目が当該財務諸表等に係る事業年度の直前事業年度と同一の基準により処理されているかどうか、財務諸表等の重要な項目が同一の基準により処理されていないと認められる場合において、その基準の変更が正当な理由に基づいていると認められるときは、その旨、当該変更が正当な理由に基づいていると認められる理由及び当該変更が当該財務諸表等に与えている影響、その基準の変更が正当な理由に基づいていないと認められるときは、その旨、当該変更が正当な理由に基づいていないと認められる理由及び当該変更が当該財務諸表等に与えている影響（傍線は筆者挿入）。

そもそも継続性の原則が要請するところは、認められた複数の会計方針が存在する場合に、いったん選択・適用された会計方針については、原則的にこれを継続適用することで、経営者による恣意的な利益操作を排除することにある。確かに、継続適用に対するもう一つの要請として、財務諸表の比較可能性を重視する向きもあるが、仮に同一の会計方針を採用していたとしても、必ずしも適切な期間比較が可能とはならない場合（たとえば、棚卸資産の期末評価として採用される「低価法」では、ある時は、簿価による評価でありながら、また、ある時は期末の時価による評価ということで、評価自体に一貫性がなく、期間比較の信頼性も確保し得ない。）も多いことから、継続性の原則の本旨は、あくまでも経営者による恣意的な利益操作の排除にあると解するのが相当である。

したがって、従来採用されてきた会計方針が変更され、その変更に「正当な理由」があると判断される場合とは、当該変更が利益操作のためでなく、真実な会計報告を保証しうるものとなることを立証しうる、客観的な状況ないしは積極的な理由が明らかにされる場合に限定されなければならない。と同時に、財務諸表の作成に第一義的な責任を有する経営者が、変更前の会計方針を当初選択した時の理由が現実的に整合しなくなったことを明らかにすることが求められるのである。その意味でも、当該変更が、「正当な理由」がある変更であるとの立証責任は、偏に経営者側に存するのであって、監査人が理由づけを考案するといった性格のものではありえない。しかし、これまでのわが国の会計・監査実務においては、経営者の行った会計判断の当否の域を超えて、監査人が、まさに、経営者の経営方針ないしは経営政策にまで介入することで、財務諸表の作成行為にまで影響を及ぼすといった危惧が指摘されてきたのである。

こうした危惧は、以下の示すように、二〇世紀末から二一世紀かけての「会計ビッグバン」とも称された一連の会計基準の改革の中でより一層顕著になってきている。

二〇〇〇（平成一二）年三月　連結キャッシュ・フロー計算書等の作成基準
二〇〇〇（平成一二）年三月　研究開発費等に係る会計基準
二〇〇〇（平成一二）年三月　税効果会計に係る会計基準
二〇〇一（平成一三）年三月　退職給付に係る会計基準
二〇〇一（平成一三）年三月　金融商品に係る会計基準
二〇〇六（平成一八）年三月　固定資産の減損に係る会計基準
二〇〇七（平成一九）年三月　企業結合に係る会計基準

つまり、近時の新会計基準の多くは、情報利用者のニーズに応えるとの要請から、過去情報に依拠した実測数値よりも、将来の予想、見積もりに基づく予測情報に重きを置く傾向が強くなってきており、その意味で、経営者の会計判断に関する裁量の範囲は、ますます拡大の方向にあるといえる。

したがって、今後は、経営者による恣意的な会計操作を排除して、より信頼性の高い会計情報を確保することが、従来にもまして重要な課題となってきているのである。

4　二〇世紀末から二一世紀にかけての米国における会計不正の動向

ところで、経営者の恣意的な判断により、不当な会計処理ないしは会計不正が後を絶たないということは、これまでの実証的なデータからも明らかなところである。因みに、一九八七年公表のトレッドウェイ委員会報告書『不正な財務報告』以降一一年間（一九八七―一九九七）における証券取引委員会（ＳＥＣ）公表の「会計・監査執行通牒」での不正な財務報告事案（二〇四社）の分析結果によれば、概略以下の点が指摘できる（Mark S. Beasley, et al. 1999）。すなわち、まず、財務諸表の不正の手口の典型は、収益および資産の過大計上であり、対象事案の過半数において、収益の早期計上ないし架空計上がなされていたこと。また、約半数の事案では、引当金の過少計上、棚卸資産および設備等の有形固定資産価格の過大計上、そして架空資産の計上による資産の過大計上がなされていたということ。

次に、不正事案への関与者として、八三％の事案において、最高経営責任者（ＣＥＯ）、最高財務担当役員（ＣＦＯ）およびその両者が不正な財務諸表に関与していたとして名指しされており、不正が、組織の上層部に至っていることが判明しているのである。

さらには、対象となった不正企業の監査委員会および取締役会は、概して脆弱であり、ほとんどの監査委員会は、年に一度の会合しか開催しておらず、あるいは、監査委員会を設置していない企業が、二五％にも達していたし、監督を任務とする取締役会については、特定の内部者ないし当該企業と深い関係を有する者によって支配されており、経営に対する監視意識が希薄であったことが窺い知れるのである。

このような動向を示唆するかのように、一九九八年九月二八日に、アーサー・レビットSEC委員長が行った講演「ザ・ナンバーズ・ゲーム（会計上の数字合わせ）」では、公開会社の公表財務諸表において、まさに、トリックのような以下に示す五つの会計手法を駆使している企業が散見されることを指摘するとともに、このようなグレーゾーンの会計操作に対して会計・監査関係者に警鐘を鳴らしたのである。

（一）「ビッグ・バス」リストラ費用の計上
（二）創作的買収会計の採用
（三）「クッキー・ジャー準備金」の採用
（四）「重要性の原則に抵触しない」会計原則の濫用
（五）収益の前倒し認識

こうした警鐘を受けて、リン・ターナーSEC主任会計官は、二〇〇一年五月三一日に、「収益の認識」と題する講演において、監査人が収益に関して十分かつ適切な監査手続を実施することの重要性を指摘したのである。

いずれにしても、二〇世紀末の米国の会計・監査環境は、まさに、会計不正とは背中合わせの極めて危うい状況を呈していたのであり、二〇〇一年一二月の「エンロン事件」は、起こるべくして起きた不正事件であったとも解されるのである。それは、信頼しうる会計情報の作成および開示と紙一重とも称される、種々の「会計操作」について、すべての関係者が深刻に捉えることなく、それをGAAP内で容認される会計処理等であると解することで、恣意的な会計操作を黙認してきた構図を見て取ることができるからである。

こうした不正会計を容認せざるを得ない状況を生ぜしめてきた原因として、以下の点についての指摘がなされている（井尻雄士、二〇〇三）。まず第一に、歴史的な事実を記録するといった会計の原点にある複式簿記の本質（すなわち、実測会計）から乖離して「財務報告」に関心が移行したことを受け、利益先取りの予測の介入が増大し、投資家の熱望する主観的な予測会計への移行がなされたことで、開示情報と事実との間に予測誤差が生じるようになったこと。第二に、既存の会計が、GAAPに準拠した会計処理等を行うということで、GAAPへの準拠性という手続上の条件が満たされていること（これを「手続公正」と称す）の検証をもって、監査人の責任が履行されたと解する傾向にあったこと。つまり、手続公正を超えた実質的な意味での公正な開示（これを「純粋公正」と称す）までも検証するといった対応は取られてこなかったということである。第三に、米国では、一九七〇年代以降、SECは自発的な開示の奨励とともに、予測を開示する企業が、当該開示から不当な損害賠償の訴訟を受けないように一定の条件（予測が善意であり、合理的な基礎に依拠していること）のもとに、セイフハーバー・ルールという予測保護の規則を設定しているが、現行財務諸表には、実測と予測が混在しており、その内容を投資家は実測と予測に分けることができないことから、予測保護の適用対象になりえていないということ。加えて、エンロン社の破綻を契機として、米国の詳細な会計基準（所謂「規則主義」に根差した会計基準）を利用することで、合法非合法すれすれの所まで会計操作を行っていたのではないかとの批判が高まったのである。こうした批判事項のほとんどについては、その後制定された「二〇〇二年サーベインズ＝オクスリー法」（なお、わが国においては、通例、「企業改革法」と俗称されていることから、以下ではそれに倣うこととする）において、種々解決が図られたことは周知のとおりである。

5　会計方針の選択・適用に関する課題

一方、わが国の場合、不当な会計操作を抑止ないし防止する観点からも、二一世紀に入って早々の平成一四（二〇〇二）年一月には、ほぼ一〇年ぶりに「監査基準」の大改訂がなされることとなった（以下、「改訂監査基準」という）。改訂に際しては、（一）財務諸表の重要な虚偽の表示の原因となる不正を発見する姿勢の強化、（二）ゴーイング・コンサーン（継続企業の前提）問題への対処、（三）リスク・アプローチの徹底、（四）新たな会計基準への対応、そして（五）監査報告書の充実を図ること、の五つの重要なポイントが強調されたのである。こうした改訂のポイントの中の「新たな会計基準への対応」については、すでにみたように、わが国の場合、二〇世紀末から二一世紀にかけて「会計ビッグバン」の名の下に進められた一連の会計基準の改革では、従来に比して極めて広範囲にわたって将来の予想、見積もりに基づく予測情報の介在する余地が拡大してきており、そのため、経営者の会計判断に関する裁量の範囲の拡大により、従来にも増して経営者による恣意的な会計操作の生ずる可能性に配慮して、これを排除するための監査人の対応を規定することとなったのである。

すなわち、監査人が監査意見を形成するに際しては、これまでのように、単に、「監査基準」や「監査報告準則」に準拠した記載用件を形式的に充足していれば事足りるとした形式的な監査判断に陥ることを排除して、まさに、「実質的な判断」を下すことを要求したのである。この点については、「改訂監査基準」の「前文」の「九　監査意見及び監査報告書」の（一）適正性の判断の項において、以下のように示されている。

②監査人が財務諸表の適正性を判断するに当たり、実質的に判断する必要があることを示した。監査人は、経営者が採用した会計方針が会計基準のいずれかに準拠し、それが単に継続的に適用されているかどうかのみならず、その会計方針の選択や適用方法が会計事象や取引の実態を適切に反映するものであるかどうかを判断し、その上で財務諸表における表示が利用者に理解されるために適切であるかどうかについても評価しなければならない。

③会計方針の選択や適用方法が会計事象や取引の実態を適切に反映するものであるかの判断においては、会計処理や財務諸表の表示方法に関する法令又は明文化された会計基準やその解釈に関わる指針等に基づいて判断するが、その中で、会計事象や取引について適用すべき会計基準等が明確でない場合には、経営者が採用した会計方針が当該会計事象や取引の実態を適切に反映するものであるかどうかについて、監査人が自己の判断で評価しなければならない。また、会計基準等において詳細な定めのない場合も、会計基準等の趣旨を踏まえ、同様に監査人が自己の判断で評価することとなる。新しい会計事象や取引、例えば、複雑な金融取引や情報技術を利用した電子的な取引についても、経営者が選択し、適用した会計方針がその事象や取引の実態を適切に反映するものであるかどうかを、監査人は自己の判断で評価しなければならない。（傍線は筆者挿入）

このように、監査人は、経営者の行う会計方針の選択や適用方法、すなわち、経営者の会計判断について、それが、「会計事象や取引の実態」を適切に反映するものであるかどうかの判断を行うことが要請されることとなったのである。このような視点に立脚して監査人が行う判断について、ややもすると経営者に代わって自ら会計判断を主導することにもなり、財務諸表の作成責任を有する経営者とその財務諸表の適正性に関する意見表明責任を有する監査人との間における「二重責任の原則」に抵触するのではないかとの危惧も見られる（八田他、二〇〇四、四七―四八頁）。しかし、結果として、監査人に対する実質的な判断の要請は、米国における不正会計の実態からも明らかなように、規則主義的なＧＡＡＰとの形式的な整合性に主眼を置くことで、本来の取引等の実態を隠蔽することにもなりかねない不当な会計環境を払拭する可能性を秘めているものと解することもできる。

なお、こうした理解については、米国における「企業改革法」の規定の内容と相通じるところがあるものと解される。すなわち、三〇二条「財務報告書に対する企業の責任」の(ａ)の(三)では、財務報告書に対する企業の責任に関して、公開企業の筆頭執行役員（principal executive officer）および筆頭財務役員（principal financial officer）は、年次報告書および四半期報告書において、企業の「財政状態および経営成績のすべての重要な点において適正に表示している」ことを宣誓しなければならない。このように、これまでの会計が、ＧＡＡＰに準拠した会計処理等を行うという手続上の条件が満たされていること（手続公正）を大前提としていたものを、そうしたＧＡＡＰとの関連性を度外視して、いわゆる手続公正を超えた実質的な意味での適正な開示（純粋公正）までも担保しなくてはならないといった対応が講じられたのである。これこそ、わが国の「監査基準」にいう実質的な判断までも包含した会計判断を行った上での財務諸表の開示を要求しているものと類似する視点であり、米国におけるディスクロージャー制度の精緻化も、これと軌を一にするものと解される。

さらに、わが国においては、長年の課題でもあった、会計方針の変更に関わる監査上の取扱いについて、「改訂監査基準」では、従来、除外事項とされていた正当な理由による会計方針の変更について、以下のような説明を加えて、これを、除外事項の対象とせずに、追記する情報に変更している。

「前文」九　監査意見及び監査報告書

㈢追記情報

②監査意見からの除外事項及び追記する情報に関連して、従来、除外事項とされていた正当な理由による会計方針の変更は、不適切な理由による変更と同様に取り扱うことは誤解を招くことから、除外事項の対象とせずに、追記する情報の例示としたが、会計方針の変更理由が明確でないものがあるとの指摘もある点を踏まえ、監査人には厳格な判断が求められることは言うまでもない。また、この改訂に伴い、会計基準の変更に伴う会計方針の変更についても、正当な理由による会計方針の変更として取り扱うこととすることが適当である。なお、会計方針の変更があった場合における財務諸表の期間比較の観点からは、変更後の会計方針による過年度への影響に関する情報提供についても、財務諸表の表示方法の問題として検討することが必要である。（傍線は筆者挿入）

そもそも監査意見表明に際しての除外事項とは、重要な監査手続を実施できなかったことや、経営者が採用した会計方針の選択およびその適用方法、財務諸表の表示方法に関して監査人が抱く不満足事項ないしは不当事項であり、「正当な理由のある」会計方針の変更については、これを除外事項とすることについては、従来よりも強い批判があったのである。

その意味からも、「改訂監査基準」において、この「正当な理由による会計方針の変更」を除外事項の範疇からはずしたことは、理論的にも正しく、また、それまで行われてきた、監査人がこの会計方針の変更の「旨」とその「理由の正当性」を記載する実務を廃止したことにより、まさに、経営者と監査人の間における「二重責任の原則」の徹底が図られることとなったものと解される。これは、経営者が裁量の中で行う「経営判断」と、監査人が適切なディスクロージャー確保に向けて行う「監査判断」に齟齬が生じる原因でもある、それぞれの立場でなされる「会計判断」（すなわち、特定の会計事象や取引の実態を適切に反映するためになされる、具体的な会計処理の原則および手続ないしは表示に関する判断）について、職業的専門家としての監査人の専門的判断に優位性を与えることで、会計情報の信頼性を向上させることを規定したものといえる。

6　おわりに ―今後の課題―

以上、これまでみてきたように、わが国の場合、戦後のディスクロージャー制度の制定および改革の歴史の中で、会計方針の変更に代表される「会計操作」に対する認識は極めて希薄であったことがわかる。つまり、不当な会計操作を抑止ないしは防止することが、健全かつ信頼しうるディスクロージャー制度の構築には不可欠であるとの理解が極めて乏しかったといわざるを得ないのである。

このことは、二一世紀以降露呈した会計不正および監査不正の事例からも明らかなように、財務報告に責任を有する関係者（経営者および監査人）の中には、ディスクロージャー制度の信頼性の確保に向けた意識が希薄な者が潜在しているのである。加えて、適切な会計判断の基礎ともいえる「一般に公正妥当と認められる企業会計の基準（ＧＡＡＰ）」の有する意味およびかかる基準の規範性についての実践面での検討もほとんどなされてきていないというのが現状である（たとえば、「公正な会計慣行」について論じられた日本長期信用銀行に対する最高裁判決（二〇〇八（平成二〇）年七月一八日）が、こうした問題に対して一石を投じている。）。

それどころか、特定の会計方針の選択ないしは変更が不当な会計操作であるとの疑念を払拭するためには、単に、現行のＧＡＡＰに形式的に準拠しているということだけでは、必ずしも十分ではない、との認識を高めていくことが求められるであろう。

米国と異なり、わが国の会計基準は原則主義に基づいているとの認識もなされているが、そうであるとするならば、尚更のこと、取引実態に関する判断を的確に行いうるために一定水準以上の会計的知識を備えていることが最低要件となる、との認識が不可欠となるが、残念ながらそのような意識も希薄である。とりわけ、財務諸表の作成に対して第一義的な責任を有する経営者の場合、誠実性と高度な倫理観を備えるとともに、「正当な判断過程（デュープロセス）」を経由したうえでの会計判断であるとの共通の理解を得ることが極めて重要であろう。同様に、監査人サイドにおいては、会計プロフェッションとしての専門性と倫理観に依拠した「職業専門家としての判断」をもって、的確な会計判断を履行することが求められているのである。

【参考文献】

Arthur Levitt, Jr.（1998）*The Numbers Game*, September 28.（八田進二・橋本　尚共訳（二〇〇四）「ザ・ナンバーズ・ゲーム（会計上の数字合わせ）」中央青山監査法人研究センター編『収益の認識―グローバル時代の理論と実務―』白桃書房、二六九―二七九頁所収。）

Lynn E. Turner（2001）*Revenue Recognition*, May 31.（八田進二・橋本　尚・久持英司共訳（二〇〇四）「収益の認識」中央青山監査法人研究センター編『収益の認識―グローバル時代の理論と実務―』白桃書房、二八一―二九四頁所収。）

Mark S. Beasley, Joseph V. Carcello & Dana R. Hermanson（1999）*Fraudulent Financial Reporting: 1987-1997 An Analysis of U.S.Public Companies*, March.

National Commission on Fraudulent Financial Reporting（NCFFR）（1987）*Report of the National Commission on*

Fraudulent Financial Reporting, October.（鳥羽至英・八田進二共訳（一九九一）『不正な財務報告―結論と勧告―』白桃書房。）

Public Oversight Board (POB) (2000) *THE PANEL ON AUDIT EFFECTIVENESS; REPORT AND RECOMMENDATIONS*, August 31.（山浦久司監訳（二〇〇一）『公認会計士監査：米国ＰＯＢ〈現状分析と公益性向上のための勧告〉』白桃書房。）

浅地芳年（一九九六）「監査証明省令・同取扱通達の改正について」佐藤孝一他（一九六六）『解説新監査基準・準則』中央経済社、二〇四―二二七頁。

飯野利夫（一九六一）「監査報告書の問題点」『公認会計士』第四四号、七六―八二頁。

井尻雄士（二〇〇三）「米国会計基準とその環境：変遷七五年の二元論的考察」『季刊会計基準』第三号、八―二九頁。

一ノ宮士郎（二〇〇三）「利益操作の研究―不当な財務報告に関する考察―」『経済経営研究』（日本政策投資銀行設備投資研究所）第二三巻第四号、一―二二二頁。

――（二〇〇八）『ＱＯＥ［利益の質］分析』中央経済社。

須田一幸・山本達司・乙政正太編著（二〇〇七）『会計操作―その実態と識別法、株価への影響―』ダイヤモンド社。

中央青山監査法人研究センター編（二〇〇四）『収益の認識―グローバル時代の理論と実務―』白桃書房。

八田進二（一九九五）「継続性の原則とその変更をめぐる諸問題の検討―飯野利夫教授の所説を手掛りとして―」『駿河台経済論集』第四巻第二号、三月、三九一―四二〇頁。

――（二〇〇六）「企業情報の開示と監査―拡大するディスクロージャーと厳格化する監査―」『會計』第一六九巻第三号、一―一五頁。

――（二〇〇八）「企業情報の拡大に伴う保証の範囲と水準」『會計』第一七三巻第六号、七五―九四頁。

八田進二・加藤厚・内藤文雄（二〇〇四）「特別鼎談　改訂監査基準のもたらす変化とインプリケーション」『税経通信』第五七巻第六号、四月臨時増刊、二八―五四頁。

第Ⅱ部　監査上の課題

旧来いわれているところの、情報監査と実態監査の融合とか、不正摘発監査をもって現行の財務諸表監査の枠内に組み込むという理解は、会計士監査の拡充というよりも、会計士の新たな役割の拡大という視点で捉え直されるべきものである。そして、かかる役割期待に対して可能なかぎり敏感に対応していくことも、会計士監査の進むべき一つの方向である……。【第6章より】

第6章

情報監査と実態監査の議論の検証

1　問題の所在 ―情報監査に対する実態監査の位置づけ―

今日、会計士監査の役割をめぐる主要な問題の一つに、いわゆる「情報の信頼性の監査」が主眼とされる財務諸表監査にあって、「不正（誤謬および違法行為も含む）」の摘発発見機能の強化が求められている点が挙げられる。こうした一連の会計処理手続を経て記載ないし表示されるに至った情報の信頼性の検証に特化した形態での会計士監査に対しては、監査における「期待のギャップ」の名の下に、米国公認会計士協会のコーエン委員会報告書（AICPA, 1978）において、監査人の役割ないし監査機能の見直しが極めて重要であるとの考えが指摘されてきている。

一方、わが国においては、監査理論研究の場において、早くから、監査行為の対象による理解として、理念的に、情報の信頼性を検証する「情報の監査」と、かかる情報の基礎をなす経営活動、経営組織、経営管理などの妥当性および良否を検証する「実体の監査」に分けて、現実の会計士監査の内実を明らかにしようとの努力がみられる[1]。あるいは、監査を本来の役割から二面的に捉え、「情報の監査が、監査として社会的に意義があり、十分であるためには、B（ここにBとは、委託者の立場あるいは経済的に不利な立場にある側（A）の反対側の立場にある者を指す。筆者挿入）の実態ないしその行為を牽制ないし規制するための別の監査…略…が確立されていなければならない。」（高田、一九七四、一七八―一七九頁）として、「情報に対する監査」と「実態ないし行為に対する監査」とを識別する立場もみられる[2]。

このように、会計士監査をめぐっては、理論的に二つの視点から捉え直すことで、監査機能ひいては監査人の役割を明確にしようとする試みがみられたのである。そして、かかる立場ないし視点をさらに理論的に精緻化することで、これを監査の主題（すなわち「監査人が監査手続を通じて証拠づけようとする対象であり、監査意見の対象となるもの」（鳥羽、一九九四、一一三頁））により、二つの範疇の監査に分ける主張が提示されることとなったのである。それは、特定の人間の行った行為や業務そのものを監査の主題とする監査を「実態監査」と呼び、かかる行為や業務の結果を表現した主張もしくは言明を監査の主題とする監査を「情報監査」と呼び（同、一一三頁）、財務諸表監査の進む方向を模索しようとするのである。

しかし、後に明らかにされるように、いわゆる「情報監査」については、いずれの立場ないし論者にあっても基本的認識に大差はないものの、この「実態監査」については、その実質のみならず、会計士監査における位置づけにおいても、根本的ともいえる理解の相違がみられるのである。

そこで、以下においては、この「実態監査」に対する見方を明らかにしたうえで、今日、会計士監査に期待されている役割を念頭に置きながら、その進むべき方向性について検討を加えることとする。

2　定まらない「実態監査」の意義

そもそも監査理論の研究において、「情報監査」に対峙する概念として「実態監査」がはじめて明確に提示されたのは、鳥羽至英教授の『監査証拠論』においてであろう。そこでは、監査の主題との関係において二つの監査について次のように捉えている。

「ここに情報の監査（情報監査）とは、情報がある規準に従って作成されているか否かを確かめることによって、情報の信頼性の程度を明らかにすることを目的にした監査である。監査の主題は、なにも情報だけではない。情報が写像している経済的事象の基礎にある情報作成者の判断、意思決定および行為それ自体が監査の主題として設定されることもある。たとえば、業務監査における能率監査や業務管理組織監査は、この典型的な例と考えてよいであろう。ここに判断、意思決定および行為の監査（実態監査）とは、ある主体のなした判断や意思決定が合理的であること、あるいは、行為が適切に、誠実に、そして適法になされているか否かを確かめることを目的とした監査である。」（鳥羽、一九八三、四―五頁）

その後、この実態監査については、「経営者がその受託責任を誠実に遂行していることを確かめることによって、監査人が経営者の誠実性を保証することを内容とする監査の枠組みである。」（鳥羽、一九九二、一二四頁）との規定もみられる。しかし、一方で、前述の定義（すなわち、「特定の人間の行った行為や業務そのものを監査の主題とする監査」）をさらに敷衍させる形で、「実態監査とは、シンボルとしての情報の背後にある行為（業務）の内容、根拠、かかる行為が行われた状況等を調べることによって、当該行為が妥当なものであるのか、法令をはじめとする各種規範（自立規範も含む）に準拠したものであるのか、さらにはかかる行為が効率的になされていたかどうかについて、換言すれば、人間の行為や判断そのものの適否等について意見を表明することを目的とする監査の態様である。人間の行為の評価が本質であるところから、実態監査は『行為の監査』と言い換えることもできる。」（鳥羽、一九九五a、五〇頁）との説明を行っている。

　ところで、鳥羽教授らは「監査認識」の基礎研究の成果として、旧来の用語法に代わる「表現の監査」と「行為の監査」という新しい二つの監査の類型を提示し、それぞれの監査について次のような理解を示している。

> 「『表現の監査』とは、……特定の事象についてすでに認識されているもの（言明や表現：statements or representations）の存在を前提にして、その言明や表現が信頼し得るものであるかどうかを確かめることを目的とした監査である。この種の監査は、これまで監査理論においては、『情報監査』と呼ばれてきたが、理論上の概念としては、『表現の監査』に置き換えるべきであろう。」（秋月・鳥羽、二〇〇〇、（七）九五頁）
>
> 「『行為の監査』とは、特定の事象について当事者による言明が存在しない状況の下で、監査人がかかる事象から人的要素を抽離し、それを意識の中では監査言明化しつつ、認識の対象に置く監査である。換言すれば、当事者による言明なしに、当該当事者の関与した事象から人的要素（行為・業務）を監査人が一方的に抽離し、当該行為（業務）のあり方を評価することを目的にした監査である。この種の監査は、監査理論においては、これまで『実態監査』と呼ばれてきたが、理論上の概念としては、『行為の監査』に置き換えるべきであろう。」（同、（八）九三頁。なお、文中の傍点は筆者挿入）

このように、最も声高に「実態監査」概念の徹底を主張してきた論者にあっても[3]、これを「行為の監査」として用語上の修正を図るだけでなく、公認会計士による財務諸表監査の論理（基本命題の存在→監査意見→保証）が適用し得ない類型の監査である（すなわち、「命題の翻訳関係のないところに『行為の監査』の理論の最大の特徴がある。」）（同、一〇五頁）として、「実態監査」の概念の定義自体を根底から覆すほどの修正を行っている（つまり、実態監査をもって、経営者の誠実性を保証することを内容とする監査の枠組みである、と捉えていたものを、「取締役の誠実性に関する最終立証命題は存在しない。」（同、一〇五頁）との軌道修正を図っている）。しかし、「情報監査」が「表示の監査」に、また、「実態監査」が「行為の監査」に置き換えられて議論されたことにより、視点は異なるものの、皮肉にも、かつて森實教授が、監査制度の発展史の中で捉えた「情報表示としての会計監査」と「行為の裏付けとしての監査」（なお、かかる用語は、その後それぞれ「情報の監査」と「実体の監査」ないし「企業実態の監査」といった用語に置き換えられている）に類型化して展開された議論（森、一九六七、一九七―二一八頁）に回帰した状況をみてとることができるのである。

以上の考察からも明らかなように、本来、社会的な機能の一環として捉えられる会計士監査ないし財務諸表監査（すなわち、情報監査）に対峙する監査として実態監査を位置づけ、かかる概念を純理論の名の下に、実際の会計士監査の役割と切り離したうえで議論しようとするものの、そこでの論理構造ないし概念枠組みの用語は、すべて会計士監査（すなわち財務諸表監査）を暗黙の前提においていた点に、かかる議論の最大の難点があったものと思われる。しかし、ここにきて、「実態監査」という語法に換えて「行為の監査」を使い、かかる監査の論理が公認会計士による財務諸表監査の論理と全く異なる監査形態であると捉えることは、監査人の基本的な役割の理解に対する重大な挑戦であり、そのためには、一層の議論の精緻化が図られることが必要とされるのである[4]。

3 不正の発見に係る内部統制問題の重要性

すでにみたように、わが国においては、会計士監査の役割ないし機能について、これを情報監査と実態監査に識別して検討しようとする立場が、多くの論者によってとられてきている。かかる動向の端緒は、何といっても、一九七八年のコーエン委員会報告書の公表（というよりも、鳥羽教授による翻訳書『財務諸表監査の基本的枠組み』が上梓された一九九〇年以降と捉えた方が正しいかもしれない）にあったと捉えられる。そして、かかる委員会報告書の採用する立場に対して訳者が与えた示唆等[5]が、その後のわが国における監査論研究において当然のように使用される「実態監査」なる用語の浸透度合いからみても、極めて大きな影響を及ぼしているように思われる。しかし、ここで明確にしておかなければならないことは、かのコーエン委員会報告書においても、「実態監査」という概念ないし用語はどこにも用いられていないという事実である。[6] したがって、監査の理論的枠組みを情報の適正表示に関する意見表明以外にまで拡張し、それとの関係で、いわゆる監査上の「期待のギャップ」の問題を解明しようとする試みは、管見のかぎり、わが国独特の対応であるといえるのである。

つまり、米国に見られた「期待のギャップ」の問題の根幹は、企業における不正な財務報告（これには違法行為や誤謬を含む）の摘発およびかかる不正を防止するための内部統制の有効性の評価に対して、監査人の関与を求める社会の人々の期待が存在することが明らかになった点にある。そして、こうした不正な財務報告をめぐる様々な問題についての検討とかかる不正を発見、防止すべき役割を担う関係者側における改善事項等についての具体的な勧告を行ったのが一九八七年に公表されたトレッドウェイ委員会報告書（『不正な財務報告』）であった。この結果、ＡＩＣＰＡの監査基準審議会（ＡＳＢ）はまず、不正の摘発に対する監査人の責任に直接言及した二つの監査基準書（ＳＡＳ）―すなわち、誤謬と異常事項に関する基準書および違法行為に関する基準書―を公表するとともに[7]、かかる責任に間接的にかかわる分析的手続に関する第三の基準書[8]を公表した（GAO, 1996, p.62）。なお、ＡＳＢは、不正に関するこれら三つのＳＡＳに加え、期待のギャップ問題に取り組むためにさらに幾つかの基準書を公表している。かかる基準書では[9]、内部統制の評価、会計上の見積りの監査、事業体のゴーイング・コンサーンとしての存続能力の検討、内部統制事項の伝達、監査委員会への通知のそれぞれについて、監査人の責任の拡大、明確化ないし修正を行っている（GAO, 1996, p.63）。

ところで、『不正な財務報告』では、不正な財務報告に関して一九八一年七月一日から一九八六年八月六日までの間に、証券取引委員会（ＳＥＣ）が公開企業を相手取って起こした一一九件の訴訟事件のうちの四五％が内部統制の崩壊による不正である、との調査結果を示している（鳥羽・八田訳、一九九一、一六七頁）。そのため、トレッドウェイ委員会は、不正な財務報告の防止あるいはその早期発見について合理的な保証を与える内部統制を維持することの重要性を認識し、別途、内部統制に関する新たな統合的な指針の設定を行うべき旨の勧告を行ったのである。かかる勧告を受けた結果としての成果が、一九九二年九月にトレッドウェイ委員会支援組織委員会（通称、ＣＯＳＯ）が公表した研究報告書『内部統制―統合的な枠組み』（COSO, 1992）であったことは周知のとおりである。

なお、ＣＯＳＯは、先の『不正な財務報告』公表後、最近に至るまでの一一年間にＳＥＣの『会計・監査執行通牒』（ＡＡＥＲ）で取り上げられた不正な財務報告事案（すなわち、一九八七年から一九九七年までの一一年間に公表された通牒番号一二三号から一〇〇四号までについての事案）にかかる約三〇〇社の内、無作為に二二〇社を抽出して詳細な検討を加え、最終的に分析可能な二〇四社の不正な財務報告事案についての包括的な分析を行った調査研究者書『不正な財務報告：一九八七―一九九七　合衆国の公開企業の分析』（Mark S. Beasley, et al., 1999）を一九九九年三月に公表している。かかる分析結果が示す内容は、不正事案の大多数において内部統制の脆弱性、とりわけ、ＣＯＳＯの示す内部統制の構成要素の内の統制環境の機能不全が指摘できるとされている（八田、一九九九b、一一七頁）。

米国では、一九七七年の海外不正支払防止法の成立以降、企業の内部統制要件を強化するための提案が数多くなされてきており、かかる提案には、「（一）経営者と監査人の双方に対し、内部統制が適切で有効に機能していることをより保証するために、内部統制に関する報告の充実を求めること、（二）独立的な監査委員会に対し、さらに厳格な要件を設けること、そして、（三）監査人が企業の違法行為について政府規制機関に対し直接報告するよう求めること」（GAO, 1996, p.70）が含まれている。

このように、信頼しうる財務報告を達成するために監査人に求められている役割として、従来にも増して、企業の内部統制に深く関与することが、不正の発見ないし防止に有効であると捉えられていたのである。

4　会計士監査の役割の再検討

わが国においても、いわゆるバブル経済崩壊等に伴う企業破綻を通じて、会計士監査の有効性が大きく問われることとなった。こうした変化と会計士監査に対する社会の人々の期待に応えるべく、日本公認会計士協会は、自主規制機関として、国際標準たりうる監査基準の整備・拡充を図ってきており、直接ないし間接に不正な財務報告の発見・防止を意図した一連の「監査基準委員会報告書」―すなわち、第四号「内部統制」（平成六年三月）、第一〇号「不正及び誤謬」（平成一二年三月改正）、第一一号「違法行為」（平成一二年三月改正）―の制定および改正を行うことになった。かかる基準書に見られる基本的なスタンスは、従来に比して監査人の守備範囲を拡大することにあることから、監査人の責任の拡大となっていると解される。

こうした状況は、裏を返すならば、監査人に対して、信頼しうる財務報告を支えるために、会計情報の背後に位する企業経営者の行為ないし業務に深く立ち入った監査手続を要求しているということであり、本章で議論の対象として俎上にのせた、いわゆる実態監査にまで踏み込んだ監査が必然とされることを再確認したものである、といえるであろう。

ところで、およそ経済社会において生起する活動（ないし業務およびかかる業務担当者の行為）とかかる活動の結果ないし顚末を記した報告（書）は、それらの活動ないし報告の内容について知りたいと願う者にとっては、まさに表裏一体のものとして受け取られるのが通例であろう。[10] 確かに、認識論的―あるいは観念論的に、と表現した方が適切かもしれないが―には、人間の所業（つまり、活動や行為）とかかる所業を投影した報告とは明らかに次元の異なるものであり、分離して捉えることが必要とされるであろう。しかし、会計士が関わる財務諸表監査における監査の対象（財務諸表）は、明らかに確立した一組の会計基準に準拠して作成（処理および表示）されることが大前提にあり、何の脈絡もなく行われる人間の行為一般とは異なるものである。つまり、監査人の行う財務諸表の適正性の判断に際しては、かかる財務諸表を作成した側が採用したのと同じ一組の確立した会計基準が用いられること、そして、こと財務諸表の監査という立場においては、かかる会計基準の枠内での議論が前提とされることから、財務諸表の適正性に影響を及ぼさない―あるいは財務諸表の作成とは関わりのない―行為ないし活動は、会計士監査の埒外に置かれることになる。換言するならば、企業側における財務諸表の適正表示に影響を及ぼす行為ないし活動であれば、それらは仮りに実態監査と称されるものであれ、会計士監査の範疇に組み込まれ、最終的な監査意見の形成に影響を及ぼすことになるのである。

一方、企業経営者レベルでの不正等の発見、防止に対して、会計士がより積極的に関与すべきである、との主張に応える形での不正摘発監査ないし内部統制の有効性の評価は、少なくともこれまでの財務諸表監査の枠組みには納まりきらない特質を有している。それは、まず第一に、不正の種類および内部統制概念に関する合意が十分ではなかったこと、また、不正の防止ないし有効な内部統制を支える確立した判断規準が用意されていなかったこと、さらに、かかる不正ないし内部統制全般に関して、全般的ないし包括的な知識ないし専門的技能を具備している者はほとんどいなかったこと等の理由からも明らかなように、かかる任務（すなわち、不正の摘発や内部統制の評価自体を行う役割）を、既存の財務諸表監査の役割以外に会計士が担うとするならば、それは、会計士の新たな役割として再検討することが求められるのである。

逆に、会計プロフェッションとして適正な財務諸表であることを保証するために必要な任務とされるならば、かかる会計情報の背後に存するあらゆる行為ないし業務に接近すること、つまり、情報監査と実態監査の議論を超えた十全な監査を遂行することが不可欠であることは論をまたないであろう。したがって、このようにみてくるかぎり、旧来いわれているところの、情報監査と実態監査の融合とか、不正摘発監査をもって現行の財務諸表監査の枠内に組み込むという理解は、会計士監査の拡充というよりも、会計士の新たな役割の拡大という視点で捉え直されるべきものである。そして、かかる役割期待に対して可能なかぎり敏感に対応していくことも、会計士監査の進むべきひとつの方向であると思われる。

【注】

（1）森教授は、当初「実体の監査」という語法を使用されていたが（森、一九六七、九頁）、その後、ほぼ同様の理解を示す用語として「企業実態の監査」という語法に変更されている（森、一九七四、一二一頁）。なお、教授は、さらに、会計監査の原型を、行為の裏付けとしての会計監査と情報表示としての会計監査に分けるとともに、これらは、「まったく両者が背反的であって、一つの監査制度では、どちらか一つのものとしてしかあらわれないと考えるのは、現実的ではないであろう。むしろ、これは、重点の相違にすぎないのであって、この二つの考え方が、両方とも、一つの監査制度のなかに含まれることもあると考えないと、このようなとらえ方は、極めて一面的であるという批判をまぬかれないであろう。」と指摘されている（同、一八二頁）。

（2）なお、このように二つの監査に区別したうえで、高田教授は、「現在の制度としてみられる監査においては、前者の情報に対する監査は、しばしば会計監査といわれ、後者のBの実態ないし行為に対する監査は、業務監査あるいは業務監督といわれる。両者の限界線は必ずしも明らかでなく、多くの論者は会計監査が会計を対象とし、それについて意見を表明することであり、業務監査は業務を対象とし、その問題点を指摘し、助言勧告を与えることであると考えている。」（高田、一九七四、一七九頁）とし、さらに、「これら両監査は、対象あるいは領域の問題として明確に区分することは事実不可能であり、そのいずれもが実施の程度を深めるにしたがって対象・領域のうえで重複してくる関係にある。むしろこの区別は、…略…接近の方法の相違と考えるべきである。」（同、一八〇頁）と主張される。

（3）そもそも鳥羽教授の構想される監査証拠論は、監査上の基本命題を監査人の立証プロセスの中で解明するものと捉えられるが、この基本命題の存在を否定する「行為の監査」が、教授の言う監査理論の枠組みの中に位置づけられるものなのか、極めて疑問の残るところである（秋月・鳥羽、二〇〇〇、一〇五頁）。また、わが国において長年用いられてきた（会計監査に対応する概念としての）「業務監査」という概念（換言するならば「業務」という概念）の理論的曖昧さを厳しく断罪する立場から、この実態監査概念を導入して理論武装を図ってきたものの、現時点で辿り着いた道は、結局のところ、実態監査をして「…当該行為（業務）のあり方を評価することを目的にした監査である」として、「業務」という用語の呪縛から抜け出せないままとなっているのである（同、九三頁）。

（4）仮りに、「実態監査」をして、公認会計士による財務諸表監査の論理とは全く異なる監査形態であるとするならば、当然に会計士監査の範疇で理解すべき議論なのか、さらには、このような類型の監査が〝本来の監査たりうるのか？〟といった根本的な疑問が投げかけられることになるであろう。その意味からするならば、かつて公認会計士第二次試験の監査論で出題された、「情報監査」以外に「実態監査」を問うた以下のような問題は、どのように理解すればよいのであろうか。（平成六年度第八問の出題）

問題二　公認会計士が従事している財務諸表監査は、被監査会社の提出する財務諸表の信頼性を確かめ、それを保証することを目的にした「情報監査」である。しかし、社会の人々は、こうした公認会計士による「情報監査」には必ずしも満足せず、「実態監査」（「行為の監査」）に公認会計士ができるだけ関与することを求めている。公認会計士が実際に遂行している「監査人の役割」と社会の人々が公認会計士に期待している「監査人の役割」との間には、このような〝ギャップ〟が生じている可能性がある。アメリカを中心とした会計先進諸国では、こうした監査人の役割にかかる〝ギャップ〟を狭める試みが行われている。以上のことを念頭において、以下の問いに答なさい。

問一　情報監査としての財務諸表監査において、公認会計士が内部統制を評定（または評価）することの目的は何にありますか。最も重要と考える目的を一つに限定して、説明しなさい。

問二　公認会計士が実態監査への関与を図る一つの手段として、内部統制の評定が主張されています。内部統制を評定することが、なぜ、実態監査への監査人の関与を進めることになるのですか。

問三　情報監査としての財務諸表監査の監査手続として、「分析的手続」は、いかなる意味をもっていますか。

問四　実態監査のための監査手続として、「分析的手続」は有効ですか。理由を明らかにしながら説明しなさい。

問五　実態監査に公認会計士はどのように関与していますか。公認会計士を「株式会社の監査等に関する商法の特例に関する法律」における会計監査人に限定して説明しなさい。

（5）「コーエン委員会の『期待のギャップ』の問題に対する基本的認識は、財務諸表の信頼性の保証だけでなく、経営者の受託責任の遂行にかかる誠実性の保証を求める社会の声に、会計プロフェッションが適切に対応してこなかったことから生じたものである、という点にある。そして、同委員会は、財務諸表の信頼性の保証という監査機能（情報監査）と、経営者の誠実性の保証というもう一つの監査機能（実態監査）を、財務諸表監査の枠組みのなかで融合させるという大胆で、そして理論的には極めて興味のある試みを演じたのである。」（鳥羽訳、一九九一、一五一頁）。

（6） 概念ないし用語という観点からするならば、もう一方の「情報監査」という用語についても、鳥羽教授の指摘にもあるように、米国では監査論の書物で確立した概念として登場してきてはいないのである（鳥羽、一九九九、六〇頁）。

（7） SAS第五三号『誤謬と異常事項の摘発と報告に対する監査人の責任』および同第五四号『被監査会社の違法行為』AICPA、一九八八年四月。

（8） SAS第五六号『分析的手続』AICPA、一九八八年四月。

（9） SAS第五五号『財務諸表監査における内部統制構造の検討』、同第五七号『会計上の見積りの監査』、同第五九号『事業体のゴーイング・コンサーンとしての存続能力についての監査人の検討』、同第六〇号『監査中に発見された内部統制構造にかかわる事項の通知』、同第六一号『監査委員会への通知』AICPA、一九八八年四月。

（10） 山浦教授の次の一文は、本章の立場と共通するものである（山浦、一九九四b、六二—六三頁）。「実態監査が単に国際的動向とか社会的要望が強いというだけではなく、それなりの必然性ないし論理性を有するのか、という点であろう。そもそも、実態監査なしの会計監査はあるのだろうか。」

【参考文献】

American Institute of Certified Public Accountants（AICPA）（1978）The Commission on Auditors' Responsibilities：*Report, Conclusions and Recommendations*.（鳥羽至英訳（一九九〇）『財務諸表監査の基本的枠組み—見直しと勧告—』白桃書房。）

——（1994）*Improving Business Reporting-A Customer Focus: Meeting the Information Needs of Investors and Creditors*. Comprehensive Report of the Special Committee on Financial Reporting.

Committee of Sponsoring Organizations of the Treadway Commission（COSO）（1992）*Internal Control-Integrated Framework,* September.（鳥羽至英・八田進二・高田敏文共訳（一九九六）『内部統制の統合的枠組み―理論篇およびツール篇―』白桃書房。）

Mark S. Beasley, Joseph V. Carcello & Dana R. Hermanson（1999）*Fraudulent Financial Reporting*:1987-1997 *An Analysis of U.S. Public Companies*, March.

National Commission on Fraudulent Financial Reporting（NCFFR）（1987）*Report of the National Commission on Fraudulent Financial Reporting*,October.（鳥羽至英・八田進二共訳（一九九一）『不正な財務報告―結論と勧告―』白桃書房。）

United States General Accounting Office（GAO）（1996）Report to the Ranking Minority Member, Committee on Commerce, House of Representatives,*The Accounting Profession ; Major Issues : Progress and Concerns* および *The Accounting Profession ; Appendixes to Major Issues : Progress and Concerns.*（藤田幸男・八田進二監訳（二〇〇〇）『アメリカ会計プロフェッション―最重要問題の検証：改革の経緯と今後の課題』白桃書房。）

秋月信二・鳥羽至英（二〇〇〇）「監査理論の基調―監査人の認識（七）および（八）」『會計』第一五七巻第二号、九一―一〇四頁および第一五七巻第三号、九一―一〇五頁。

高田正淳（一九七四）「監査基本問題の研究（三）」『會計』第一〇五巻第三号、一七七―一八六頁。

鳥羽至英（一九八三）『監査証拠論』国元書房。

――訳（一九九一）『財務諸表監査と実態監査の融合』白桃書房。

――（一九九二、一九九四）『監査基準の基礎』（初版）（第二版）白桃書房。

――（一九九五ａ）「実態監査理論序説―『業務監査』との訣別―」『ＪＩＣＰＡジャーナル』第七巻第一二号、四一―五六頁。

――（一九九五ｂ）「実態監査理論序説―実態監査の理論的構造―」『會計』第一四八巻第六号、六二―七三頁。

――（一九九九）「アメリカにおける監査研究の生成と展開」『會計』第一五五巻第二号、五五―七一頁。

八田進二（一九九九ａ）「会計情報の拡大と監査可能性―監査範囲の拡大と監査業務の品質の確保を中心に―」『會計』第一五五巻第四号、六八―八一頁。

――（一九九九b）「会計時評　COSOの調査研究に見る不正な財務報告の実態」『企業会計』第五一巻第九号、一一六―一一七頁。

――（二〇〇〇）「財務報告の信頼性をめぐる諸問題―会計士監査の果たす役割についての検討を中心に―」『會計』第一五七巻第四号、一八―三〇頁。

森　實（一九六七）『近代監査の理論と制度』中央経済社。

――（一九七〇）『会計士監査論』白桃書房。

山浦久司（一九九四a）「実態監査をめぐる国際的動向と日本の対応（一）」『経済研究（千葉大学）』第八巻第四号、七七―一〇七頁および「実態監査をめぐる国際的動向と日本の対応（二）」『経済研究（千葉大学）』第九巻第一号、二一―六四頁。

――（一九九四b）「アメリカ会計プロフェッションを巡る最重要課題―GAO報告書での過去二〇年間の総括を踏まえて―」『JICPAジャーナル』第六巻第八号、五九―六四頁。

第7章 わが国の会計士監査の歩みと不正問題への対応

1 はじめに

すでに半世紀を越す歴史を有するに至ったわが国公認会計士監査制度ではあるが、二〇世紀末には、国内外を問わず多くの批判を受けて、様々な視点での見直しないし改善が叫ばれていたのである[1]。それまでにも、監査基準および準則の改訂に始まり、会計および監査関連法規の改正等を通じた改革は幾度となく繰り返されてきているにもかかわらず、公認会計士監査本来の目的ないし機能が十分に発揮されていないことが、かかる批判の根底に潜んでいたように思われる。

そこで、本章では、二一世紀に至るまでのわが国の公認会計士監査制度を、監査目的および監査手続の側面から振り返るとともに、その後のわが国会計士監査の課題と目指す道について検討することとする。

2 わが国会計士監査のこれまでの歩み ―監査目的の変遷―

周知のとおり、第二次世界大戦後、米国の主導の下に一九四八（昭和二三）年に制定された証券取引法は、第一条において、「この法律は、国民経済の適切な運営及び投資者の保護に資するため、有価証券の発行および売買その他の取引を公正ならしめ、且つ、有価証券の流通を円滑ならしめることを目的とする。」と規定して、法の目的を明らかにしている。したがって、その後、一九五〇（昭和二五）年の法改正により新設された第一九三条の二の規定に基づく公認会計士監査には、かかる法の目的を実質的に支える役割が課せられていたのである。

しかし、この公認会計士による監査は、昭和三〇年代後半から四〇年代の不況に際して、相当数の会社で粉飾決算と虚偽の監査証明という不祥事（たとえば、リコー時計、サンウェーブ工業および山陽特殊製鋼の事案が挙げられる）が続発したことで、幾つかの改善のための見直しがなされることとなった。まず第一には、上記の不祥事に鑑みて監査手続の強化を課題に、一九六五（昭和四〇）年九月に「監査実施準則」の改訂がなされ、実地棚卸の立会と売掛債権残高の確認の手続を強制するとともに、支配従属会社取引に関する監査手続が新設された。また、翌一九六六（昭和四一）年四月には、監査制度の充実強化を図る方策として、「監査基準」及び「監査報告準則」の改訂と、それに基づく監査証明省令等の改正により、監査意見の本来のあり方についても明示されることとなった。[2] さらには、公認会計士審査会の答申「日本公認会計士協会の特殊法人化及び公認会計士の協同組織体の推進についての具体的措置」（一九六五（昭和四〇）年一一月）を受けて翌年の一九六六（昭和四一）年六月には、公認会計士法が改正され、日本公認会計士協会については従来の任意加入の社団法人から強制加入の特殊法人に組織替えするとともに、公認会計士の協同組織体として監査法人制度を創設し、組織的監査の実施を推進させるようにしたのである。

このように、企業の粉飾決算および監査人の虚偽証明が契機となって、監査基準および準則等の整備・充実を行うことで監査実施面での向上が図られるとともに、監査法人制度の導入により監査業務の組織化および監査主体の独立性の確保が図られることとなったのである。加えてわが国の場合、従来より機能不全が問題とされている監査役監査を含めた商法上の監査制度の充実・改善と粉飾決算を排除して企業経理の健全化を意図して、一九七四（昭和四九）年四月には、商法特例法が制定され、会計監査人の名の下に、大会社の会計監査に公認会計士および監査法人による監査が導入されることとなったのである。

しかし、会計プロフェッションと称される公認会計士および監査法人による監査制度の拡充とは裏腹に、昭和四九年以降における複数の企業倒産等に伴う粉飾決算（たとえば、日本熱学・東京時計（昭和四九年）、興人（昭和五〇年）および不二サッシ・同販売（昭和五三年）が挙げられる）さらには、昭和末期の六〇年代初頭に連続して発覚した企業の役職者や幹部による財産上の不正行為等（富士石油、菱三商事および加州三菱銀行（昭和六二年）が挙げられる）が明るみになったことで、会計士監査に対する信頼性が大きな問題とされたのである。

かかる事態に対応して、日本公認会計士協会の監査第一委員会は、一九八八（昭和六三）年一〇月に委員会報告第五〇号「相対的に危険性の高い財務諸表項目の監査手続の充実強化について」を公表して、会計士監査の有効性の回復を図ろうとしたのである。同報告は、「公認会計士の財務諸表監査は、不正の摘発を第一の目的とするものではないが、公認会計士監査に対する社会的信頼性を失墜させることがないようにこれに対応しなければならない。」とし、また、「監査計画の立案に際しては、業界の取引慣習や業態を調査し、役職者による不正行為の行われる可能性の程度や、不正行為の行われる可能性のある事項を事前に把握した上で、内部統制組織の信頼性の程度に応じて監査計画を立案するとともに証ひょうの改ざん等の可能性も充分考慮の上、合理的な基礎を得るまで監査を実施することが必要となる。」と述べることで、不正行為が行われる可能性を意識した監査手続の適用を考慮すべきことが明らかにされたのである。[3]

確かに同報告の示す監査の目的に関する理解は、証券取引法制定直後の一九五〇（昭和二五）年に公表された「監査基準」の前文「財務諸表監査について」の「2　監査の必要性」で明示された左記の考え方と大差はないようにも思われる。

「監査は、過去においては、不正事実の有無を確かめ、帳簿記録の正否を検査することをもって主たる目的としたものであったが、企業の内部統制組織即ち内部牽制組織及び内部監査組織が整備改善されるにつれて、この種の目的は次第に重要性を失いつつある。企業はあえて外部の監査人をまつまでもなく、自らこれを発見するとともに、未然にその発生を防止しうるようになったからである。然しながらそれにも拘らず、外部の第三者による監査は、存在の理由を失うものではなく、企業の大規模化に伴い、却ってその必要性が益々増大したことを認めなければならない。」

しかし、その後今日に至るまでに幾度となく問題とされる監査上の問題の一つが、この不正の摘発ないし発見に関する機能強化にあることは否定しえない事実であり、それは会計士監査の目的に関して、監査人の役割との関係で再定義することが必要であることを示すものとなっているのである。

3 監査目的達成のための前提条件 ―試査手続の適用に対する対応の変化―

一九五〇（昭和二五）年公表の「監査基準」では、前述のとおり、内部牽制組織および内部監査組織をもって内部統制組織と捉えるとともに「適当な内部統制組織が、監査の前提として必要であって、監査人はこれを信頼して、試査をなすにとどめ、精査を行わないのが通例である。」とし、さらに、「適切にして有効な内部統制組織を整備運営して、取引を正確に記録するとともに財産の保全を図ることは、外部の利害関係人に対する経営者の義務である。」と述べていた（前文の「3 監査実施の基礎条件」）。さらに、「監査実施準則」の「監査手続の選択および適用」の「二 監査手続の適用」二においても、「一般監査手続の適用は、原則として、精査によらず試査によるものとする。」とし、「試査の範囲は、会社の内部統制の信頼性の程度に応じ、適当にこれを決定する。……略……内部統制組織がよく整備運営されている会社に対してはこれを信頼して試査の範囲を縮小することができる。然しながらその組織が完全でなく、又効果が十分に認められない場合には、それに応じて試査の範囲を拡大しなければならない。従って場合によっては精査を必要とすることもある。」として、試査と内部統制の関係についても詳述しているのである。

その後、正規の財務諸表監査の実施に備えて一九五六（昭和三一）年一二月に改訂された「監査基準」および「監査実施準則」においても、前文の「財務諸表の監査について」の削除はなされたもの[4]の、監査手続の適用に際して試査を原則とし、試査範囲が内部統制組織の信頼性の程度により決定されるとの考えは、そのまま引き継がれることとなった。つまり、この時点までの議論には、内部牽制組織および内部監査組織から成る内部統制組織を整備改善する責任は企業経営者に存すること、そして有効な内部統制組織により企業における不正過失の未然防止ないし発見が期待されるという大前提が置かれているのである。と同時に、会計士監査の目的とされる財務諸表の適正表示に関する意見表明のための根拠を与える証拠の入手に必要な監査手続の適用についても、信頼しうる内部統制組織の存在を前提に、試査を採用することを正式に謳っていたのである。

こうした理解は、その後、「一部の被監査会社の倒産の発生に関連して、監査制度をめぐる諸条件を再検討し、これを整備する必要があるとの社会の批判が急速に高まり、監査態勢の充実強化を図る方策の一環として（「監査実施準則の改訂について」一九六五（昭和四〇）年九月三〇日）」全面改訂された「監査実施準則」において、より鮮明に示されることとなったのである。つまり、「第一総論」の三では、従来「原則として」の適用を規定していた試査につき、これを削除して、次のように改訂がなされている。

「監査手続の適用は、試査による。試査の範囲は、企業の内部統制組織の信頼性の程度を勘案して、合理的にこれを決定する。したがって、内部統制組織がよく整備運用されている場合には、試査の範囲を縮小することができるが、その組織が完全でなく、その効果が十分に認められない場合には、その程度に応じて、試査の範囲を拡大しなければならない。」

かかる改訂については、「近代監査たる財務諸表監査は、被監査会社側における内部統制組織の確立整備を大前提とし、『標本法・試料法』（sampling）を意味する『試査』（sampling test）を建て前としているのであるから『原則として』という字句は適当を欠くので削除した。」（佐藤他、一九七二、九八頁）との解説が示されている。しかし、監査手続として試査の適用を決定づける「内部統制組織」の実態については、その意義および概念とともに、結局のところ、監査基準・準則おいて明確に定義されることはなかったのである。

監査水準の向上と監査制度の強化を目指して行われた「監査実施準則」等の改訂は、いわゆる粉飾経理の一掃と企業経理の健全化に資することに主眼が置かれていたが、結局は、「このような粉飾経理は、改正前の監査実施準則等においても当然発見できるものであり、いうなれば、監査実施準則等の改正以前の問題ともいえるようである。」(同、三八頁)として、企業の不正問題に対する会計士監査の関わり方に対しては、監査人としての資質(とりわけ、職業倫理面での課題)を重視する立場が採られており、粉飾経理等の不正の防止・発見のための監査手続を実施する、より具体的ないし個別的な対応が図られることはなかったのである。

当時の解説書に示された次の一文は、まさに、証券取引法制定の趣旨に合致する会計士監査について、その意義を再確認したものと捉えることができるのである(同、三九頁)。

「公認会計士は、被監査会社の非違を発見するために会社と常に対立的な立場に立つべきでなく、監査は相互の信頼感のうえに行われるべきであろうが、公認会計士監査は、証券取引法において、企業財務内容の真実の公開を通じて投資家の保護、さらには国民経済の発展に連なる重要な地位を与えられていることを忘れるべきではあるまい。」

つまり、粉飾経理の問題は、財務諸表の作成主体である企業ないし経営者が問われるべきものであり、かかる不正等の発見が、直接的には会計士監査の重要な課題に据えられることはなかったのである。

4 不正問題に対する漸進的な取組み

すでにみてきたように、わが国の会計士監査制度の充実強化に向けた一連の改善作業において、その見直しの契機とされるキーワードは、粉飾決算、企業不祥事、不正過失あるいは不正行為といった用語に象徴されるように、広い意味での〝企業における不正問題の発覚〟にあったといえる。そして、実際にも、監査基準および準則の改訂は、こうした視点でなされてきているのである。しかし、公認会計士監査制度を担う側、すなわち、会計プロフェッション（日本公認会計士協会）および監督官庁（大蔵省）が抱く会計士監査の位置づけないし機能に対する思惑とは裏腹に、かかる企業不正は根絶されることなく、平成の時代を迎えることとなったのである。

ここに、公認会計士監査制度を担う側の思惑とは、前述のとおり、会計士監査導入の大前提として、被監査会社においては有効な内部統制組織が整備確立して運用されており、それゆえに監査手続の適用も試査によることが可能であり、かつ、それで十分であるということである。しかし、現実には、試査を適用して監査手続を実施した会社、換言すれば、内部統制組織が有効に機能していると判定した会社にあっても、粉飾決算あるいは不正行為が存在していた事実が明るみにされたのである。かかる事案として特徴的とされるのは、先にも取り上げたように日本公認会計士協会の監査第一委員会報告第五〇号公表の契機とされる、昭和末期に連続して発覚した企業の役職者や幹部（いわゆる経営上層部）による財産上の不正行為等である。同報告書の中での指摘にもあるように、「最近の企業の役職者による財産上の不正行為（企業の財産の不正使用、企業の財産の着服、企業への債務の転嫁等）の中には、企業に与える損害額が巨額に上るものがあり、財務諸表に重大な影響を与えると推測されるものが散見された。」こと、そしてまた、「役職者による財産上の不正行為が内部統制組織の枠外で行われる可能性が高いこと」から、明らかに、これまで採用してきた監査思考とは異なる、不正の摘発重視の監査を実施する方向への転換（同報告書では、「公認会計士の財務諸表監査は不正の摘発を第一の目的とするものではない」と述べてはいるが）を読みとることができたのである。

このように、いわば既存の会計士監査理論の中においては、誰も疑うことなく合意されているはずの「不正の摘発は会計士監査において主目的でない」とする監査思考を大きく変革させる動向がみられるようになったことは、監査実務においては当然のことながら監査理論の場においても、パラダイムの変換にも匹敵する状況に置かれたと解されるのである。具体的にも、前記の委員会報告を受けて改訂された「監査実施準則」（一九八九（平成元）年五月）、さらには、一九九一（平成三）年一二月に全面改訂となった監査基準および準則の改訂理由として、こうした不正問題への会計士監査の積極的な対応が明確に述べられている。[5] このことは、監査実施の側面においてとりわけ顕著に示されている。つまり、「監査実施準則」の三では、監査人が選択適用すべき監査手続（従来は監査技術と称していたもの）を具体的に列挙したうえで、「監査手続の適用は、原則として試査による。」として、前「監査実施準則」の規定に「原則として」という字句が加えられたのである。そして、かかる用語法を採用した意義および理由については、設定当事者によって次のような説明がなされているのである（新井・村山編著、一九九二、五三頁）。

「新準則の想定する監査手続の適用とは次のようなものである。すなわち、監査人は、監査意見を表明するための合理的な基礎を形成すべく『正当な注意』をもって十分な証拠を入手するために監査を実施する。その場合、監査の実施の最初から『試査』を前提として出発しているのではないのである。監査人は時間的、経済的、能力的条件の中で有効にして且つ効率的に監査を執行する努力をするのは当然である。しかし、被監査会社の監査環境が問題である。監査環境が比較的良好で財務諸表上の重要な虚偽記載を看過する危険性が低いつまり監査上の危険性が低いと判断されれば監査手続の適用の範囲は狭められる。結果として監査手続が『試査』によって実施されたということができる。もし、被監査会社の監査環境が悪く監査上の危険性が高い状況であると判断されれば、監査手続の適用範囲が拡大されることになる。時には、全面的に監査手続を適用することとなり、結果としては『試査』によりえない場合があり得ると言うことである。

このような場合は現実に存在しないと思われるが、新監査実施準則は、証券取引法監査適用会社以外の大会社、店頭登録準備会社等監査人の財務諸表監査の受託範囲の拡大により、必ずしも『試査』によることが合理的といえない場合を配慮する必要から、『試査による』を『原則として』という句により修飾したのである。」

ところで、今日の会計士監査が、監査手続の適用について、「試査を前提とするのか、あるいは前提としないのか」という議論は、かかる問題と表裏一体の関係にある、「有効な内部統制の有無」ないし「内部統制に依拠することの可否」といった問題として置き換えることができるであろう。したがって、かかる理解に基づいてか、平成三年の監査基準・準則の改訂の一つの目玉として、新たな内部統制概念の導入があったと捉えられる（「監査基準、監査実施準則および監査報告準則の改訂について」三の一）。しかし、具体的に内部統制概念についての定義が示されたわけでもなく、しかも、監査基準および準則で再三登場する「内部統制」は、現実の最重要課題ともされている「経営上層部の不正の摘発」とはいかなる関係に位する概念なのかといった指針すらも与えられていなかったことから、その不透明な概念を背景にして試査手続の適用を規定しているため、不幸にも、却って監査当事者にとっては不信感を増幅させるような状況になってしまったと評することができるのである。

5　監査意識の変革に伴う会計士監査の対応 ―わが国会計士監査の課題―

一九九一（平成三）年十二月改訂の監査基準・準則は、体系的な変更や監査上の新たな用語の導入といった側面での見直しよりもはるかに重要性の大きい、会計士監査の目的ないし機能に関する監査意識において大変革がなされたように思われる。かかる変革がまず第一に、当時の監査基準・準則の改訂を余儀なくさせるほどに大きな監査環境の変化[6]に起因していることは疑う余地もない。つまり、わが国の監査基準・準則は、そもそも証券取引法監査の導入に際して設定されたものであり、そこで意図する監査目的は、同法の第一条に盛られた目的（すなわち、「国民経済の適切な運営及び投資者の保護に資する」こと）である、いわゆる「公共の利益（public interest）」を保護することにあったのである。しかし、一九七四（昭和四九）年以降導入された商法特例法上の大会社における会計監査人監査に象徴されるように、少なくとも証券取引法とは異なる別次元での法律（換言するならば、「別の目的をもった法律」）に規制された監査を会計プロフェッション（公認会計士および監査法人）が担うことになったにもかかわらず、そこで実施される会計士監査の目的ないし機能については、「会計の監査」ないし「財務諸表の監査」と称するのみで、それぞれの法に依拠した会計士監査の目的ないし機能、ひいては監査人としての役割についてほとんど検討が加えられてこなかったのである。したがって、改訂された監査基準・準則が、会計士監査のあらゆる局面を網羅する性格のものであるとするならば、それは明らかに証券取引法監査一辺倒の時代のものとは変質したものであると捉えられるのである。

監査意識の変革の二つ目としては、「監査実施準則」が、「監査手続の適用は、原則として試査による。」と規定するとともに、「財務諸表の重要な虚偽記載を看過することなく、……略……内部統制の状況を把握するとともにその有効性を評価し、監査上の危険性を十分に考慮しなければならない。」として、公認会計士監査の職能（すなわち、「監査人は、財務諸表に重要な虚偽記載を結果するような経営者或いは従業員による不正・不当・違法行為を、監査の実施過程において発見する責任を負うているのである。」）を明らかにしたと解されている（同、五七頁）ことからも明らかなように、いわゆる不正問題に対する会計士監査の関わり方を、単に副次的ないし間接的に規定するのではなく、まさに真正面から取り上げるようになったことである。この点に関しては、「商法特例法は『会計監査人がその職務を行うに際して取締役の職務遂行に関し不正の行為または法令若しくは定款に違反する重大な事実があることを発見した時は、その会計監査人は、これを監査役に報告しなければならない。』（商法特例法第八条）と規定しているのである。」（同、五七頁）として、監査人が取締役その他による不正・不当・違法行為に関与することは自明のことであるとの理解も示されている。

さらには、一九九一（平成三）年の改訂の前文において認知されたように、自主規制機関としての日本公認会計士協会が、「公正な監査慣行を踏まえ、会員に対し遵守すべき具体的な指針を示す役割」（かかる役割については、その後日本公認会計士協会は、監査基準委員会を設置して監査実務上の指針としての委員会報告を公表してきている）を担ってきており、会計士監査の目的ないし機能については、監査基準・準則以外の監査規範をも包含して問い直されなければならなくなったのである。

ことここに至って明らかになったように、わが国会計士監査においては、諸外国とりわけわが国会計士監査の範とされる米国の会計士監査とは極めて異なった環境に置かれているという事実である。したがって、制度導入当初の証券取引法監査を中心に据えた会計士監査にあっては、米国における改革の動向を全面的に手本にして、その多くを吸収することも意味があったと思われるし、今日とて、証券市場を背景とした証券取引法（現在の金融商品取引法）監査の場合には、多くの示唆を得ることが期待できるであろう。しかし、わが国の場合にはこれまで、監査役制度が株式会社に常設されてきており、企業不正ないし内部統制に対する関与については、この監査役監査と会計士監査（正しくは、会計監査人監査）との役割分担ないし監査業務の棲み分けといった長年にわたる課題の解明も残されており、そうした監査上の基本問題について正しい視点を示すことが何にも増して重要なことである。

6　改訂「監査基準」が示した不正に対する対応 ―今後の課題―

ところで、二〇〇二（平成一四）年改訂の「監査基準」の改訂ポイントの第一に挙げられているのが、「不正発見の姿勢の強化」であり、「職業的懐疑心の保持、不正が存在する可能性も踏まえた監査計画の策定、不正を発見した場合には追加的な監査手続及び経営者等への報告を義務づけた」という点が指摘されている。そして、「監査基準」の前文「監査基準の改訂について」の三の二（4）不正等に起因する虚偽の表示への対応において、「監査人は、……不正等について特段の注意を払うとともに、監査の過程において不正等を発見した場合には、経営者等に適切な対応を求めるとともに、その財務諸表への影響について評価することを求めること、そして、重要な虚偽の表示につながる虞のある違法行為についても、不正等を発見した場合に準じて監査人が対応することを求めて、「監査基準」第二一般基準の4が新設されることとなった。加えて、改訂「監査基準」では、監査の有効性を高めるため（換言するならば、不正等に起因する虚偽の表示を見逃さないため）に、従来みられない新たな視点を取り入れていたのである。

つまり、職業的懐疑心の保持、監査計画の策定および監査の実施全般を通じての監査上の各種リスクの評価、内部統制概念の精緻化とその評価、さらには、リスク・アプローチの監査の徹底等、そのすべてが、経営者不正ないし経営者レベルでの虚偽の表示を防止・摘発するために、監査人はかかる不正等に対してより積極的に関与せざるを得なくなってきていることを全面的に受容したものと解される。したがって、改訂『監査基準』の指向する会計士監査は、従来の財務諸表の適正表示を主体とした情報監査に特化した監査の枠を超えて、経営者の判断の適否にまで踏み込んだ深度ある監査にあると捉えられることから、監査人の役割ないし責任も拡大したものといえるであろう。それは、「第四　報告基準」の一の2において、監査人に求められている財務諸表の適正性の判断に際しての「実質的な判断」の要請をみても大いに首肯しうるところである。

改訂「監査基準」では、従来存在した「監査実施準則」および「監査報告準則」を共に削除し、監査基準としての本文とその解説文である前文のみの構成とされた。したがって、この監査基準自体には、米国の監査基準書(SAS)にみられるような詳細な手続規定は一切なく、監査実践上の対応は、偏に担当監査人の判断と姿勢ないし資質に依存していると解される。つまり、この監査基準に盛られた理念ないし監査目的に準拠して、誠実に監査業務を履行しうるならば、監査先進国での災禍であるエンロン・ショックにも十分耐えうる監査が達成しえるものと解されたのである。[7] そのために、監査人の教育訓練による資質向上と倫理観の高揚を前提とした「職業専門家としての懐疑心」の発揚こそが何にも増して重要な課題であるといえる。

【付記】文中に付された傍点は、すべて筆者の挿入によるものである。

【注】

（1） 大蔵省・公認会計士審査会は、一九九七（平成九）年四月二四日に「会計士監査の充実に向けての提言」を公表して、一〇の具体的な諸施策を提言した。その後、同審査会は「会計士監査に関するワーキング・グループ」を設置して、一九九九（平成一一）年七月二日に「会計士監査の在り方についての主要な論点」を取りまとめて公表している。さらに、ここでの主要な論点の内、公認会計士監査制度に関する論点については、同審査会の下に設置された「監査制度小委員会」が、二〇〇〇（平成一二）年六月二九日に「監査制度を巡る問題点と改革の方向～公認会計士監査の信頼の向上に向けて～」を公表して、公認会計士制度に関する抜本的な改革を推進しようとしている。なお、こうした監督行政からの提言と平行して、日本公認会計士協会も、一九九九（平成一一）年三月に設置した「我が国企業の財務情報の信頼性回復のための対応策プロジェクト・チーム」が、二〇〇〇（平成一二）年三月二二日に「我が国の監査の信頼性を回復するための提言」を公表して、あらゆる問題点の洗い出しと改革のための施策を提示している。

（2） 監査意見の表明に際して、不適正意見と意見差控の区分が明確にされるとともに、継続性に関する除外事項とされていた「正当な理由による期間利益の平準化または企業の堅実性を得るために行われている場合を除く」旨の改訂前監査報告準則三（三）3の但書が削除された。この間の問題については八田（一九九五、三九一―四二〇頁）を参照されたい。

（3） 「同報告は、当時の『監査基準』及び『監査実施準則』を前提としたうえで、それ以上の監査実務の対応を求めたものであり、これが平成元年の『監査実施準則』の改訂の契機になり、さらに、一九九一（平成三）年の『監査基準』『監査実施準則』および『監査報告準則』の全面的見直しおよび本協会における監査基準委員会の設置並びに同委員会による監査規範作成のきっかけとなった。」との指摘がみられる（日本公認会計士協会年史編纂特別委員会編集、二〇〇〇、二二二頁）。

（4） 一九五六（昭和三一）年一二月改訂の「監査基準」においては、改訂前の基準の冒頭にあった前文「財務諸表の監査について」が削除されているが、これについては、「削除ではなくて趣旨はそのまま新条文に引き継がれている。」ため、省略されただけであると解説されている（黒澤・飯野・江村、一九五七、九三頁）。

（5） 一九九一（平成三）年一二月二六日公表の前文「監査基準、監査実施準則および監査報告準則の改訂について」

では、特に、監査実施準則の改訂に関連して、「監査人は重要な虚偽記載を（脱漏を含む。）を看過してはならないことを文言をもって示した。また、最近、内外ともにいわゆる不正問題に関連して公認会計士の監査機能に対する社会の期待の高まりがみられる折から、監査上の危険性に対する十分な考慮を求めるとともに経営環境の適切な把握と評価の必要性について明言し、さらに、監査要点として取引記録の信頼性を掲げ、監査手続に分析的手続を加える等の改訂も行った。」（三（2））と述べ、不正問題に対しても真正面から取り組む姿勢を明示したのである。

（6）一九六五・六六（昭和四〇・四一）年の監査基準・準則の全面改訂以来の監査環境の変化については、次のような解説がある（新井・村山編著、一九九二、五三頁）同上書、五頁）。

「この変化については、報告書の前文でも述べられているところであるが、大要次のようにまとめることができよう。

(一)企業規模の拡大と企業活動の複雑・多様化およびこれに伴う会計システムの高度化
(二)企業活動および証券取引法・金融市場の国際化に伴う監査規範の国際的調和の必要性
(三)証券取引法監査に加えて、商法特例法監査、学校法人監査、労働組合監査、公益法人監査等監査領域の拡大。
(四)会計上の不正問題への厳正な対応監査機能に対する社会的要請の増大また、このような監査環境の変化に加えて、公認会計士の監査実務および監査水準も大幅に向上し、公正な監査慣行が広く形成されてきていることも、今回の見直しの重要な背景というべきであろう。」

（7）わが国の場合、いわゆる「粉飾決算」や「違法行為」などの企業不正の摘発といった役割を会計士監査に期待する声は次第に大きくなってきている（盛田・百合野（一九九八）および盛田（二〇〇一）を参照のこと）。

【参考文献】


新井清光・村山德五郎編著（一九九二）『新監査基準・準則詳解』中央経済社。

黒澤　清・飯野利夫・江村　稔（一九五七）「監査基準・監査実施準則・監査報告準則詳解」『企業会計』第九巻第二号別冊特別附録。

佐藤孝一他（一九七二）『解説新監査基準・準則』中央経済社。

日本公認会計士協会年史編纂特別委員会編集（二〇〇〇）『公認会計士制度五十年史—最近の一五年』日本公認会計

士協会。

八田進二（一九九五）「継続性の原則とその変更をめぐる諸問題の検討」『駿河台経済論集』第四巻第二号、三九一―四二〇頁。

盛田良久（二〇〇一）「公認会計士監査に対する期待ギャップ」『週刊経営財務』第二五三四号、一六―二三頁。

盛田良久・百合野正博（一九九八）「公認会計士監査に対する社会的期待と実証分析」『ＪＩＣＰＡジャーナル』第一〇巻第七号、八八―九七頁。

第8章 外部監査と内部監査の議論の検証

1 はじめに ―監査業務を取り巻く最近の状況―

バブル経済崩壊後の二〇世紀末のわが国経済社会では、あらゆる側面において経済再生のための制度の見直しおよび改革が広範囲にわたって押し進められることとなった。とりわけ、会計および監査業務を巡る領域においては、グローバル・スタンダードの旗印の下に、国際社会において通用しうる会計基準の策定が矢継ぎ早になされるとともに、監査実践面においても、より一層厳格な監査がなされるようになったことは周知のとおりである（塩原・町田、二〇〇〇）。

しかし、一九九九（平成一一）年三月期から始まった、日本の会計基準にて作成の英文財務諸表に対する監査報告書において、「日本基準の財務諸表は日本の会計原則や会計慣行で作成されており日本以外の国の会計原則や会計慣行で作成されたものではない旨と監査も日本の監査基準及び監査慣行によって行われている旨の注意喚起文言」（小野、一九九九、一九頁）すなわち、警句と称されるレジェンド・クローズ（Legend Clause）を挿入することを求めるビッグ5会計事務所の要請を、その後においても断ち切れずにいたことは、わが国の会計士監査が未だ確たる信頼性を獲得し得ていなかったということの証左である。

一方、米国を中心とした英語圏諸国においては、目覚ましい勢いで進展を遂げつつある情報技術（Information Technology：ITと略す）を背景にして、「保証業務（Assurance Services）」に代表されるように、伝統的な財務諸表監査の枠を越えた会計士の新たな職域拡大の道が追求されるようになってきたのである。そうした理由のひとつには、公認会計士事務所が独占的に行う財務諸表監査は、監査人としての責任の重さに比して、報酬面での頭打ちもあり、会計事務所収益に対する監査報酬割合は低下傾向にあることが、こうした新たな業務領域の開拓に向かう方向を形成していたものと解される（日本公認会計士協会、二〇〇〇、五九頁）。しかし、より大きな要因としては、米国公認会計士協会（ＡＩＣＰＡ）の「財務報告特別委員会（通称、ジェンキンズ委員会）」が一九九四年に公表した報告書『事業報告の改革―顧客の視点』（AICPA, 1994）において提案されたように、情報の利用者の視点に立脚した包括的な報告モデルに依拠したうえで、かかる広範な情報（すなわち、非財務的および将来指向的な情報等を含む）に対する信頼性の保証を付与することの必要性から、かかる保証業務に会計士が関与する方向性を見出してきたと解されるのである。

こうした動きに呼応するように、財務情報の信頼性を保証する監査を包摂する会計士の報告業務という位置づけの下、前述の保証業務と同様のスタンスをとることで会計士の業務領域の拡大を意図した動向は、国際会計士連盟（ＩＦＡＣ）の一連の報告書の公表にも見られたところである（IFAC, 1997, 2000）。

さらに、一九九〇年代以降、米国およびカナダの会計事務所を中心に、従来、企業内部に所属する内部監査担当者（いわゆる内部監査人）が当然に実施してきた内部監査機能を、企業外部の立場で請け負う動向がみられるようになってきたのである。これをもって内部監査のアウトソーシングと称し、かかるアウトソーシングの割合は増加傾向を辿ってきていたのである（Kusel et al. 1998）。

このように、わが国においては、大企業の破綻および経済全体の低迷を背景に、外部監査および内部監査を問わず、健全な企業経営の確保のための監視活動、ないし、企業情報の中核でもある財務情報の信頼性の保証をより適切かつ有効に遂行することが求められているときに、英語圏諸国においては、全く異なった監査環境を招来してきていたのである。

そこで、本章では、会計プロフェッションが遂行する監査業務について、これを外部監査と内部監査の両面から検証することで、両監査における今後の動向についての展望を試みることとする。

2　外部監査の保証業務への拡張 ―経営コンサルティング業務重視の動向―

一九九〇年代の米国における監査市場は、ほぼ横ばいの七〇億ドル市場として、業務収益頭打ちの成熟市場を迎えていた（日本公認会計士協会、二〇〇〇、六三頁）。したがって、当時の米国の会計プロフェッションが提供する、監査業務、税務業務および経営コンサルティング業務の三つの業務収益における監査業務収益の割合は年々低下傾向（一九九〇年には五割を超えていたものが一九九六年には四割にまで落ち込んできている）をみせていた。一方、経営コンサルティング業務収益は、かかる監査業務収益の低下を十分にカバーする程の増大を示していたものの、こうした経営コンサルティング業務は会計プロフェッションにとっての独占業務として位置づけられるものではない。したがって、会計プロフェッションの独占業務である監査業務を包摂する概念として新たな「保証業務」

を位置づけることで、新たな業務領域への進出を意図するようになってきたものと解されるのである。

こうした会計プロフェッションの業務領域の拡大を想定した保証業務に関する研究としては、AICPAの「保証業務特別委員会（通称、エリオット委員会）」の一九九七年公表の報告書（AICPA, 1997）の他に、カナダ勅許会計士協会（CICA, 1997, 1998）およびIFAC等による報告書等の公表が挙げられる。加えて、米国における最も歴史ある監査論教科書と目される『モントゴメリーの監査論』（第二版、一九九八）では、先のエリオット委員会における保証業務の定義―すなわち、「意思決定者のために、情報の質または内容を高める独立職業専門家の業務[1]」）（中央監査法人、一九九八、五頁）―を受け入れるとともに、会計士が提供する保証業務を次の四つに分類することで、いわゆる伝統的な財務諸表監査をこの保証業務のひとつの領域であるとの理解を明示しているのである（同、六頁）。

（一）監査（財務監査、準拠性監査および業務監査を含む）
（二）財務情報のレビュー（提供する保証は監査よりも低い）
（三）証明業務（attestation engagement）（監査人は、他の当事者の書面による言明の信頼性について、書面による結論を表明する）
（四）その他の保証業務（監査、レビューまたは証明契約に関する専門職業団体の厳密な定義には当てはまらないが、情報の信頼性に関する保証を提供する）

一方、会計事務所が依頼会社（クライアント）に提供する非保証業務（non assurance service）として、調整業務（compilation）、税務業務およびコンサルティング業務を捉えている（同、四四―四五頁）。

ところで、エリオット委員会は、会計プロフェッションが今後提供しうる新たな保証業務の内容（換言するならば、会計プロフェッションの独占業務（保証業務）として新市場の開拓が見込まれる領域（保証業務）として、次の六つの領域に関する保証業務を実行可能なものとして例示していた。

（一）リスクの評価
（二）業績の測定
（三）情報システムの信頼性
（四）電子商取引
（五）医療ケア
（六）高齢者ケア

ところで、前記の六つの領域における保証業務は、先の『モントゴメリーの監査論』の示す保証業務領域の四番目に示された「その他の保証業務」の範疇に含められるものであろうが、これらの業務内容には、非保証業務に含められるコンサルティング業務と混同される可能性のある業務も考えられる。たとえば、（二）の業績の測定に際して、測定システムを有していない組織における新たなシステムの設計ないし改善を支援する場合、同様に、（三）の情報システムおよび（四）の電子商取引のシステム設計等に関与する場合、さらには、（五）の医療ケアおよび（六）の高齢者ケアの保証業務に際して、顧客のニーズに基づいてかかるケア・サービスの質の評価を行うとともに、より効率的ないし適切なケア・サービスを助言・勧告する場合等々、いわゆる経営コンサルティング業務と捉えられる役割を担うことが考えられる。こうした場合に最も問題とされるのは、会計プロフェッションとしての独立性ないし客観性の欠如である。

このように、米国等においては会計事務所の職域拡大と相俟って、かかる保証業務の一部はすでに実践に移されてきてはいるが、会計プロフェッションの独立性を核としたプロフェッショナリズムの堅持に悪影響を与えることにはならないのか、を慎重に検討する必要がある。

3 内部監査のアウトソーシング —内部監査機能のコンサルティング化—

近年、外部監査を取り巻く環境変化と同様に、内部監査を取り巻く状況にも大きな変革がみられる。その一番の変化は、米国の内部監査人協会（ＩＩＡ）が一九九九年六月に承認した、新しい内部監査の定義にみてとることができるのである。

つまり、改訂前の基準書（一九九〇年改訂のもの）では、内部監査の意義・目的および機能について次のように規定していた。

「内部監査とは、組織体への奉仕として、組織体の活動を検証し、かつ、評価するために、組織体内に設定された独立的評定機能である。内部監査の目的は、組織体内の構成員が自らの責任を効果的に解除することを支援することである。この目的のために、内部監査は、レビューの対象となる活動に関する分析、評定、勧告、助言および情報を彼らに提供する。監査目的には、合理的な費用で有効な統制を促進することが含まれる。」

これに対して、一九九九年六月の改訂では、内部監査の性質および機能について全面的な改訂を施した、次のような新たな定義を承認したのである。

「内部監査とは、組織体の業務に価値を付加し、かつ、かかる業務を改善するために設計された独立的、客観的な保証およびコンサルティング活動である。内部監査は、組織体がリスクの管理、統制およびガバナンスのプロセスの有効性を評価し、改善するために、体系的な、規律ある方法を採用することにより、かかる組織の目標を達成することを支援する。」

このように、従来の内部監査の定義と比べて、新定義においては、内部監査の基本的な枠組みをも変更するほどの大改訂となっている。とりわけ、内部監査の目指す方向として、従来のような単なる「独立的評定機能」ではなく、「付加価値の重視」を謳っていることは注目に値する。内部監査機能が組織体において有効性を維持するためには、対費用効果（コスト・アンド・ベネフィット）の立場から、かかる組織の業務ないし組織全体の付加価値に貢献することが求められるとするのである。このことから、内部監査は、組織体内の業務の有効性を保証するとともに、かかる業務をさらに改善するためのコンサルティング機能を有することになると捉えられている。さらに、組織の目標達成に向けて、内部監査における有効性の評価対象領域においても、従来の「統制」をより拡張する形で、「リスクの管理、統制およびガバナンスのプロセス」と明記することで、有効な企業経営の一翼を担おうとする意識が伺われる。

また、新定義では、内部監査の目的および機能を重視する形での規定となっており、組織体に大きな付加価値を提供しうる内部監査であることが強調されている。そのため、従前の定義には示されていた、かかる内部監査機能の実施主体（これまでは、「組織体内に設定された独立的評定機能」と規定されていた）については何らの規定もなされていないことから、従来は当然に組織体内に所属する者が内部監査人として業務を遂行していたものを、必ずしも組織体内の者が遂行しない場合もあり得るということになる。

かかる状況を裏付けるように、米国やカナダ等では、一九九〇年代に入ってから、最大の理由としては、企業リストラの一環として、内部監査業務予算を節約するために、それ以外にも、より専門的な監査技術を有する者により内部監査結果を改善したり、あるいは、会計事務所に優秀な人材がいること等を理由に、大手の会計事務所を中心に、内部監査機能がアウトソース（外部委託）されてきているのである。

一九九六年になされた一三〇〇社を対象とした実態調査によれば（Kusel et al. 1998）、すでに内部監査業務が、何らかの形でアウトソーシングされている割合は、米国では二一・五%、カナダでは三一・五%であり、将来アウトソーシングを希望する企業の割合は、米国で三二・四%、カナダで三六%を示していることから、もはや過半数の企業が内部監査機能の一部ないし全部をアウトソーシングの対象と捉えていたことは注目に値する。と同時に、かかる内部監査機能をアウトソースする相手先（すなわち、アウトソーシングの受託者）は、大会計事務所が優に過半数を越え（当時のビッグ6会計事務所で米国の場合五七・六%、カナダの場合六二・二%を占めている）、地方の会計事務所分を加えると、米国で六七・八%、カナダで七八・四%と、他のコンサルタントをはるかに凌いで、会計事務所がほぼ独占的に請け負う状況を示しているのである。

こうした状況をみるに、米国およびカナダにおける会計事務所にあっては、一方では、保証業務の名の下に、コンサルティングに近い業務を外部監査人の立場で行うとともに、他方では、かかる外部監査人がコンサルティング重視の傾向に見合った内部監査を、アウトソーシングの名の下に担当するという構図が次第に鮮明になってきていたのである。こうした動向は、いくつかの問題ないし課題を提起してきていた。その最大のものは、監査人としての独立性に対する懸念となって顕在化してきていたのである。

4 監査人の独立性を巡る新たな問題

すでにみてきたように、二〇世紀末の米国およびカナダでは、会計プロフェッションの果たす監査機能につき、それが外部監査であれ、あるいは内部監査であれ、いずれの場合にも、保証業務およびコンサルティング業務指向の視点から、監査機能の拡大が積極的に押し進められていた。

その際、外部監査を包摂する保証業務の遂行においても、また、コンサルティング業務を基調とした内部監査のアウトソーシングにおいても、ともに、本来保持すべき監査人としての独立性に関する疑義が投げかけられてきていたのである。中でも、監査業務の有効性よりも効率性を重視しすぎているため不正の摘発能力が低下していること、あるいは、収益性重視の視点から、コンサルティング業務の拡大を狙うとともに、被監査会社に対してかかる経営コンサルティング業務を提供することで、監査人の独立性が損なわれることに対する批判が大きくなってきていた。このため米国では、一九九七年五月に、規制機関である連邦証券取引委員会（ＳＥＣ）の合意の下に、ＡＩＣＰＡ内に「独立性基準審議会（Independence Standards Board：ＩＳＢ）」が新設され、監査プロフェッションの真髄である独立性に関する基礎概念、原則および基準を策定するとともに、かかる原則・基準への準拠を促進することを使命として積極的な活動が推進されてきていた（ISB, 1997）。

監査人の独立性を巡る問題は、まさに監査制度の充実・発展の歴史と表裏一体の関係にあるほどに、古くて新しい問題である。しかし、このＩＳＢの設置を促した最大の要因は急激な環境の変化に伴い、監査人の独立性に影響を及ぼすいくつかの状況が生じてきたこと、とりわけ、同一の会計事務所が被監査会社に対して保証業務の下で経営コンサルティング業務を提供することに対する批判に答えることにあったものと解される。このことは、会計事務所の側においても社会的な批判を躱すために、コンサルティング部門を分離、独立させる対応を取り始めていたことはすでに周知のとおりである。

ところで、大会計事務所が強力に進めているコンサルティング業務は、「電子商取引の急速な普及に対応してシステムやビジネスモデルを変更したり、連結経営時代に見合った業務システムの改善」を効果的に行うことが指摘されているが、かかる業務の根底にはＩＴ関連業務を基盤とした企業環境の大変革に対応するための業務の提供が、会計プロフェッションに求められていた実態を無視することはできないであろう。

しかし、だからといって、公共の利益（public interest）に資する目的を担って会計プロフェッションが独占的に遂行してきている財務諸表監査機能の中核を成す独立性の保持に関しては、これをいささかなりとも侵害する行動ないし対応については厳に慎まなくてはならない。と同時に、従来念頭に置かれなかった会計プロフェッションの業務範囲ないし職業領域の拡大あるいは変革がもたらされる場合には、社会政策の一環として、規制機関が時代の要請に則した規制を行うことも必要である。

かかる要請を踏まえて、ＳＥＣでは、二〇〇〇年六月三〇日に、監査人の独立性強化に向けた新規則案を公表したが、そこでは、会計事務所が監査対象企業との間で経営コンサルティング業務や法的助言および投資助言業務等を締結している場合には「独立性が損なわれる」と認定していた。なお、この独立性に関するＳＥＣ規則は、若干の緩和措置が折り込まれて、二〇〇〇年一一月二一日に、一九三三年証券法の規則の一部として制定され、そのほとんどの条項については、二〇〇一年二月五日より効力を発することになったのである（SEC, 2000）。因みに、ＳＥＣの新規則が「独立性を侵害する特定の非監査業務」として列挙したものは、次の一〇の業務である。

（一）記帳業務あるいは被監査会社の会計記録もしくは財務諸表に関連したその他の業務
（二）財務情報システムの設計および履行業務
（三）適正意見表明を含む査定ないし評価業務
（四）保険数理業務
（五）内部監査業務
（六）経営者としての機能を担う業務
（七）人的資源関連業務
（八）ブローカー、ディーラー業務
（九）法的助言業務
（一〇）法律・行政および規制関連書類もしくは手続に関する専門意見表明業務

これら一〇項目の非監査業務について、先の規則案の段階では、監査の独立性と相容れないとして規則を強化（禁止）する方向にあったが、最終的には、（二）に係るＩＴ関連コンサルティング業務、および、（五）の内部監査業務のアウトソーシング受託業務について、一部量的制限等を設けたり、あるいはかかる業務に関する支払報酬額の開示を講じてはいるものの、これを容認する方向に転換がなされた。また、（一〇）の各種の専門意見表明業務については全面的に解禁の対応を講じている。

このように、会計プロフェッションに対するＳＥＣの監視は継続的に実践されているものの、もはや米国においては、会計事務所が企業経営全般に係るコンサルティング業務を、あるときは外部監査を包摂する保証業務として、またあるときは、内部監査のアウトソーシングの受託業務として、ますます主導的な役割を担いつつある実態が浮かび上がってきていたのである。

5 おわりに ―新たなプロフェッション構想とわが国における今後の展望―

バブル崩壊後の経済再生に腐心し続けていたわが国の状況とは対照的に、米国およびカナダにおいては、IT革命に歩調を合わせる形で、利用者の多様なニーズに応えるために、質的にも量的にも拡充された情報の開示および信頼性の保証を確保するための措置が講じられることとなった。かかるITがもたらした情報システムにおいてすでに実践されている継続的保証（continuous assurance）業務としては、SysTrust保証と称される「事業体の情報システム（会計システムに限定されない）が、業務および財務上の意思決定にとって信頼できる情報を提供していることを保証する」（山浦、二〇〇〇、六八頁）業務、あるいは、WebTrust保証と称される「Webサイトが、事業内容と情報プライバシー対策の開示、取引の完全性、および消費者の個人情報保護の規準に合致していることを保証する」（同、六八頁）業務があり、リアルタイムでの情報開示とそれに対する保証業務は、すでに伝統的な監査業務の枠組みを変革してきていたのである。

このように、経済社会の基本的なシステムないしはそれを支えるインフラの改革、整備に伴い、そこでやりとりされる情報の質、内容あるいは情報の作成方法および発信形態に変革が求められることは必然的なことである。と同時に、よりグローバル化が進展した状況にあっては、ある特定の国ないし地域でのみ通用する基準ないし規則ではもはや対応することが困難な状況が想定される。また、財務情報に限定されてきた外部監査にあっても、非財務情報、システムおよびプロセスさらには個別の業務（行動）までも保証の対象とするＩＦＡＣの動向もあることから（IFAC, 2000）、会計プロフェッションの能力ないし資質に対する要求事項も非常に多様化ないし高度化する傾向にある。

このような状況を展望してか、すでにＡＩＣＰＡでは、公認会計士（ＣＰＡ）に付加価値をつけた新たなプロフェッション育成構想を打ち出してきたこともあったが、かかるプロフェッションの前提が依拠するのが、会計プロフェッションの有する独立性と専門性というブランドである、との認識を示していたことは極めて興味深いところである（AICPA, 2000）。

しかし、こうした激しい変革の中にあって、外部監査と内部監査が目指そうとしてきた道が、皮肉にも会計事務所（会計プロフェッション）主導型の会計事務所の業務拡大の方向性と軌を一にしていたということである。その意味で、米国やカナダで展開されていた監査の動向は、大会計事務所がイニシアチブを発揮して推進してきた経営コンサルティング業務容認のための布石となっていたのではなかろうか。

したがって、別稿（八田、一九九九）第2章においても警笛を鳴らしたように、会計プロフェッションの業務拡大化路線における様々な改革については、慎重に評価することが肝要である。というのも、万が一にも監査人の独立性および専門性を侵害するような事態に立ち至るならば、会計プロフェッション（具体的には、ＣＰＡの称号）のブランドも瞬時のうちに地に堕ちることにもなり、ひいては公益の保護を目的とする財務諸表監査に対する信頼も損ないかねないのである。

その意味で、わが国においても、監査人の独立性強化のための継続的な監視を行うシステムを構築するとともに、時代の要請に見合った監査機能（監査人の役割）の拡大を検討する時期を迎えているように思われる。

【注】

（1）　エリオット委員会の示した保証業務についての定義は非常に簡潔であり、同委員会の意図する保証業務の内容について必ずしも十分な理解ができないが、次の説明は、こうした不十分な理解を助けるのに有益である（日本公認会計士協会、二〇〇〇、二五頁）。

「保証業務は、（一）既存あるいはより改善された測定手法で情報を補足し、（二）生の原情報を信頼できる情報に変換する、という点では証明業務と変わりないが、さらに（三）意思決定者に対して情報の信頼性（reliability：表現の忠実性、中立性、首尾一貫性を含む）と適合性（relevance：理解可能性、比較可能性、利用可能性、網羅性を含む）についての信用（confidence）を付与することで情報の質の向上に寄与できる、とする。より具体的には、保証業務従事者は、情報利用者の意思決定プロセスを理解し、そのプロセスに則した測定基準を用いて判定し、結論を表明することにも関わることがあるのであり、このような保証業務を通して結論を付された情報は自ずとそれを用いて意思決定をする者に役立つところとなる。ここにはジェンキンズ委員会が提唱した顧客志向（customer focus）を視野に入れた、広範囲の業務領域が措定されているのである。」

【参考文献】

American Institute of Certified Public Accountants（AICPA）（1994）*Improving Business Reporting-A Customer Focus:Meeting the Information Needs of Investors and Creditors*,Comprehensive Report of the Special Committee on Financial Reporting.

———（1997）*Report of the Special Committee on Assurance Service.*

———（2000）*Draft; The XYZ Concept: Turning Knowledge into Value*,November 16.

Canadian Institute of Chartered Accountants（CICA）（1997）*Standards for Assurance Engagement*, March.

———（1998）*CICA Task Force on Assurance Services-Final Report*,January.

D. Jordan Lowe. Marshall A. Geiger,and Kurt Pany（1999）"The Effect of Internal Audit Outsourcing on Perceived External Auditor Independence", *Auding:A Journal of Practice & Theory*,Vol 18,Supplement, pp.7-26.

Jeft Gibbs and Gill Courtemanche（1994）"Inside outsourcing—Can external auditors provide quality internal

auditing services?" *Internal Auditor*, August, pp.46-48（丸山　清訳（一九九五）「内部統制の外部への委託―その内幕は」『月刊監査研究』第二一巻第一号、七四―七七頁。）
Jimie Kusel, Ralph Schull and Thomas H. Oxner (1998) What Audit Directors Disclose About Outsourcing (From http://www.theiia.org/kusel.htm, 98/11/24).
Independence Standards Board (ISB) (1997) *Serving the Public Interest:A New Conceptual Framework for Auditor Independence.*
International Federation of Accountants (IFAC) (1997) International Auditing Practices Committee, Exposure Draft of a Proposed Framework and International Standard, *Reporting on the Credibility of Informations.*（日本公認会計士協会国際委員会訳「枠組み及び国際基準（案）『情報の信頼性についての報告』」『ＪＩＣＰＡジャーナル』第一一巻第二号、一九九八年、一五三―一七〇頁。）
――― (2000) International Auditing Practices Committee,*International Standard on Auditing 100; Assurance Engagement*, June.
Securities and Exchange Commission (SEC) (2000) *Revision of the Commission's Auditor Independence Requirements*, 17 CFR Parts 210 and 240〔Release os.33-7919;34-43602;35-27279;IC-24744;IA-1911;FR-56;File No. S7-13-00〕, November 21.
United States General Accounting Office (GAO) (1996) Report to the Ranking Minority Member, Committee on Commerce, House of Representatives, *The Accounting Profession ; Major Issues : Progress and Concerns* および *The Accounting Profession ; Appendixes to Major Issues : Progress and Concerns.*（藤田幸男・八田進二監訳（二〇〇〇）『アメリカ会計プロフェッション―最重要問題の検証：改革の経緯と今後の課題』白桃書房。）
小野行雄（一九九九）「国際社会における日本の会計監査の評価」『日本監査研究学会　第二二回全国大会研究報告要旨』所収、一一月。
塩原一郎・町田祥弘（二〇〇〇）「日本的環境における監査人の判断の特質―「監査の厳格化」の指摘との関連について―」『會計』第一五八巻第四号、八六―九八頁。
中央監査法人訳（一九九八）『モントゴメリーの監査論』（第二版）中央経済社。

日本経済新聞社編（二〇〇〇）『司法　経済は問う』日本経済新聞社。

日本公認会計士協会・次世代会計士保証業務研究会最終報告書（二〇〇〇）『公認会計士保証業務―基礎概念、実務、および責任の研究―』（平成一二年七月一日）。

八田進二（一九九九）「会計情報の拡大と監査可能性―監査範囲の拡大と監査業務の品質の確保を中心に―」『會計』第一五五巻第四号、六八―八一頁。

――（二〇〇〇）「内部監査とコーポレート・ガバナンス―内部統制を核としての検討」『企業会計』第五三巻第一号、八二―八八頁。

山浦久司編著（二〇〇〇）『会計士情報保証論―保証業務のフレームワークと会計士の役割』中央経済社。

第9章 会計情報監査と不正摘発監査

1 はじめに ―監査の目的の確認―

「監査の発展と監査人の役割期待の増大の歴史は、監査の失敗克服ないし企業不正の防止に向けた監査人の葛藤の歴史である」と称しても過言ではないであろう。そして、こうした事情は、監査先進国と捉えられている米国のみならず、わが国の状況を見ても、全く同様に理解できるのである。ところで、監査は、長年にわたって企業不正防止ないし摘発・発見に対してどのような対応を図ってきたのであろうか。

二〇〇二（平成一四）年一月改訂の『監査基準』の、第一「監査の目的」では、以下のように規定している。

「財務諸表の監査の目的は、経営者の作成した財務諸表が、一般に公正妥当と認められる企業会計の基準に準拠して、企業の財政状態、経営成績及びキャッシュ・フローの状況をすべて重要な点において適正に表示しているかどうかについて、監査人が自ら入手した監査証拠に基づいて判断した結果を意見として表明することにある。
財務諸表の表示が適正である旨の意見は、財務諸表には、全体として重要な虚偽の表示がないということについて、合理的な保証を得たとの監査人の判断を含んでいる。」

この規定からも明らかなように、現行の財務諸表の信頼性を担保するための会計士監査は、財務諸表を中核とした会計情報の開示の適正性を検証するために行われる監査であり、これをもって通常「会計情報の監査」と捉えられている。ただ、ここにいう「適正性」の概念の理解にあたっては、単に一般に認められた会計基準（いわゆるＧＡＡＰ）との整合性のみを行っただけで判断されるものではなく、監査人は、監査対象とされた財務諸表には「全体として重要な虚偽の表示がない」ことを確かめることが必須とされているのである。かかる要請は、明らかに、監査人に対して、通り一遍の「会計情報の監査」以上の役割と責任を求めているものと解されるのである。つまり、この「虚偽の表示」が意味する内容と、一般に言われる企業の「不正」とはどのような関係にあり、しかも、かかる不正に対して監査人はどのような取組みが期待されているのかを明らかにすることが必要であろう。

というのも、二〇〇一年一二月に米国において露呈した「エンロン社の破綻」以後、いわゆる「会計不信の嵐」ないし「監査に対する信頼の失墜」は、全世界を席巻することとなり、会計基準の問題あるいはコーポレート・ガバナンスの問題とともに、監査のあり方ないし監査人の役割に対して大きな問い掛けがなされてきたからである。そして、監査に対する問い掛けの根底には、まさに「不正を根絶するための監査」ないし「不正を摘発するための監査人」を求める方向が色濃く反映されており、その結果として、米国では、二〇〇二年七月三〇日の「企業改革法」の制定に至ったことは周知のとおりである。

そこで、本章においては、まず、監査先進国と解される米国における、不正問題に対する監査人の対応の変遷について概観する。次に、エンロン事件後の米国および国際会計士連盟での最新の改革について吟味するとともに、かかる改革により、会計士監査の本質に変革が生じたのかどうか、会計士監査のあり方を踏まえながら検討を行うこととする。

2 不正問題に対する監査人の対応 ―COSO報告書公表前―

米国では、監査における「期待のギャップ」の問題を識別し、それを解消するための勧告を盛った、一九七八年公表の米国公認会計士協会（AICPA）の「監査人の責任に関する委員会」の報告書（通称、『コーエン委員会報告書』：AICPA, 1978）では、「監査人の業務を利用し信頼している大部分（一九七四年時の調査結果では、一般投資家の六六％の割合―筆者挿入）が、不正の発見をもっとも重要な監査目的の一つにあげている」（鳥羽訳、一九九〇、六〇頁）との指摘を行っていた。しかし、財務諸表利用者が監査に対して抱いているこうした期待―すなわち、不正の発見を監査の第一義的な目的と捉える考え―とは裏腹に、当時のAICPAの『監査基準書』（SAS）では、不正の発見に関して、次のように規定していたのである（『監査基準書』一九七二年、第一号、第一一〇、〇五節）。

「……財務諸表に対する意見の表明を目的とする通常の監査は、たとえ監査の結果、横領および類似の異常事項が発見されることがあったとしても、こうした不正行為の発見を第一義的に、また、それを特定目的として予定したものではない。また、そのように期待されうるものでもない。同様に、経営者が犯した故意による虚偽表示を発見することは、一般的には、通常の財務諸表監査の目的と密接に関連するものであるが、通常の監査は必ずしもかかる不正の発見を保証するものではない。不正を発見できなかったことに対する監査人の責任（この責任は、依頼人に対するものと第三者に対するものとでは異なる）は、監査が一般に認められた監査基準に準拠して行われなかったために、かかる不正が発見できなかったことが明らかな場合に限って生ずるものである。」

このように、本基準書の規定内容は、不正の中心課題でもある「経営者が犯した故意による虚偽表示」の発見に対する監査人の関与の程度と、それに対する責任の範囲については、極めて狭く、監査人の側における責任の限定に重きを置いた規定となっていたものと解される。それは、組織ぐるみの不正を発見できなかったとして監査人が法的責任を問われた、一九七五年のエクイティ・ファンディング会社事件（AICPA, 1975）において、かかる監査基準書の規定内容の不備が指摘されたことからも明らかであり、結果として、その後のＳＡＳの改正へとつながったのである（鳥羽・八田訳、一九九一、五九―六〇頁）。

ところで、その後の改正にも影響を及ぼすこととなった『コーエン委員会報告書』では、監査人が不正の発見という重要な監査機能を効果的に遂行することで、自らの役割を再認識させるために、以下のような勧告を行っている（鳥羽訳、一九九〇、七二―七七頁）。

(一)監査契約の締結に際して、依頼人に対する有効な審査方針を確立すること。
(二)経営者の誠実性に重大な疑義が生じた場合には、即座に対策を講じること。

(三)経営者不正の兆候を示す状況を観察すること。
(四)被監査会社の事業活動とその業界に精通すること。
(五)不正の防止と発見に重要な関係を持つ内部統制の調査と評定を拡大すること。
(六)不正および不正の発見方法についての情報を作成し、普及させること。
(七)個々の監査技術および監査の方法がもっている欠陥に注意すること。
(八)制約を受けた監査契約における限界について理解しておくこと。

これらの勧告内容の一部を受け入れる形で、AICPAの監査基準常務委員会(監査基準審議会(ASB)の前身)は、一九七七年にSAS第一六号『誤謬と異常事項の摘発に対する独立監査人の責任』およびSAS第一七号『被監査会社の違法行為』を公表したのである。しかし、これらの基準書の内容については、従来からの考え方を明確にしたに過ぎず、監査人の責任の拡張にはなっていないとの評価がみられ、必ずしも、「期待のギャップ」を解消しえるものではなかった(山浦訳、二〇〇一、九五―九七頁)。

一方、後を絶たない「不正な財務報告」をめぐる様々な問題を包括的に検討し、かつ、その後の米国の企業社会全体の健全な発展の契機ともなった「不正な財務報告全米委員会」(トレッドウェイ委員会)は、一九八七年一〇月、最終報告書『不正な財務報告』(NCFFR, 1987)を公表したのである。そこでは、不正な財務報告を引き起こす要因を識別するとともに、その発生を減少させるための方策を明らかにすることを目的として行った、調査結果、結論および勧告が盛られている。

まず、トレッドウェイ委員会では、「不正な財務報告」について「作為によるものないし不作為によるものとにかかわらず、重大な誤導を与える財務諸表を招く故意もしくは重大な不注意による行為である」と定義している（鳥羽・八田訳、一九九一、X頁）。なお、同委員会報告書作成に際して行われた不正な財務報告の実態に関する分析―すなわち、証券取引委員会（SEC）が一九八一年七月一日から一九八六年八月六日の間に公開企業を相手取って起こした一一九件の訴訟事件と、公認会計士を相手取って起こした四二件の訴訟事件の分析―から、次のような結果が明らかにされている。

主な分析結果として、まず、公開企業に対する訴訟の八七％では財務上の開示について操作がなされていたこと、また、訴訟の四五％が企業の内部統制の崩壊による不正であること、さらに、訴訟の六六％において経営首脳部に属する者（最高経営責任者（CEO）、社長および最高財務担当役員（CFO））の関与がみられたことが示されている。一方、公認会計士を相手取った訴訟の六七％において、監査人が十分で適格な証拠資料を入手していなかったこと、また、訴訟の三六％では監査の実施中に不正な財務報告の存在を示す兆候があったにもかかわらず、監査人は十分な懐疑心を働かせず、その認識を怠り、もしくは追求しなかったといった「監査の失敗」が明らかにされている。

こうした状況を踏まえて、トレッドウェイ委員会は、先のSAS第一六号では、監査人は異常事項を発見するための監査計画を編成する義務を負うとの要件が具体的に定められているにもかかわらず、かかる異常事項を発見するための調査方法について何ら具体的に指針を示していない、と厳しく批判している。そのため、不正な財務報告の発見に対する公認会計士の責任についての記述を書き直すために、監査基準には、（一）不正な財務報告リスクの評価と、（二）不正な財務報告の発見について合理的な保証を提供できる監査計画の編成を求める要件が示されるべきことを勧告している（同訳書、六〇頁）。同時に、積年の「期待のギャップ」問題の根幹をなす企業における不正な財務報告（これには違法行為や誤謬を含む）の摘発および不正を防止するための内部統制の構築の重要性と、その評価に対する監査人の関与の必要性を指摘したのであった。

この結果、トレッドウェイ委員会の設置を支援した民間の五団体―すなわち、米国公認会計士協会・米国会計学会・財務担当経営者協会・内部監査人協会・全米会計人協会（現在、管理会計士協会に名称変更）―からなる「トレッドウェイ委員会支援組織委員会」（通称、ＣＯＳＯ）は、『不正な財務報告』での勧告事項の一つにあった、企業の内部統制に関する新たな統合的な指針の設定を意図した研究報告書『内部統制―統合的枠組み』（COSO, 1992）を一九九二年九月に公表して、企業社会における不正のより一層の防止ないし抑止を図ろうとしたことは周知のとおりである。

ところで、ＣＯＳＯは、一九九九年三月、先の『不正な財務報告』公表後、今日に至るまでの一一年間に、ＳＥＣの会計・監査執行通牒（ＡＡＥＲ）において取り上げられた不正な財務報告事案―すなわち、一九八七年から一九九七年までの一一年間に公表された通牒番号一一三号から一〇〇四号までの事案―に係る約三〇〇社の内、無作為に二二〇社を抽出して詳細な検討を加え、最終的に、分析可能な二〇四社の不正な財務報告事案についての包括的な分析を行った調査研究報告書『不正な財務報告：一九八七―一九九七　合衆国の公開企業の分析』（Beasley, et., 1999.）を公表した。そこでの分析結果として、次の点が特筆すべきこととといえるであろう。

（1）財務諸表の不正の手口の典型は、収益および資産の過大計上であり、対象事案の過半数において、収益の早期計上ないし架空計上がなされていた。また、約半数の事案では、引当金の過少計上、棚卸資産および設備等の有形固定資産価額の過大計上、そして架空資産の計上による資産の過大計上がなされていた。

（2）不正事案の八三％において、ＣＥＯ、ＣＦＯおよびその両者が、不正な財務諸表に関与しており、不正が、組織の最上層部に至っている。

(3)あらゆる規模の会計事務所が、財務諸表の不正を犯した企業の監査に関与していた。つまり、対象企業の五六%は八大会計事務所ないし六大会計事務所の監査を、また、四四%は、その他の会計事務所の監査を受けていた。

このように、不正な財務報告は、脆弱な内部統制を前提に、会計処理上の不当な操作を駆使しながら、経営上層部が深く関与することで行われていることが明確にされたのである。同時に、かかる不正問題に対して、あらゆる規模の会計事務所の監査人が巻き込まれていたことが明らかになっただけでなく、そもそも、企業における不正は一九九〇年代に入っても決して防止ないし抑止の方向には向かっていってないことが明らかにされたのであった。

3 不正問題に対する監査人の対応 ―COSO報告書公表後―

コーエン委員会およびトレッドウェイ委員会の勧告を踏まえ、AICPAのASBは、一九八八年に、不正の摘発に対する監査人の責任に直接言及した二つのSAS―すなわち、第五三号「誤謬と異常事項の摘発と報告に対する監査人の責任」と第五四号「被監査会社の違法行為」―を公表するとともに、かかる責任に間接的にかかわる第三の基準書として、SAS第五六号「分析的手続」を公表した。なお、ASBは、不正に関するこれら三つのSASに加えて、一連の期待のギャップ問題に取り組むため（なお、こうした一連の作業を指して「期待のギャップ・プロジェクト」と称している）に、さらに五つのSAS―すなわち、第五五号「財務諸表監査における内部統制構造の検討」、第五七号「会計上の見積りの監査」、第五九号「事業体のゴーイング・コンサーンとしての存続能力についての監査人の検討」、第六〇号「監査中に発見された内部統制構造にかかわる事項の通知」および第六一号「監査委員会への通知」—において、それぞれ監査人の責任の拡大、明確化ないし修正を行うとともに、SAS監査人の責任、実施される監査手続および監査が提供する保証について、より明確な限定を図るために、SAS第五八号「監査済財務諸表に関する報告書」を公表して監査報告書の文言に関する改訂を行ったのである（藤田・八田訳、二〇〇〇、五六頁）。

ところで、SAS第五三号では、監査人に対して、誤謬や異常事項が財務諸表に重大な虚偽表示をもたらすリスクを評価すべきこと、そして、かかる評価に基づいて、監査人は財務諸表上の重要な誤謬や異常事項を摘発するのに合理的な保証を得るように監査計画を編成すべきことを要請している。さらに、監査人は、誤謬や異常事項が摘発されるであろうとの合理的な保証を得るために、しかるべき程度の「職業専門家としての懐疑心」をもって監査を遂行することを要求しているのである。

このように、SAS第五三号が先の第一六号と決定的に異なるところは、監査人に対して、不正の摘発を意図した監査計画の編成を考慮に入れること、そして、その際には、監査人の正当な注意の一環として「職業専門家としての懐疑心」を保持し、それを適切に行使すべきことを強調している点である。しかし、実際の監査現場においては、第五三号に盛られた精神が十分に受け入れられることがなかったとして、公共監視審査会（POB）は、一九九三年の報告書『公共の利益』において、不正問題に対する監査人の対応について、以下のような二つの勧告を行っている（POB, 1993, p.43）。

（一）会計事務所は、監査人が、誤謬と異常事項の摘発と報告に対する監査人の責任に関する指針を提供する監査基準（SAS第五三号―筆者挿入）によって要求されている職業専門家としての懐疑心をより一層強固に保持するとともに、それを行使することの必要性に対してより敏感となることを保証すべきである。

（二）ASB、（AICPAの中の）SEC監査業務部会の常務委員会もしくは他の該当する機関は、財務情報に影響を及ぼすおそれのある経営者不正が生じている可能性を監査人が評価する際の手助けとなり、また、経営者不正の蓋然性が高い場合に追加的な監査手続を明記するための指針を開発すべきである。

このPOBの報告書の勧告を受けて、ASBは再度、不正問題に係るSASの見直しを開始し、一九九七年、第五三号を改訂して第八二号「財務諸表監査における不正の検討」を公表したのである。そこでは、「監査人は、財務諸表に重要な虚偽記載がないかどうか、また、かかる虚偽記載が誤謬もしくは不正によるものかどうかに関する合理的な保証を得るために、監査を計画し実施する責任がある。」（AU Section 316.02）と規定し、かかる責任遂行のための指針を提供しているのである。

このうち、第八二号で特筆すべきは、従来の異常事項（irregularity）に変えて、不正（fraud）という用語法を正式に採用するようになったこと、および、監査人が監査判断を行うに際して得るべき「合理的な保証」こそが、監査人が負うべき責任の程度を決定するということを明示したことであろう。そこではまず、財務諸表の虚偽記載をもたらす基礎にある行動が故意か故意でないかに基づいて、不正と誤謬を区別している。また、不正とは広範な法的概念であるが、不正に対する監査人の関心は、特に、財務諸表の重要な虚偽記載を引き起こす不正に関連していることを指摘している。そして、財務諸表監査においては、二種類の故意の虚偽記載―すなわち、金額の意図的な改竄や脱漏等の不正な財務報告から生じる虚偽記載と、資産の不当な流用から生じる虚偽記載―が、監査人が検討対象とすべき不正であると捉えている。

そして、監査人の責任の程度を示す「合理的な保証」については、下記の理由により、「監査人は、財務諸表における重要な虚偽記載が摘発されるであろうとの絶対的な保証を得ることはできない」(AU Section 316.10) 旨を規定している。つまり、(一) 不正には、共謀や偽造された書類が含まれる場合もあり、不正な活動は隠蔽される側面を有していること、および、(二) 不正のリスク要因や他の状況についての識別と評価に際しては、職業専門家としての判断を適用することが必要であるが、適切に計画され、実施された監査であっても不正に起因する重要な虚偽記載を摘発できない場合もあることから、監査人は不正に起因する虚偽記載を含む財務諸表上の重要な虚偽記載が摘発されるであろうとの合理的な保証しか得られない、というのである。

確かに、SAS第八二号の公表後も、米国においては、監査人によって摘発されなかった不正の数は決して減少していない。たとえば、前述の一九八七年から一九九七年までのAAERで指摘された二〇四社に及ぶ不正事件では、平均一年当たり二〇・四件の不正があったが、その後の二年間(一九九八年および一九九九年)にAAERで指摘された不正は七二社あり、一年当たり三六・五件の不正ということで、かえって不正は増加しているのである。加えて、これら七二社のうち、五一社(七〇・八%)では、CEO、社長ないしそれと同格の者が、また、一四社(一九・四%)では、その他の上級経営者が不正に関与しており、実に九〇%以上の不正が上級経営陣によって行われているのである(Cullinan&Sutton, 2002, pp.299-300)。

いずれにせよ、監査人に期待されている不正の摘発機能に関しては、第八二号の公表によっても改善がみられたとはいいがたい。その理由として、まず監査人の判断の根拠たる「合理的な保証」という概念が、監査の場面に応じて操作される傾向が見られるということ、さらに、米国では、監査人に対する不当な訴訟を制限する目的等から制定された一九九五年の民事証券訴訟改革法により、不正摘発の失敗に起因する監査人の法的責任が減少したことから、不正摘発に対する監査人の法的なインセンティブが減少したということが指摘されている

(Cullinan&Sutton, 2002 p.301)。

一方、監査人の不正摘発機能の向上に対して改訂された第八二号には、その後の不正事件からも明らかになったように、いくつかの弱点が内包されていたのである。まず第一に、旧来にも増して、内部統制システムに依存した監査プロセスを指向しているが、この内部統制システムの有する限界—すなわち、内部統制は、対費用効果の観点から構築されるものであること、また、経営者には内部統制を無視する可能性が常に存在すること—について十分な取組みがなされていないことである。第二に、先の「期待のギャップ・プロジェクト」の目玉でもあった「分析的手続」は、有効な内部統制システムを前提に、監査計画の編成においても不正発見の手掛りを得るために貢献するとともに、実証的手続の減少を図ることが可能であると捉えられていた。しかし、実際に分析的手続により、不正が摘発される例は極めて少なく、逆に、特定勘定に対する実証的手続を通じて摘発される不正が大半を占めているとの報告にもあるように、監査手続の適用に対して問題があるということである。さらに、監査人が摘発できない不正の多くが、上級経営者の関与した不正であることから、通常の内部統制システムの評価や分析的手続の適用ではほとんど摘発できないのであり、基本的な実証性手続を適切に実施したり、職業専門家としての懐疑心を保持し、それを行使することのできる監査人を養成することが十分に規定されていないという点である(Cullinan&Sutton, 2002 pp.302-307)。

4 エンロン事件後の改革 —米国および国際会計士連盟の動向—

一九九八年九月、SEC委員長のアーサー・レビットが行った有名な講演「ザ・ナンバーズ・ゲーム」(Levitt,

1998）こそ、こうした米国における根深い不正の問題に対して警告を発するものであった。かかる講演の後、POBによって組織された「監査の有効性に関する専門委員会」は、二〇〇〇年八月に最終報告書（POB, 2000）を報告し、その中で、いわゆる「不正捜索型（forensic-type approach）」とも称される監査の局面を設けることで、可能な限り不正を抑止ないし摘発できる環境を作り出すべきことを強調しているのである。しかし、あくまでも会計プロフェッションの自主規制を基礎とした同報告書での議論の多くは、その後に生起したエンロン社の不正事件を契機に会計プロフェッションの規制強化が図られたことから、その有効性を喪失するとともに、ASBは、不正に対する監査人の対応にむけて、さらなる改革を行うこととなったのである。

その結果、SAS第八二号に代わる第九九号「財務諸表監査における不正の検討」が、二〇〇二年一〇月に公表された。ここでは、不正に対する概念上の理解については特に変更を加えていないが、不正のリスク要因については、より詳細な検討を行うとともに、かかるリスクを軽減するための対応について規定していることが特筆される。ところで、本基準書の改訂に際してAICPAは、取締役会、監査委員会および企業経営者に対して、非生産的な行動や少額の着服から資産の横領や虚偽の財務諸表に及ぶ違法行為の防止と摘発に関する実用に即した助言を提供するために、他の民間六団体—すなわち、公認不正検査士協会、財務担当経営者協会、情報システム監査・統制協会、内部監査人協会、管理会計士協会および人材管理協会—と協同作業を行い、『経営者の不正防止のプログラムと統制活動』（AICPA, 2002）を公表している。同報告書では、次の三つの重要な要素を遂行する企業こそが、収益を確保し、企業の市場価値を高め、民事訴訟を防止し、かつ、企業に対するプラスのイメージを維持しうる能力を向上させるであろうと指摘している。三つの要素とは、（一）誠実さと高度な倫理観を醸成し維持すること、（二）不正のリスクを評価し、かかるリスクを軽減させるのに必要なプロセス、手続および統制活動を遂行し、かつ、不正発生の機会を減ずること、および（三）適切な監視プロセスを開発すること、である。こうした状況を生成するためには、監視機能を有する監査委員会、経営者、内部監査人、独立監査人および公認不正検査士などがそれぞれに役割を担うことが不可欠であると述べており、不正の防止・摘発が単に監査人だけの問題ではないということを明示している。(1)

一方、ＳＡＳ第九九号では、監査人が、（一）不正に起因する重要な虚偽記載のリスクを識別するのに必要な情報を収集し、（二）企業における不正防止のプログラムや統制活動についての評価を斟酌したのち、これらのリスクを評価し、そして（三）それらの評価結果に対応するための不正のリスク評価プログラムを規定することで、より詳細な不正摘発に向けた手法を提示している。中でも、不正の存在の兆候を警告する「不正のリスク要因」については、詳細な事例を列挙するとともに、監査人に対しては、監査を計画し、監査証拠を評価するに際しては、特に、批判的ないし懐疑的な態度と真偽を疑う気持ちを保持することを要請している。(2)

なお、この第九九号における基本原則および重要な手続については、すでに、国際会計士連盟の国際監査基準での該当箇所における見直しにおいても受け入れられるところとなっており、ほぼ同様の内容をもった基準の公開草案（Proposed Revised International Standard on Auditing 240 "The Auditor's Responsibility to Consider Fraud in an Audit of Financial Statements"）が、二〇〇三年八月に公表されている。

5　おわりに ―会計士監査の役割は変わるのか―

以上検討してきたように、米国における会計士監査は、長い年月を経ながらも、着実に不正の摘発を重視する方向にむかってきていることがわかる。しかし、その場合にあっても、不正を防止し、摘発する第一次的責任は、経営者（ないしは、取締役会および監査委員会）にあるとの認識は変わっていない。同時に、現行の内部統制に依拠した試査による監査を前提とした場合、不正の防止・摘発に対して監査人が貢献できる範囲には自ずと限界のあることもわかる。それは、今日の会計上の問題として、多くの場面において見積りや将来予測に対する判断が求められるということだけでなく、激しく変革する企業環境の中で、監査人が依拠すべき内部統制の信頼性および有効性を評価しなければならないことから、単に企業における会計情報の信頼性の監査（会計情報監査）以上の役割が監査人（ないしは会計プロフェッション）に求められていることからも首肯しうるところである。

かかる動向は、すでに、先の「企業改革法」における規定―すなわち、企業経営者に対して、財務諸表の適正性を担保するための「決算宣誓書」の提出（三〇二条）および内部統制の有効性の評価報告書の提出を求めるとともに、監査人（会計プロフェッション）がかかる内部統制の評価結果に対する証明を行うことも合わせて要求していること（四〇四条）―からも、十分に窺い知ることができる。しかし、不正の防止・摘発を重視する観点から、こうした内部統制を中心とした企業の実態そのものについて、その妥当性ないし信頼性等を評価することは、少なくとも既存の会計士監査の枠組みからは逸脱するものであり、会計情報の監査の中に包摂することのできない多くの問題を抱えているのである（八田、二〇〇〇）。それは、いわゆる「不正摘発監査」をもって、「会計情報監査」に代替するという関係にあるのではなく、まさに、監査人の役割の増大ないしは外部監査に対する付加的機能が求められていることを示唆するものと解するのが相当であろうし、監査人の側としては、そうした役割ないし機能を受け入れるための環境を整備することが喫緊の課題といえる。

【注】

（1）同様の理解が、アーンスト・アンド・ヤングの調査においてもみられる。そこでは、「不正を防止ないし摘発する役割を担っている要因は何か」との問に対して、〔図表9―1〕のような順位が示されている（Ernst&Young, 2002, p.6.）。

上記の結果からみて、外部監査は、不正を防止する役割はあるものの、不正を摘発する機能はほとんど有していないと考えられている。

（2） 不正の存在の可能性に対して警告を発する「不正のリスク要因」は、つぎの〔図表9―2〕の「不正の三角形」から成るものと解されている（Ramos,2003,p.28）。

〔図表9-1〕不正防止、摘発のための要因

要　因	不正の防止	不正の摘発
内部統制	1	1
経営者による検閲	2	4
内部監査	3	3
外部監査	4	6
内部告発	5	2
偶然の出来事	6	5

〔図表9-2〕「不正の三角形」を成す３つの状況

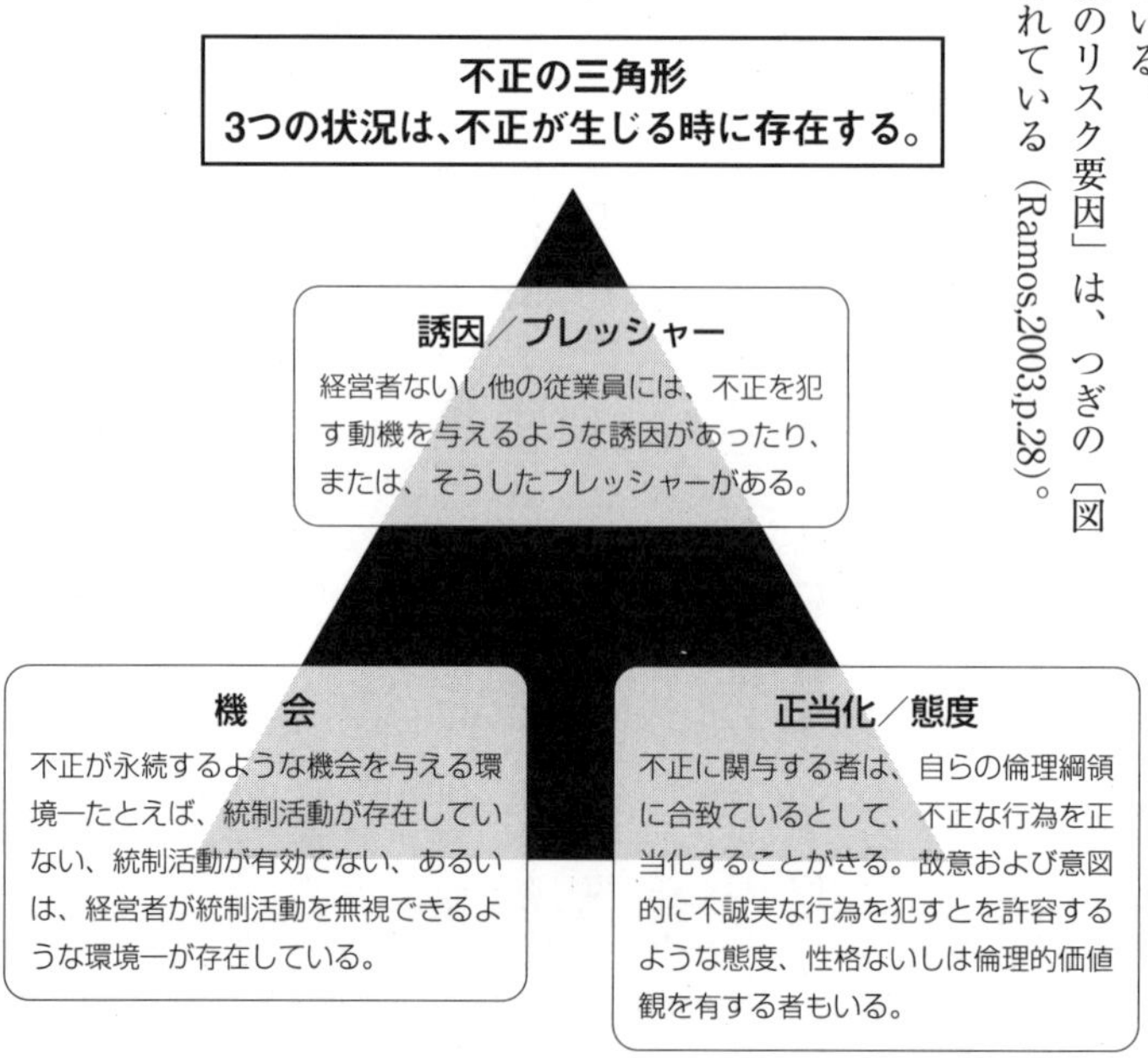

不正の三角形
3つの状況は、不正が生じる時に存在する。
誘因／プレッシャー
経営者ないし他の従業員には、不正を犯す動機を与えるような誘因があったり、または、そうしたプレッシャーがある。
機　会
不正が永続するような機会を与える環境―たとえば、統制活動が存在していない、統制活動が有効でない、あるいは、経営者が統制活動を無視できるような環境―が存在している。
正当化／態度
不正に関与する者は、自らの倫理綱領に合致ているとして、不正な行為を正当化することがきる。故意および意図的に不誠実な行為を犯すとを許容するような態度、性格ないしは倫理的価値観を有する者もいる。

【参考文献】

American Institute of Certified Public Accountants（AICPA）（1975）Report of the Special Committee on Equity Funding, *The Adequacy of Auditing Standards and Procedures Currently Applied in the Examination of Financial Statements*, New York, AICPA.

――― （1978）The Commission on Auditors'Responsibilities, *Report, Conclusions, and Recommendations*, AICPA.（鳥羽至英訳（一九九〇）『財務諸表監査の基本的枠組み―見直しと勧告―』白桃書房。）

――― （2002）Fraud Task Force of the AICPAs Auditing Standards Board, *Management Antifraud Programs and Controls-Guidance to Help Prevent and Detect Fraud.*

Arthur Levitt, Jr.（1998）*The Numbers Game*, September 28.（八田進二・橋本　尚共訳（二〇〇四）「ザ・ナンバーズ・ゲーム（会計上の数字合わせ）」中央青山監査法人研究センター編『収益の認識―グローバル時代の理論と実務』白桃書房、二六九―二七九頁所収。）

Charles P. Cullinan & Steve G. Sutton（2002）Defrauding the Public Interest: A Critical Examination of Reengineered Audit Process and the Likelihood of Detecting Fraud. *Critical Perspectives on Accounting*, Vol.13 No.3,pp.297-310.

Committee of Sponsoring Organizations of the Treadway Commission（COSO）（1992）*Internal Control-Integrated Framework*, AICPA.（鳥羽至英・八田進二・高田敏文共訳（一九九六）『内部統制の統合的枠組み―理論篇およびツール篇―』白桃書房。）

Ernst&Young（2002）*8th Global Survey; Fraud—The Unmanaged Risk*, p.6.

Mark S. Beasley, Joseph V. Carcello & Dana R. Hermanson（1999）*Fraudulent Financial Reporting: 1987-1997 An Analysis of U.S.Public Companies*, COSO,March.

Michael Ramos（2003）Auditors' Responsibility for Fraud Detection, *Journal of Accountancy* ,January, pp.28-36.

National Commission on Fraudulent Financial Reporting（NCFFR）（1987）*Report of the National Commission on Fraudulent Financial Reporting*, AICPA.（鳥羽至英・八田進二共訳（一九九一）『不正な財務報告―結論と勧告―』白桃書房。）

Public Oversight Board (POB) (1993) A Special Report by the Public Oversight Board of the SEC Practice Section, *In the Public Interest, Issues Confronting the Accounting Profession*, AICPA, March.

——— (2000) *THE PANEL ON AUDIT EFFECTIVENESS; REPORT AND RECOMMENDATIONS*, August 31.（山浦久司監訳（二〇〇一）『公認会計士監査：米国ＰＯＢ〈現状分析と公益性向上のための勧告〉』白桃書房。）

United States General Accounting Office (GAO) (1996) Report to the Ranking Minority Member, Committee on Commerce, House of Representatives, *The Accounting Profession ; Major Issues : Progress and Concerns* および *The Accounting Profession ; Appendixes to Major Issues : Progress and Concerns*,September.（藤田幸男・八田進二監訳（二〇〇〇）『アメリカ会計プロフェッション』白桃書房。）

——— (2002) Report to the Ranking Minority Member, Committee on Energy and Commerce, House of Representatives, *The Accounting Profession; Status of Panel on Audit Effectiveness Recommendations to Enforce the Self-Regulatory System*, May.

八田進二（二〇〇〇）「会計士監査の進むべき方向性—情報監査と実態監査の議論を超えて—」『会計プログレス』（日本会計研究学会）創刊号、一二五—一三四頁。

浜田　康（二〇〇二）『不正を許さない監査』日本経済新聞社。

山浦久司（二〇〇一）『監査の新世紀—市場構造の変革と監査の役割』税務経理協会。

第10章 企業情報の拡大に伴う保証の範囲と水準

1 はじめに ―問題提起―

今日、企業に求められている開示情報は、一方において、過去情報および数字情報を中核とした伝統的な財務情報を起点に、将来予測情報や記述情報を含む財務報告、さらには事業報告（ビジネスリポーティング）へと拡大する傾向がみられる。他方、こうした財務報告に加えて、内部統制報告書に見られるように、企業活動の方向性ないし規律づけを示すコーポレート・ガバナンス関連情報、あるいは、現行の会計の枠組みでは、認識および測定の対象とされない情報等の非財務情報へと拡大する傾向もみられることから、まさに、より広範な枠組みの下での「企業情報」の拡大がはかられていると捉えることが適切であろう。

しかし、会計における基本的課題である企業情報の適切な「開示」の問題を考える場合、そこには、企業サイドでの一方的な開示の側面だけではなく、かかる開示情報に対する監査または証明（あるいはレビュー）、ないしは、広く会計プロフェッションによる保証業務との関係を含めたディスクロージャー制度について統合的な検討が不可欠と思われる。というのも、二一世紀の初頭、米国で露呈したエンロン社の会計不正事件の「前」と「後」の状況において、さらには、企業改革法[1]の施行を経た後の状況において、企業情報の開示に対する動向は、著しい変革を余儀なくされているからである。少なくとも、企業情報の開示をめぐる問題については、企業情報自体の内容、特質、開示の頻度、方法、さらには、監査可能性等の関係からみても、もはや、単に二〇世紀の延長線上で捉えることは適当ではない。拡大する企業情報との関係で、エンロン前の状況とエンロン後の状況、そして今後の状況における課題ということで、明確に区別して議論をしていく必要がある。

そこで、本章では、二〇世紀末から、特に米国において議論が始まった企業情報の拡大の動向について整理するとともに、そうした情報に信頼性を付与するために不可欠の保証業務のあり方について、わが国の監査制度を前提に検討することとする。最後に、わが国の現行制度における監査・証明業務に対する理解を明確にするとともに、より広い保証業務の可能性を模索するために、監査概念の再定義を行うことの意義について検討することとする。

2　企業情報の開示拡大の動向 ―米国エンロン事件までの状況―

すでに第3、4章にて検討したように、二〇〇一年のエンロン社による不正会計事件が発生するまでの米国の企業情報の開示では、ディスクロージャーの拡大と監査の拡大が積極的に進められてきていたのである。とりわけ一九九〇年代以降にみられた「オールド・エコノミー」から「ニュー・エコノミー」へ環境の変化は、ＩＴ（情報技術）の高度化、経済のグローバル化、情報ネットワーク化、さらにはソフト化という用語に形容されるように、企業経営を担うビジネスモデルそのものの変革を迫ったのである。こうした状況を背景に、企業のディスクロージャーにおいても、伝統的な財務報告に対する批判として、非財務情報、将来指向的情報、さらには無形資産に関する情報の重要性が強く指摘されるようになり、まさに、企業情報の拡大化傾向が端的に表れることとなったのである。

つまり、二〇世紀末の米国の企業情報開示の動向としては、まず第一に、時価評価の導入の重要性等を指摘した投資管理調査協会（ＡＩＭＲ）の『一九九〇年代以降の財務報告』（AIMR, 1993）、および、包括的事業報告モデルを提唱した米国公認会計士協会（ＡＩＣＰＡ）のジェンキンズ委員会報告書『事業報告―顧客の視点』（AICPA, 1994）に代表されるように、開示情報の内容の拡大と開示頻度の増大という視点が挙げられる。第二としては、一九八〇年代後半以降、本格的に議論が始まった不正問題への対処として示されたトレッドウェイ委員会報告書『不正な財務報告』（NCFFR, 1987）およびトレッドウェイ委員会支援組織委員会の報告書『内部統制の統合的枠組み』（COSO, 1992 and 1994）を含め、企業不正に対する監査人の関与の動向が指摘されるようになったことがある。(2) かかる動向は、財務情報以外の情報等に対する保証の付与を全面的に支持するＡＩＣＰＡのエリオット委員会報告書『保証業務特別委員会報告書』（AICPA, 1997）にもみられた主張であり、一九七〇年代以降継続して議論されてきていた会計士監査に対する「期待のギャップ」の解消を超えて、より積極的に、企業関連情報等に会計士が関与するといった監査の拡大化傾向がみられるようになったのである。

しかし、こうした企業情報開示の動向、すなわち、開示内容および開示頻度の拡大化を指向する視点、さらには、財務報告の中核を担う財務情報以外の事項に対する監査人の関与の拡大化を指向する視点を踏まえた動向に対しては、早い段階から、開示情報の信頼性の低下等を危惧する意見も表明されていたのである。(3) それは、一九八七年の『不正な財務報告』公表後一一年間にわたっての米国の公開企業における不正な財務報告件数の発生動向を見ても、決して減少傾向にはなっておらず、それどころか、そのほとんどの不正に企業のトップマネジメントが関与しているとの分析結果に示されていることからも明らかなように、まさに、企業経営の主体である経営者サイドにおける改革が図られなければ、誠実かつ信頼しうる企業情報の開示は担保されない、ということが示されていたのである（Mark S.Beasley, et al., 1999）。

したがって、二〇〇一年一二月に露呈したエンロン事件は、まさに、こうした予想を裏付けるものであったと解することができる。

3 企業情報の開示厳格化の動向 ―米国企業改革法の下での状況―

エンロン事件後の米国市場は、公開企業における不正会計事件の続発(4)による市場の信頼失墜を回復させ、投資家の利益を保護するため規制強化策として、二〇〇二年七月に「企業改革法」が制定されたことは周知のとおりである。

確かに、この企業改革法が制定される以前にも、企業情報の開示制度を強化するための見直しおよび改革の端緒はみられたのである。この内、開示主体である企業のコーポレート・ガバナンス上の改革としては、ニューヨーク証券取引所と全米証券業協会の後援で設置された「企業の監査委員会の有効性向上に関するブルーリボン委員会」が公表した報告書（Blue Ribbon, 1999）では、監査委員会の有効性を向上させるため改革として、一〇項目の改善勧告を行ったのである。これを受けて、証券取引委員会（ＳＥＣ）は、一九九九年一二月、本勧告を全面的に受け入れる形での新たな規則『監査委員会の開示』を公表して、監査委員会の任務の明確化と監視・監督機能の強化を期待したのである。一方、監査上の改革としても、まず、監査業務監視の自主規制機関として一九七八年の創設以来活動を行ってきた公共監視審査会（ＰＯＢ）が、二〇〇〇年八月に不正捜索型の監査の導入等の改善勧告を含む報告書『監査の有効性に関する専門委員会─報告と勧告』（通称、『オマリー・パネル報告書』）（POB, 2000）を公表するとともに、二〇〇一年二月には、ＰＯＢの憲章（Charter）を改正して、独立の立場からの監視および調整等の活動を行うため、自らの権限および業務範囲を大幅に拡大しようとしたのである。しかし、皮肉にも、エンロン事件の発生後、ＰＯＢは、自主規制機関としての適格性等に対する厳しい批判にあい、二〇〇二年三月に自主解散の憂き目を見ることとなったのである。このことにより、アメリカ会計プロフェッションが長年にわたって築いてきた一連の自主規制システムは終焉することとなり、公的規制の方向へと大転換が図られることとなったのである。なお、ＡＩＣＰＡは、エンロン事件後の二〇〇二年三月に公表していたＳＡＳ第八二号「財務諸表監査における不正の検討」の公開草案を、再度検討の後の同年一〇月に、これをＳＡＳ第九九号として公表したのである。ここでは、不正捜索型の監査を強く意識した内容のものとなっており、より一層、不正問題に対する監査人の責任強化の対応が講じられることとなったのである。さらに、ＳＥＣは、監査人の独立性強化のための規則案を二〇〇〇年六月に公表したものの、結局は、会計士サイドの反対もあって同年一一月には、大幅に後退した最終規則が制定されることとなったのである。

このように、エンロン事件前においても、公正なディスクロージャーを担保するための取組みがなされてはいたものの、そしてまた、エンロン事件を想起させるような事案が露呈していたものの、結局は、改革の結果を見届けることができずに、エンロン事件の発生をみることとなったのである。

こうした状況を背景に制定された企業改革法では、まさに、ディスクロージャー制度を支える三つの柱である会計、監査、そしてコーポレート・ガバナンスの各側面での見直しが図られることとなったのである。第一の会計面での見直しでは、従来の「規則主義（rules-based）」に基づく会計制度から「原則主義（principles-based）」に基づく会計制度への変更の可能性およびそのために必要な分析等が示されており、その後の会計基準の国際的統合の方向性を一層加速される一因にもなったことからも特筆すべき改革であったといえる。第二の監査面での見直しでは、会計事務所（監査法人）に対する新たな監視機構として、公開会社会計監視委員会（ＰＣＡＯＢ）を新設するとともに、監査人の独立性の強化策として、監査業務と非監査業務の同時提供の禁止および監査人の監査担当期間の七年から五年への短縮が図られたことが挙げられる。さらに、第三のコーポレート・ガバナンス面での見直しとしては、これまでの懸案事項でもあった監査委員会の改善・強化策として、監査委員会に対して、監査人の選任、報酬決定および業務の監督に対しての直接責任を付与するとともに、監査報告書の受領を行わせる措置が講じられたのである。加えて、企業の経営者の責任意識の高揚を図るための措置として、最高経営責任者（ＣＥＯ）および最高財務責任者（ＣＦＯ）に対して、年次報告書および四半期報告書の開示内容の適正性に対する宣誓を義務づけるとともに（三〇二条、九〇六条）、新たな制度として、内部統制の構築・維持と報告書の提出義務を負わせることとしたのである。なお、この内部統制報告制度については、別途、監査人の関与（四〇四条）も規定されており、その後の企業サイドでのコスト負担増に対する批判もあって、必ずしも当初の法の趣旨通りに運用されてきてはいないとの難点も指摘できる。

いずれにしても、米国の企業情報の開示制度については、企業改革法の制定により、会計、監査、そして内部統制を中核としたコーポレート・ガバナンスの三位一体の改革を踏まえて、規制強化を通じて、より厳格化の措置が講じられて今日に至っているのである。

4 拡大された企業情報の開示の動向

このように、米国における企業情報の開示の動向に関しては、二〇世紀後半に拡大化の方向性が示されたものの、相次ぐ不正会計問題の露呈および脆弱さが指摘され、また監査制度への批判等により、拡大化の道筋は一旦棚上げされることとなったのである。しかし、企業改革法の制定等により、エンロン後のディスクロージャー制度の道筋も定まったことを受け、ジェンキンズ報告書で示された包括的な事業報告モデルの発展過程としての事業報告の向上（Enhanced Business Reporting：EBR）に向けた取組みとして、AICPAは二〇〇二年一二月に、「意思決定に利用される情報の質と透明性を高めるために、投資家、債権者、規制当局、経営者その他の利害関係者からなるコンソーシアムを設置する」との使命の下、「事業報告の向上に関する特別委員会」を設置したのである。コンソーシアムは、現行の一般に認められた会計原則（GAAP）では取り扱われていない外部報告に関する広範な情報を包摂する、事業報告向上のためのフレームワークを形成することにより、より良い経営、より良いガバナンス、より良い市場を実現しようとするものである。そこで、EBRでは、財務情報の拡充と予測情報の提供を主眼に、開示内容の拡大と開示頻度および方法の増大を達成する点に特徴がある。そのために、EBRでは、既存の財務情報と併せて、XMLベースのコンピュータ言語であるXBRLをコミュニケーション・ツールとして使用することで、財務情報の効率的な処理と広範な利用を促進させることが期待されているのである。

ところで、コンソーシアムでは、二〇〇五年一〇月に、『事業報告向上のためのフレームワーク（公開草案）』（EBR,

2005）が公表されており、ここでは、事業の状況、戦略、能力と資源、そして業績の四区分の下に、提供すべき情報の具体的内容について列挙しているが、その多くが、当該企業の活動内容に関する記述情報となっており、会計情報とはかなり乖離したものが想定されている。一方、CFA協会からも、二〇〇七年六月に、『包括的事業報告モデル：投資家のための財務報告』と題する報告書（CFA Institute, 2007）が公表されており、包括的事業報告モデルに関する一二の原則が提示されている。そこでの視点は、財務情報が、有用で、理解可能で、正確かつ完全となるための原則だということであり、企業の価値創出活動とかかる活動の結果を理解するのに必要とされる、十分な情報を投資家に提供しうる包括的な事業報告が求められているのだというのである。このような包括的事業報告モデルにより、投資家および投資の専門家は企業の業績と財政状態を評価し、情報に精通して意思決定を行う能力を高めることができるとされている。

このように、近時の米国での企業情報開示については、企業活動の結果を示す財務情報を中心に置くものの、他方においては、従来の会計情報とは乖離した企業の概況ないしは戦略、さらには、保有する多様な資源等を情報として開示するという動向がみられるのである。

5　わが国の情報開示と監査・証明およびレビューの内容

ところで、これまでみてきた米国の状況と比べ、わが国の場合、企業の情報開示、とりわけ監査をめぐる状況に関しては、近時、開示制度整備の一環として、監査対象の拡大と相俟って激しい変革が見られる。中でも、金融商品取引法の下で開始された四半期報告制度における四半期レビュー、そして、内部統制報告制度の下での内部統制監査のそれぞれにおける「保証の程度」に関しては、必ずしも確たる理解が得られているものとは思われない。そこで、以下では、わが国の金融商品取引法の下での公認会計士制度において実施される監査・証明およびレビューについて、それぞれ法律上および基準上の意味合いを確認することで、開示情報の信頼性のあり方について考察することとする。

そもそもわが国の場合の監査に関しては、公認会計士法において、「公認会計士は、他人の求めに応じ報酬を得て、財務書類の監査又は証明をすることを業務とする。」（第二条一項）と規定するとともに、そこで意図されている監査・証明の対象としては、個別ベースでの財務諸表、四半期財務諸表および中間財務諸表と、連結ベースでの連結財務諸表、四半期連結財務諸表および中間連結財務諸表といった財務計算に関する書類（いわゆる「財務情報」）がある。ところが、今般の制度改革により、財務計算に関する書類その他の情報の適正性を確保するための体制についての評価報告書（内部統制報告書）についても、この監査・証明の対象とされることとなったのである。かかる評価報告書は、従来の監査・証明の対象情報からみれば、経営者が行った内部統制の有効性に関する記述情報ということで、従来の「財務情報」とは異なる「非財務情報」の範疇で捉えられるものである。このように、すでにわが国では、企業の発信する情報について、開示の頻度の増大とともに、開示情報の拡大が図られるとともに、これらの開示について、広い意味での会計士監査[5]が導入されているのである。

ところで、開示時期も異なり、また、開示の内容も異なる情報に対する監査・証明およびレビューにおいて、それぞれそこで担保されるべき保証については、どのように解されているのであろうか。それを確認するために、金融庁企業会計審議会公表の監査に関する基準での理解をみておくこととする。

（1）年度の財務諸表監査での保証の意義

「監査基準」第一「監査の目的」の後段、および、二〇〇二（平成一四）年一月改訂時の「監査基準の改訂について」の「三　主な改訂点とその考え方（五）」では、それぞれ、次のように規定している。

「財務諸表の表示が適正である旨の監査人の意見は、財務諸表には、**全体として重要な虚偽の表示がないということについて、合理的な保証を得たとの監査人の判断**を含んでいる。」

「合理的な保証を得たとは、監査が対象とする財務諸表の性格的な特徴（たとえば、財務諸表の作成には経営者による見積りの要素が多く含まれること）や監査の特性（たとえば、試査で行われること）などの条件がある中で、職業的専門家としての監査人が一般に公正妥当と認められる監査の基準に従って監査を実施して、**絶対的ではないが相当程度の心証を得たことを意味する**。なお、監査報告書における適正意見の表明は、財務諸表及び監査報告書の利用者からは、結果的に、財務諸表には全体として重要な虚偽の表示がないことについて、**合理的な範囲での保証を与えている**ものと理解されることになる。」

さらに、これを受けて、「第三　実施基準」の「一　基本原則」の一では、監査リスクとの関係について、次のように規定している。

「監査人は、**監査リスクを合理的に低い水準に抑えるために**、財務諸表における重要な虚偽表示のリスクを評価し、発見リスクの水準を決定するとともに、監査上の重要性を勘案して監査計画を策定し、これに基づき監査を実施しなければならない。」

このことからも明らかなように、年度の監査の場合にあっても、監査人が与える保証というのは、あくまでも、財務諸表全体として重要な虚偽表示がないことに対する「合理的」な程度（レベル）と範囲での信頼性の保証だということである。

(2) 中間監査での保証の意義

次に、中間監査の場合の保証の内容について見ることとする。中間監査に求める保証の水準に関する考え方については、次のように、「中間監査基準」の「第一　中間監査の目的」の後段、および、二〇〇二（平成一四）年一二月改訂時の「中間監査基準の改訂について」の「一　改訂の基本的考え方」にも示されているとおり、わが国において、この中間監査制度が導入された時から全く変更はなされていない。

「中間財務諸表が有用な情報を表示している旨の監査人の意見は、中間財務諸表には、全体として投資者の判断を損なうような重要な虚偽の表示がないということについて、**合理的な保証を得たとの監査人の判断**を含んでいる。」

「中間監査は、**年度監査と同程度の信頼性を保証するものではなく、中間財務諸表に係る投資者の判断を損なわない程度の信頼性を保証する監査**として位置付け、年度監査に比して監査手続の一部を省略することができるとした。」

さらに、これを受けて、「第二　実施基準」の一の後段においては、中間監査リスクとの関係について、次のように規定している。

「ただし、中間監査に当たり、中間財務諸表に係る**投資者の判断を損なわない程度の信頼性についての合理的な保証を得ることのできる範囲**で、中間監査リスクを財務諸表の監査に係る監査リスクよりも高く設定することができる。」

このように、中間監査で示される保証の程度と範囲については、まず、年度監査と同程度の信頼性でもなく、また、投資者の判断を損なわない程度の信頼性についての合理的な保証を得ることのできる範囲でのものであるということから、基準上も、年度監査と同列には扱っていないことが分かる。

(3)　四半期レビューでの保証の意義

さらに、新たに導入の四半期レビューに際して二〇〇七（平成一九）年三月に設定された「四半期レビュー基準」の「第一　四半期レビューの目的」の後段、および、「四半期レビュー基準の設定に関する意見書」の「二　主な内容と考え方」の一は、わが国の四半期レビューが意味する保証の内容について、次のように規定している。

「四半期レビューにおける監査人の結論は、四半期財務諸表に重要な虚偽の表示があるときに不適切な結論を表明するリスクを適度な水準に抑えるために必要な手続を実施して表明されるものであるが、四半期レビューは、**財務諸表には全体として重要な虚偽の表示がないということについて合理的な保証を得るために**

実施される年度の財務諸表の監査と同様の保証を得ることを目的とするものではない。」つまり、「『四半期レビューの目的』では、国際的な基準との整合性も勘案し、四半期レビューの目的は**四半期財務諸表の適正性に関する消極的形式による結論の表明**にあること」

そして、そのための手続として、

「質問及び分析的手続等を基本とし、監査基準に準拠して実施される年度の財務諸表の監査に比べて限定的な手続からなる」ことが示されている。

そのため、「第二　実施基準」の三においては、「監査人は、質問、分析的手続その他の四半期レビューの手続を実施しなければならない。」と規定している。

つまり、四半期レビューは、まず、四半期財務諸表全体として重要な虚偽表示がないとする合理的な保証形態ではなく、四半期財務諸表の適正性に関する消極的形式による結論の表明であるということから、中間監査よりも、限定的な監査手続の実施が想定されている。したがって、ここにいう信頼性の保証については、程度だけでなく、その範囲についても、極めて限定的であることがわかる。

(4) 内部統制監査での保証の意義

最後に、新たに始まった財務報告に係る内部統制の監査について確認しておくこととする。「財務報告に係る内部統制の評価及び監査の基準」の「Ⅲ．財務報告に係る内部統制の監査の基準」の「一．財務諸表監査の監査人による内部統制監査の目的」では、内部統制監査が意味する保証について、次のように規定している。

「内部統制報告書が適正である旨の監査人の意見は、内部統制報告書には、**重要な虚偽の表示がないということについて、合理的な保証を得たとの監査人の判断を含んでいる。**」

これを受けて、「財務報告に係る内部統制の評価及び監査に関する実施基準」の「Ⅲ．財務報告に係る内部統制の監査」の「一．内部統制監査の目的」では、以下の説明を加えることで、既存の財務諸表監査と同様の枠組みのもとで内部統制監査が行われることを明確にしているのである。

「内部統制監査においては、内部統制の有効性の評価結果という経営者の主張を前提に、これに対する監査人の意見を表明するものであり、経営者の内部統制の有効性の評価結果という主張と関係なく、監査人が直接、内部統制の整備及び運用状況を検証するという形はとっていない。

しかしながら、内部統制監査において監査人が意見を表明するに当たって、監査人は自ら、十分かつ適切な監査証拠を入手し、それに基づいて意見表明することとされており、その限りにおいて、監査人は、企業等から、直接、監査証拠を入手していくこととなる。」

しかし、この内部統制監査が、その他の財務情報に対して行われている監査と決定的に異なるところは、監査対象とされる内部統制報告書が「非財務情報」であるということから、そこで保証される信頼性の程度および範

〔図表10-1〕わが国の監査・証明業務の態様

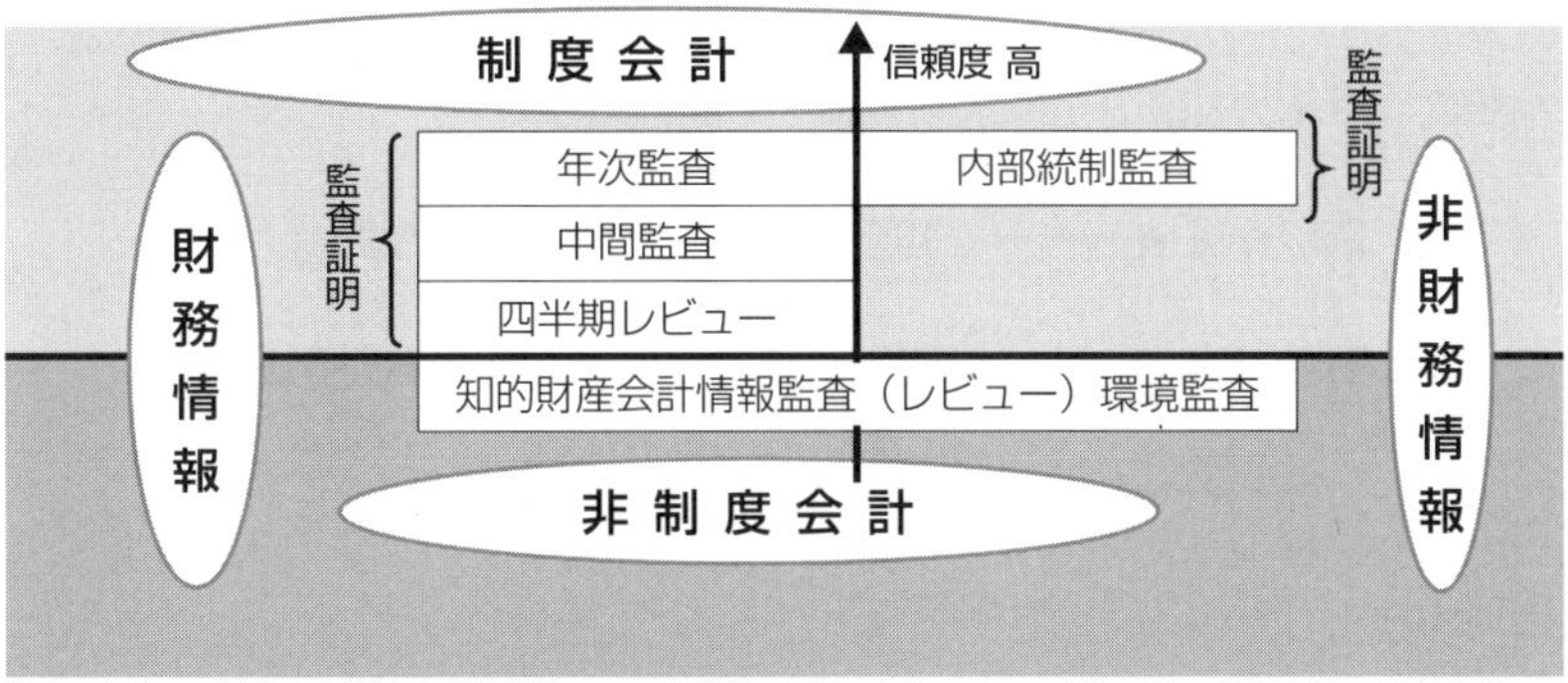

囲について、他の財務情報に対する監査との比較において必ずしも、明確になされているとはいい難いということである。

以上みてきたわが国の監査・証明業務の態様についてまとめてみると、概ね、〔図表10―1〕のようにまとめることができるであろう。

6 企業情報の拡大に伴う第三者保証の意義

このように、わが国の場合、開示される企業情報のうち、財務情報に限定しても、その種類に応じて、開示情報に対する監査・証明の目的およびそのための監査手続の詳細さの程度に大きな違いがある。したがって、同様に「監査・証明」を経た情報であったとしても、おのずから、そこには、情報の信頼性の程度をさす保証の水準に相違があることがわかる。

因みに、これらの違いを、監査目的の相違という視点からみると、最も高いレベルと最も広範な範囲における保証を与えるのが、財務諸表の監査の場合であり、その後、中間財務諸表の監査、そして四半期財務諸表のレビューという形で、順次、保証の程度の低下と範囲の限定がみられるということになる（〔図表10―2〕を参照）。

確かに、それぞれの財務情報により、監査人による信頼性の保証の程度

〔図表10-2〕

種類に応じた開示情報の監査･証明の目的の違いにより、情報の信頼性の程度に相違が生じているということ。

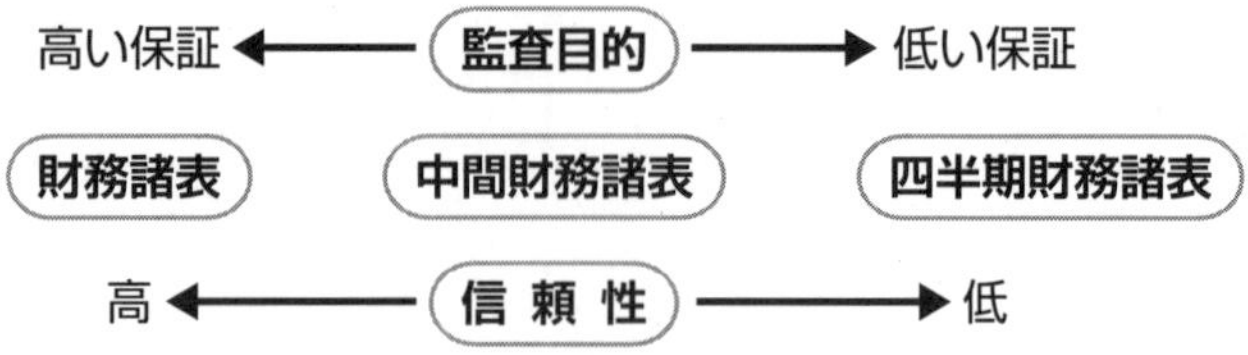

〔図表10-3〕

公表財務情報の作成基準の硬度(厳格度)の違いを前提とした場合に、基準準拠性の視点からは同程度の信頼性が保証されているということ。

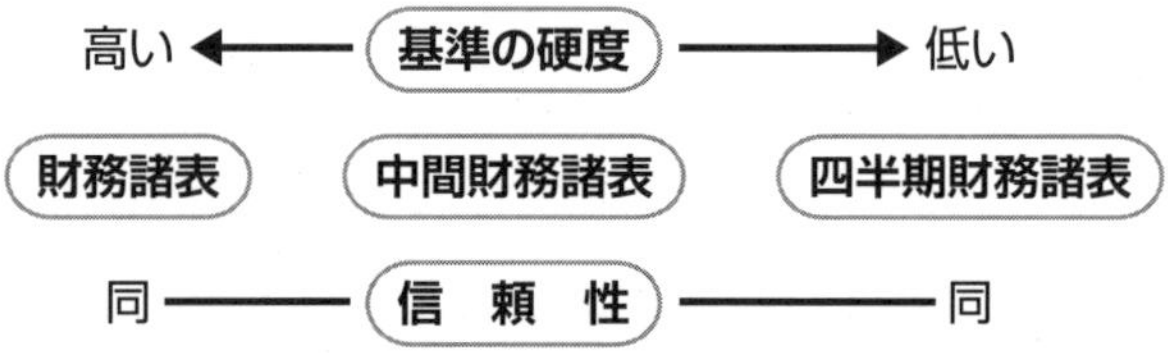

および範囲に相違がみられることは明らかではあるものの、それらは皆、当該財務諸表の作成基準に準拠して作成されている、という点では同様の信頼性が与えられるものと解される。つまり、異なるところは、「一般に公正妥当と認められる企業会計の基準」「一般に公正妥当と認められる中間財務諸表の作成基準」および「一般に公正妥当と認められる四半期財務諸表の作成基準」という、それぞれの財務諸表の作成基準に内在する硬度（すなわち、会計処理に関しての厳格さの程度）の違いだということである（〔図表10—3〕を参照）。そもそも、開示情報自体の信頼性（つまり、真実性の度合い）は、当該情報の作成基準（および、場合によっては、経営者の判断）に依拠して決定されてくるものであるが、現行の監査・証明では、このような基準の硬度の違いについては所与のものとして扱い、信頼性の程度の違いについての識別はなされていない。

一方、かかる情報に対する保証については、制度上は、監査人側における心証形成として「合理的な保証」の程度および範囲の違いが明示されており、監査結果自体が、開示情報の信頼水準に相違をもたらしているものではない。そのことが、信頼性の保証の水準は、「絶対的な保証」ではなく、あくまでも、「合理的な保証」であると称している所以とも言えるのである。

このように捉えるならば、今後、拡大が予定される企業情報の信頼性を保証するための、第三者保証としての監査人による「監査・証明」の可能性は、対象とされる情報の範囲からしても、著しく拡大することが想定されるのである。しかし、その際、解決しなくてはならない根源的な課題がある。それは、「そもそも監査とは何なのか?」といった問いに対する解答を見い出すことである。

7 おわりに ―監査概念の再定義について―

ところで、監査の一般的な定義として、米国会計学会公表の『基礎的監査概念報告書』における、次のような定義がある(6)。

「監査とは、経済活動や経済事象についての主張と確立された規準との合致の程度を確かめるために、これらの主張に関する証拠を客観的に収集・評価するとともに、その結果を利害関係をもつ利用者に伝達する体系的な過程である。」

こうした定義を踏まえて、現行の制度上の「監査・証明」の意味する内容について確認してみるに、基本的に、次の三つの特質が挙げられる。まず第一の監査主体に関する特質として、監査独占業務を担う公認会計士または監査法人の有する専門性と独立性という点が挙げられる。第二に、監査対象情報に関する特質としては、確立した情報の作成および判断の基準が存在するとともに、かかる情報の監査に関しては、確立した監査・証明の基準が存在していることが挙げられる。そして、第三に、監査人は、職業専門家としての判断を行使した結果としての結論（通常の監査意見）の表明を通じて、当該情報の信頼性に対して「合理的な保証」を得たとの判断が示されるといった特質が挙げられる。

監査概念をこのように捉えるならば、企業の開示情報に対して、第三者保証としての監査人に期待される保証の領域は極めて大きな広がりを有するとともに、かかる保証業務によって得られる信頼性の水準についても多様化することが想定される。しかし、そうした動向は、反面として、開示情報の作成基準の拡大ないしは不明確化、あるいは、保証業務の手続の多様化ないしは簡略化、さらには、保証すべき信頼水準の程度の拡大といった、現行の「合理的な保証」の程度をさらに希薄化させる結果をもたらすことになるであろう。そのため、これまで、一般に理解されてきている、いわゆる公認会計士による「監査」という行為の学術的意味合いについても、こうした保証業務が果たすべき社会的役割との関係で、再定義することが不可欠となるものと思われる。その際、新たな「監査概念」が共有すべき特質としては、独立性、専門性、基準準拠性に対する判断（職業専門家としての判断の行使）および合理的な保証の獲得といった視点が存するのではないか。こうした監査概念に関する再定義を踏まえたうえで、企業情報開示の拡大とそれに他する保証の社会的意義について再検討することが喫緊の課題であるといえる。

【注】

（1）米国の「企業改革法」と俗称される法律の正式名称は、「証券諸法に準拠し、かつ、その他の目的のために行われる企業のディスクロージャーの正確性と信頼性の向上により投資家を保護するための法」（An Act to protect investors by improving the accuracy and reliability of corporate disclosures made pursuant to the securities laws, and for other purposes）であり、正式略称は、「二〇〇二年サーベインズ＝オクスリー法（Sarbanes-Oxley Act of 2002）」と規定されている（同法一条）。

（2）一九七〇年代以降の米国における会計士監査に対する「期待のギャップ」解消のための取り組みとして特筆すべきことは、ＡＩＣＰＡにおける一九八八年の『監査基準書（ＳＡＳ）』の大改訂である。ここでは一度に九つの新ＳＡＳが公表になったが、そのうち、以下のものが「不正についての期待のギャップ」に対応したものといえる。

①ＳＡＳ第五三号「誤謬と異常事項の摘発と報告に対する監査人の責任」

②ＳＡＳ第五四号「被監査会社の違法行為」

③ＳＡＳ第五五号「財務諸表監査における内部統制構造の検討」

④ＳＡＳ第五六号「分析的手続」

（3）当時、証券取引委員会委員長であったアーサー・レビット氏は、二〇世紀末頃の米国証券資本市場における財務報告に対する不信感について、「ザ・ナンバーズ・ゲーム（会計上の数字合わせ）」と題する有名な講演（Levitt,1988）を通じて表明したのである。

（4）二〇〇一年のエンロン社（Enron）から、二〇〇二年のワールドコム（WorldCom）社の事件の前後に発覚した米国での主な不正事件として、以下の会社の事件が挙げられる。

AOL, Adelphia, Computer Associates, Dynegy, Global Crossing, Halliburton, Qwest Communications, Sunbeam, Tyco International, Waste Management,Inc.

（5）金融商品取引法第一九三条の二第一項の規定を受け、「財務諸表等の監査証明に関する内閣府令」第三条（監査証明の手続）では、以下のように、四半期財務報告についても、明確に、「監査証明」ないしは「監査」と称している。

「財務諸表財務書類又は連結財務諸表の監査証明は、財務諸表等の監査を実施した公認会計士又は監査法人が作成する監査報告書により、中間財務諸表又は中間連結財務諸表の監査証明は、中間財務諸表等の監査を実施した公認会計士又は監査法人が作成する中間監査報告書により、四半期財務諸表又は四半期連結財務諸表の監査証明は四半期財務諸表等の監査（四半期レビュー）を実施した公認会計士又は監査法人が作成する四半期レビュー報告書により行うものとする。」

また、内部統制報告書については、金融商品取引法第一九三条の二（公認会計士または監査法人による監査証明）の第二項において財務報告に対する監査証明と同様の規定がなされている。

「金融商品取引所に上場されている有価証券の発行会社その他の者で政令で定めるものが、第二四条の四の四の規定に基づき提出する内部統制報告書には、その者と特別の利害関係のない公認会計士又は監査法人の監査証明を受けなければならない。」

【参考文献】

American Accounting Association（AAA）（1973）A Statement of Basic Auditing Concepts, p.2.（鳥羽至英訳（一九八二）『アメリカ会計学会　基礎的監査概念』国元書房。）

American Institute of Certified Public Accountants（AICPA）（1994）Special Committee on Financial Reporting (1994) *Improving Business Reporting-A Customer Focus:Meeting the Information Needs of Investors and Creditors*, AICPA.（八田進二・橋本　尚共訳（二〇〇二）『事業報告革命』白桃書房。）

――（1997）Special Committee on Assurance Services, *Report of the Special Committee on Assurance Services*, AICPA.

Arthur Levitt, Jr.（1998）*The Numbers Game*, September 28.（八田進二・橋本　尚共訳（二〇〇四）「ザ・ナンバーズ・ゲーム（会計上の数字合わせ）」中央青山監査法人研究センター編『収益の認識―グローバル時代の理論と実務』白桃書房、二六九―二七九頁所収。）

Association for Investment Management and Research（AIMR）（1993）Financial Accounting Policy Committee, *Financial Reporting in the 1990s and Beyond*, AIMR.（八田進二・橋本　尚共訳（二〇〇一）『二一世紀の財務報告』白桃書房。）

Blue Ribbon Committee on Improving the Effectiveness of Corporate Audit Committees（1999）*Report and Recommendations of the Blue Ribbon Committee on Improving the Effectiveness of Corporate Audit Committees*, February.

CFA Institute（2007）*A Comprehensive Business Reporting Model; Financial Reporting for Investors*, July.

Committee of Sponsoring Organizations of the Treadway Commission（COSO）（1992 and 1994）*Internal Control-Integrated Framework*,AICPA.（鳥羽至英・八田進二・高田敏文共訳（一九九六）『内部統制の統合的枠組み―理論篇およびツール篇―』白桃書房。）

Enhanced Business Reporting Consortium 2005（EBR）（2005）*The Enhanced Business Reporting Framework*, October.

Mark S. Beasley, Joseph V.Carcello & Dana R. Hermanson（1999）*Fraudulent Financial Reporting:1987-1997 An Analysis of U.S. Public Companies*, March.

National Commission on Fraudulent Financial Reporting（NCFFR）（1987）*Fraudulent Financial Reporting―Conclusions and Recommendations*.（鳥羽至英・八田進二共訳（一九九一）『不正な財務報告―結論と勧告―』白桃書房。）

Public Oversight Board（POB）（2000）*THE PANEL ON AUDIT EFFECTIVENESS; REPORT AND RECOMMENDATIONS*. August 31.（山浦久司監訳（二〇〇一）『公認会計士監査：米国ＰＯＢ〈現状分析と公益性向上のための勧告〉』白桃書房。）

浦崎直浩（二〇〇六）「アメリカにおける事業報告の動向」『ＪＩＣＰＡジャーナル』第一八巻第一二号、九九―一〇四頁。

河崎照行編著（二〇〇七）『電子情報開示のフロンティア』中央経済社。

上妻義直編著（二〇〇六）『環境報告書の保証』同文舘出版。

橋本　尚（二〇〇七）『二〇〇九年国際会計基準の衝撃』日本経済新聞出版社。

八田進二（一九九九）「会計情報の拡大と監査可能性―監査範囲の拡大と監査業務の品質の確保を中心に―」『會計』第一五五巻第四号、六八―八一頁。

――（二〇〇三）「『会計不信』払拭に向けた企業会計の新たな枠組みの検討―米国『企業改革法』を手掛かりとして―」『會計』第一六三巻第四号、五四―七一頁。

――（二〇〇六）「企業情報の開示と監査―拡大するディスクロージャーと厳格化する監査―」『會計』第一六九巻第三号、一―一五頁。

広瀬義州（二〇〇五）「知的財産会計情報と保証業務概念」『税経通信』第六〇巻一二号、一七―三〇頁。

吉見　宏（二〇〇七）「非財務情報の開示の動向と監査役監査に与える影響」『月刊監査役』第五三三号、一八―二三頁。

第Ⅲ部　コーポレート・ガバナンス上の課題

――内部統制問題を中心に

内部統制の最終責任者である経営者には、すべての内部統制の評価が求められていることから、その役割を有効に達成するための方策を講じることが不可欠となる。同時に、外部監査による内部統制の間接評価が適切に履行されることで、本来の目的とされる内部統制報告制度が機能することになる。したがって、この内部統制報告制度の有効性を担保するためには、内部統制のモニタリング機能の中での独立的評価の位置づけおよびそれぞれの機能分担の明確化が急務である……。【第15章より】

第11章 イギリスにおける内部統制の議論

1 はじめに

一九九〇年代に入り、わが国を代表する金融機関および証券会社等で頻発する違法行為ないし企業不祥事の発覚は、奇しくも、わが国企業組織におけるガバナンスおよび統制システムの脆弱さを露呈する結果となっている。今日、企業社会において、有効なガバナンス・システムおよび統制システムの構築が強く求められているのは、単に個々の企業の目的達成に向けた経営活動の健全性を保証するためだけではない。それどころか、こうしたガバナンスおよび統制のシステムは、ボーダレス化した世界におけるグローバルな企業活動のあり方に対して、国際的視点からの整合性と信頼感を確保する方途となるからに他ならない。

ところで、社団法人経済団体連合会は、国民の間で企業に対する不信感が高まってきた状況を踏まえて、一九九六（平成八）年一二月に『経団連企業行動憲章』の改定を行い[1]、処分を含めた一〇の原則を公表するとともに、かかる原則を会員企業が具体的に実行に移す際の参考資料として「経団連企業行動憲章実行の手引き」を作成している。このように、大企業における不祥事を直接の引き金として、企業におけるガバナンス・システムおよび統制システムに係る議論が活発に行われるようになったのは、わが国に特有のことではない。こうした状況は、すでに企業のガバナンス・システムないし内部統制システムに関して、実践面で多くの影響を与えつつある研究成果を生み出している米国、カナダおよびイギリスにおいても例外ではないのである。

周知のとおり、米国では、一九九二年に、トレッドウェイ委員会組織委員会（COSO）が、「産」「学」「士」協同の研究に基づく全四分冊から成る内部統制に関する包括的な報告書『内部統制の統合的枠組み』（COSO, 1992）を公表しており、これが理論面のみならず、実務面においても極めて大きな影響を国内外に与えることとなった。同委員会は、トレッドウェイ委員会が一九八七年に公表した報告書『不正な財務報告』（NCFFR, 1987）の中での勧告を受けて組織されたもので、企業における財務報告上の不正を防止ないし発見するためには、有効な内部統制システムが不可欠であるとして、内部統制の有効性を判断する際の規準を含めた統合的な枠組みを示したのである。こうした研究と並行して、米国では、一九八〇年代に入って発生した貯蓄貸付組合（S&L）を中心とする金融機関の経営破綻問題を契機に、議会は、金融機関に対する規制強化の方策を打ち出し、一九八九年には、「金融機関の改革、救済及び強化に関する法律」を成立させた。

さらに、会計検査院の提案を受けて、内部統制に関する報告とそれに対する監査人の関与を義務づけた「連邦預金保険公社改革法」を一九九一年に制定したのであり、内部統制を巡る問題は、法的規制面でも重要な意味を有するようになってきたのである。

一方、次章にてみるように、カナダでも、金融機関に対する規制の一環として、内部統制システムの設計および機能に関する報告を法的要件として設定しようとの動きに呼応して、企業のガバナンスおよび統制についての議論が実践面で大きく取り上げられるようになったのである。すなわち、カナダ勅許会計士協会の理事会は、一九九二年、事業体内部の統制システムの設計、評価および報告に関するガイダンスを公表することを目的とした統制規準審議会（The Criteria of Control Board：ＣｏＣｏ）を設置した。その結果、ＣｏＣｏは、一九九五年一一月に、ＣＯＳＯのカナダ版とも捉えられる報告書『統制に関するガイダンス』を公表して、統制システム全般の有効性評価のための判断規準を明らかにしている。本ガイダンスは、ＣＯＳＯの報告書に概念的基礎を置きつつも、ＣＯＳＯとは異なる前提および洞察を踏まえて、ＣｏＣｏ独自の統制に関する枠組みを提示しており、実践面での具体的な適用について様々な示唆が得られるものと思われる。

さて、本章で取り上げるイギリスの場合には、内部統制の問題は、広く株式会社制度におけるコーポレート・ガバナンスの一翼を担うものと捉えられている点にひとつの特徴がある。そこで、企業財務の面から企業ガバナンスの問題を検討することを目的に、財務報告評議会、ロンドン証券取引所および会計専門職業団体を後援団体として、一九九一年五月に設置された「コーポレート・ガバナンスの財務的側面検討委員会」（キャドベリー委員会）が、翌一九九二年に公表した報告書（Cadbury, 1992）および、かかる報告書での勧告事項を実施に移すために一九九四年にキャドベリー委員会作業グループが示した内部統制に関するガイダンス（Working Group, 1994）等を手掛かりに、イギリスにおける内部統制の議論を考察することとする。

2　内部統制の視点　―キャドベリー委員会の立場として―

キャドベリー委員会設置の経緯および目的、さらには、同委員会報告書の内容については、早くからわが国においても幾つか紹介されているところであるが、[2] いずれの国の場合と同様に、相次ぐ不祥事（たとえば、一九九一年のBCCI事件、マックスウェル事件）がイギリスにおけるコーポレート・ガバナンスの問題に大きな関心を引き起こすこととなったのである。

そもそも同委員会は、財務報告と説明責任に関連して次の五つの問題を検討するとともに、健全な実務に関する勧告を行うことが委任されていた（八田・橋本共訳、二〇〇〇、七八頁）。

(a)執行取締役と非執行取締役が株主およびその他の財務的利害関係を有する者に対して負う、業績についての検討および報告の責任とかかる責任のもとで提供すべき情報の頻度、明瞭性および様式
(b)取締役会における監査委員会の構成および役割を含む問題
(c)監査人の主要な責任および監査業務の範囲と価値
(d)株主、取締役会および監査人の間の関係
(e)その他の関連問題

このように、主として、財務報告と説明責任に関連したコーポレート・ガバナンスの側面を検討することを目的とした委員会であったことから、そこでの勧告も取締役会の統制および報告機能と、監査人の役割に焦点が置かれている。さらに、コーポレート・ガバナンスに関するキャドベリー委員会の勧告には、必要とされる高い水準の企業行動を達成するために設定された「最善の実務の規程」（The Code of Best Practice）が含まれている。そして、ロンドン証券取引所は、一九九三年七月以来、すべての上場企業に対して、この実務規程の遵守に関する記載を継続的な上場要件として強制しており、本規程を厳守することにより、企業の経営活動に対する統制と社

会的な説明責任の強化が図られるものと捉えられている。

ところで、キャドベリー委員会報告書では、企業の方向づけと統制を行うシステムをコーポレート・ガバナンスと捉えたうえで（同、一二三頁）、かかる役割と責任を取締役会が率先して履行するところに、最善のコーポレート・ガバナンス・システムの本質があるとする。そして、こうしたコーポレート・ガバナンスの財務的側面として、取締役会が行う、財務統制の利用を含む、財務方針の決定およびその履行の監視の方法、ならびに、株主に対する企業の活動と発展に関する報告のプロセスを課題として挙げている（同、一二三頁）。

イギリスの場合、取締役は、一九八五年会社法の下で、適切な会計記録を維持する責任を有しており（第二二一条）、かかる責任を果たすために、実際問題として取締役は、不正のリスクを最小にするために設計された手続を含む、企業の財務管理に対する内部統制システムを維持することが必要とされている。このように、同委員会では、有効な内部統制システムは、企業の効率的な経営管理の重要な側面であると捉え（同、三八頁）、内部統制の問題を企業におけるリスクの評価および管理の問題と深く結びつけて検討しようとの立場がとられている。そのために、取締役に対しては、自社の内部統制システムの有効性に関して、年次報告書および財務諸表において報告を行うべきであること、また、監査人に対しても、かかる取締役の報告に関して意見を表明すべきであるとの勧告がなされている（同、三九頁）。こうした勧告内容の一部は、「最善の実務の規程」の中の一条項、すなわち「取締役は、企業の内部統制システムの有効性に関する報告を行うべきである」（Code, 1992, 4.5）としても具体化されている。そして、かかる規程ないし勧告の趣旨を実践に移すには、とりわけ、会計専門職業団体が財務諸表作成者の代表者と協同して、以下の作業において指導的な役割を担うべきであるとの勧告も行っている（同、五四頁）。

（a）内部統制システムの有効性を評価するための一連の判断規準を設定すること。
（b）内部統制システムの有効性に関して取締役が記載すべき報告書の雛形に関して、企業に対するガイダンスを設定すること。
（c）目的適合的な監査手続および監査人が意見を表明すべき報告書の雛形に関して、監査人に対するガイダンスを設定すること。

上記の勧告の内の（a）および（b）に関しての提案を行うために、会計専門職業人および実務家からなるキャドベリー委員会作業グループが設置された（なお、勧告（c）については、監査実務審議会が取り組むことが要請されており、一九九五年四月には「内部財務統制の有効性」と題する討議資料（APB, 1995）が公表されている）。同作業グループは、一九九三年一〇月に、上場企業の取締役のための内部統制と財務報告に関するガイダンスの草案を公表したが、それは多くの点で米国におけるＣＯＳＯの報告書に依拠したものであった。かかる草案は、翌一九九四年一二月に簡素化した形に改められて公表されたが、基本的な視点については、従前通り、ＣＯＳＯの考え方、さらには、その後のカナダにおけるＣｏＣｏの考え方等が念頭に置かれている。そこで、次に、この作業グループにおける内部統制の考え方について検討することとする。

3 内部財務統制システム

内部統制に関する作業グループによって公表されたガイダンス『内部統制と財務報告』（Working Group, 1994）

は、先にキャドベリー委員会の公表した「最善の実務の規程」での一条項「取締役は、企業の内部統制システムの有効性に関する報告を行うべきである」(Code, 1992, 4.5) での規定内容を明らかにすることが目的とされていた。その意味で、本ガイダンスは、上記の「規程」そのものを補足する性格を有するものであるところから、適用対象も基本的にはイギリスにおける上場企業である。しかし、本来の「規程」同様、あらゆる企業に関連した原則が述べられていると解されており、そうした企業の内部統制システムの有効性を評価する場合にも十分に適用可能であるといえる。

まずガイダンスでは、企業もしくは集団において採用される内部統制システムおよびその有効性についての監視に最終的な責任を負うのは取締役会である、との基本的立場を明らかにしたうえで、次のように、COSO[3]とほぼ同様の内部統制についての定義を行っている (Working Group, 1994, p.134)。

「内部統制は、以下の目的の達成に関して合理的な保証を提供するために設定される財務およびその他のすべての統制手続のシステムである。

(a)効率的および有効な業務

(b)内部財務統制

(c)法規の遵守」

ところで、すでにみたように、キャドベリー委員会の「規程」は、コーポレート・ガバナンスの財務的側面に関わっていることから、同委員会の考える内部統制は、上記の定義の中の (b) 内部財務統制に主眼が置かれている。そのため、作業グループにおいても、この内部財務統制をもって、検討対象とされる内部統制の設定と捉え、さらに、次のような定義を示している（Working Group, 1994, p.134）。

「内部財務統制は、以下の目的の達成に関して、合理的な保証を提供するために設定される内部統制手続である。

（a）未承認の利用もしくは処分からの資産の保全

（b）適切な会計記録の維持および企業内においてもしくは公表用に用いられる財務情報の信頼性」

このように、作業グループの示した内部財務統制の定義では、内部統制全般の定義において取り上げられる業務の有効性、効率性および経済性の問題（これらは、通常、業務統制の問題として捉えられるもので、ＣＯＳＯでは、これらを含めたものとしての内部統制の枠組みを構築している（Mills, 1997, pp.124-125））、さらには、関連法規の遵守の問題については除外している。しかし、実際に、取締役（会）が責任を有すべき内部統制システムの領域を内部財務統制に限る場合にあっても、その有効性を検討するに際しては、特定の業務および法規の遵守に係る統制手続にまで立ち入って検討しなければならない場合も想定される。とりわけ、信頼しうる財務情報の提供といった財務報告目的に影響を及ぼす場合、すなわち、財務諸表に表示される真実かつ公正な概観に対して潜在的に重要な財務上の影響を有しているかもしくは有する可能性のある活動に関係する業務等については、内部財務統制の有効性の評価という点で重要な意味を有することになる。しかし、この場合にあっても、有効性の評価は、あくまでも人間の判断の問題であって絶対的なものではないことから、評価を行う者により異なる判断がなされる場合もありうることが念頭に置かれなければならないであろう（Mills, p.126）。

そのため、作業グループでは、取締役が行うべき内部統制システムの有効性に関する報告に対して、有効か否かについての自己の「意見」を表明することは要求せずに、以下のように、内部財務統制システムの意義およびそれに対する取締役の関与の度合といった「事実」についての記載のみを行うことを要求するのにとどめている点（Working Group, 1994, p.134）は、注目に値するものである。

「(a)取締役は企業の内部財務統制システムに対して責任のあることを取締役自身が認めていること
(b)かかるシステムは重大な誤表示もしくは損失の防止に対して絶対的な保証ではなく、合理的な保証を提供しうるにすぎないものであるとの説明
(c)取締役が設定した主要な統制手続およびかかる手続は有効な内部財務統制の提供が意図されているということについての記述
(d)取締役（もしくは取締役会における委員会）が内部財務統制システムの有効性を検討したことの確証」

なお、取締役が内部財務統制システムの有効性を検討したことを記述する場合に、作業グループが特に強調していることは、重要な企業リスクを識別・評価する方法を適切に開示するということである。というのも、コーポレート・ガバナンスという視点、すなわち、作業グループが採用する立場からみた場合、内部統制システムの有効性の評価は、重要な企業リスクを評価することと同義であると捉えられるからである。

因みにCOSOでは、リスクを「事業体の存続能力—業界の中で優位に競争できる能力、強力な財務力と良好な企業イメージを維持する能力、および製品・業務・人間の全体的な質を維持する能力—に影響を及ぼす」（鳥羽・八田・高田共訳、一九九六、理論篇、五三頁）ものと捉え、かかるリスクの評価を内部統制の構成要素のひとつに位置づけている。これに対して、作業グループでは、このリスクの評価を内部統制システムの有効性ないし適切性

を判断する場合の中心的プロセスと解している点に理解の相違もみられるのである。

4 有効性の評価とその判断規準

すでにみたように、作業グループに与えられた最大の任務は、内部統制システムの有効性を評価するための一連の判断規準を設定することにあった。それは、キャドベリー委員会の示した「最善の実務の規程」の遵守に関する記載が、ロンドン証券取引所における上場要件として強制されたことで、取締役による内部統制システムの有効性に関する評価が実践面において不可欠となってきたことにも起因している。そのため、本ガイダンスにおいては、基本的にＣＯＳＯの示す内部統制の五つの構成要素（すなわち、統制環境、リスクの評価、統制活動、情報と伝達および監視活動）に即して、具体的な判断規準を示している[4]。

確かにＣＯＳＯの場合も、「特定の内部統制システムが『有効である』かどうかを決定するということは、五つの内部統制の構成要素が存在し、かつ、有効に機能しているかどうかについての評定から得られる主観的判断である。……略……かくして、構成要素は、内部統制の有効性の判断規準でもある。」（訳書、二九頁）として、上記の五つの構成要素を評価するに際しての「検討すべき事項」を例示している。そして、これらの検討すべき事項として示された内容は多岐にわたっており、本ガイダンスに示された判断規準の内容をほぼ網羅したものとなっている。

一方、作業グループが、ガイダンスにおいて示す判断規準は、あくまでも内部財務統制システムの有効性を評価するにあたってのものであり、業務統制および法規の遵守等を含む内部統制全般に関わるものではない。その意味で、COSOの枠組みよりも狭い範囲の判断規準が示されているといえる。同時に、ガイダンスにおいては、先の「規程」同様に、企業における重要なリスクの識別、評価そして管理の重要性を認識し、内部財務統制システムのすべての構成要素の側面においてリスクに関する判断を行うことも強く意図されている。かくて、最善のコーポレート・ガバナンスに向けて、取締役もしくは取締役会における監査委員会が果たすべき統制および報告機能の中心をなすものが、かかる判断規準に基づいてなされる内部統制システムについての評価報告であるといえる。

5 おわりに

イギリスの企業社会における内部統制概念としては、今日、一般に考えられている内部統制概念（たとえば、COSOの概念）よりも狭い、内部財務統制システムが念頭に置かれているといえる。それは、健全なコーポレート・ガバナンスを揺るがす原因の多くが、財務報告および説明責任といった企業財務面での不祥事にあったことから、作業グループの主たる関心も、こうした企業における財務統制の有効性の確保に焦点を置いていたからに他ならない。同時に、かかる内部財務統制の有効性に関する報告を、取締役もしくは取締役会における監査委員会に要請することで、取締役(会)の任務を再認識させるとともに、企業に関する適切な情報を伝達することの意義（Code, 1992, 4.1）を明らかにしている。

しかし、作業グループも前提として理解しているように、内部統制の有効性の評価は、あくまでも評価を行う者の主観的な判断に委ねられているのが実情である。したがって、かかる評価結果に対しての信頼性を確保するためには、現在示されている有効性の判断規準を、「一般に認められた評価の規準」として確立することが求められる。そうした状況が整う場合には、監査人としても、より積極的な形でこの内部統制の評価結果に対する関与も容認されるものと思われる。

【注】

（1）一〇原則の内、いわゆる内部統制の問題に関わるものとしては、次の二つ（9番目と10番目）の原則が挙げられる。

「9　経営トップは、本憲章の精神の実現が自らの役割であることを認識し、率先垂範の上、関係者への周知徹底と社内体制の整備を行うとともに、倫理観の涵養に努める。

10　本憲章に反するような事態が発生したときは、経営トップ自らが問題解決にあたり、原因究明、再発防止に努める。また、社会への迅速かつ的確な情報公開を行うとともに、権限と責任を明確にした上、自らを含めて厳正処分を行う。」

（2）安達・ダハティ（一九九二、五三―五九頁および二四―三一頁）、笹倉（一九九六、五九―六七頁）等がある。

（3）COSOにおける内部統制の定義は次の通りである（鳥羽・八田・高田訳、一九九六、理論篇、一八頁）

「内部統制は、以下の範疇に分けられる目的の達成に関して合理的な保証を提供することを意図した、事業体の取締役会、経営者およびその他の構成員によって遂行される一つのプロセスである。

●業務の有効性と効率性

●財務報告の信頼性

●関連法規の遵守」

（4）本ガイダンスの示した、有効性評価の判断規準は次の通りである。

1　**統制環境**

●取締役、経営者および従業員による能力および誠実性に対する取り組み（たとえば、手本を通してのリーダーシップ、従業員評価の判断規準）はあるか。

●倫理的価値観や統制意識を経営管理者および従業員に対し，（たとえば，行為綱領，規律に関する公式の基準，業績評価を通じて）伝達しているか。
●企業あるいはグループの目的達成のために，事業活動の計画，実施，統制および監視が可能となる適切な組織構造が備わっているか。
●許容可能な水準のリスクを考慮した報告責任を負った権限は適切に委譲されているか。
●一般に認められた会計実務に準拠した財務報告に対する方法は専門化されているか。

2　リスクおよび統制目的の識別と評価

●主要な企業リスクは適時に識別されているか。
●具体化するリスクの確率およびかかるリスクの結果の事業活動に対する財務上の影響を検討しているか。
●統制のために利用可能な資源の配分および明確な統制目的の設定と，伝達に対する優先順位は確立されているか。

3　情報と伝達

●経営者が，主要な事業および財務活動とリスク，そして財務目的達成に向けての進捗度を監視し，かつ，介入が必要とされる進展段階を識別できるような業績指標（たとえば，予測および予算）はあるか。
●内部および外部の源泉からの，目的適合的で信頼しうる最新の財務およびその他の情報を継続的に識別し，かつ，把握しうる情報システム（たとえば，収益，キャッシュ・フローおよび貸借対照表の報告を含む月次の経営管理報告書）はあるか。
●目的適合的な情報を，予算および予測との重要な差異を明らかにし，迅速な対応を可能にする形式により，適切な頻度で適時にしかるべき人々に伝達するシステムは備わっているか。

4　統制手続

●財務上の取引を完全にかつ正確に会計処理することを保証するための手続は備わっているか。
●企業あるいはグループがリスクに晒されるのを合理的に制限する，取引に対する権限の限定的な付与は適切であるか。
●データ処理および作成される情報に関する報告書の信頼性を確かめるための手続は備わっているか。

●資産損失あるいは記録の喪失もしくは不正に晒されるのを制限する統制手続（たとえば、物理的統制手段、職務の分離）は備わっているか。
●統制活動の有効な監督に資する日常の検査および抜き打ち検査は行われているか。
●財務上重要な意味を有する法規の遵守を確かめるための手続は備わっているか。

5　監視活動と是正措置

●取締役会に対して、企業あるいはグループのあらゆる財務上重要な事業活動にとってのしかるべき統制手続が適切に備わっており、しかも、かかる手続が遵守されているとの合理的な保証を提供する監視プロセス（たとえば、経営者、内部監査職能あるいは独立会計士からの報告書についての取締役会における委員会による検討）は備わっているか。
●内部財務統制システムに対する変更が必要とされるような事業および事業を取り巻く環境の変化についての識別は行われているか。
●欠陥について報告し、かつ、しかるべき是正措置を必ず行うことを保証するための公式の手続は備わっているか。
●取締役による内部統制もしくは内部財務統制に関する公表報告書について、十分に支援するための規定は備わっているか。

【参考文献】

Auditing Practices Board（APB）（1995）*Internal Financial Control Effectiveness*, A Discussion Paper, April.
Cadbury Committee Working Group〔Working Group〕（1995）Internal Control and Financial Reporting : Guidance for Directors of Listed Companies Registered in the UK（December 1994）, *Accountancy*, February, pp.134-134.
Canadian Institute of Chartered Accountants, Criteria of Control Board（CoCo）（1995）Control and Governance-Number 1; *Guidance on Control*, November.（八田進二・橋本　尚共訳（一九九七）「カナダ勅許会計士協会・統制規準審議会公表ガイダンス第一号『統制に関するガイダンス』」『駿河台経済論集』第六巻第二号、二八一—

三二八頁。）

Committee of Sponsoring Organizations of the Treadway Commission（COSO）（1992）*Internal Control-Integrated Framework*, AICPA,September.（鳥羽至英・八田進二・高田敏文共訳（一九九六）『内部統制の統合的枠組み―理論篇およびツール篇―』白桃書房。）

Committee on Financial Aspects of Corporate Governance〔Cadbury〕（1992）*Report of the Committee on the Financial Aspects of Corporate Governance*, December, London：Gee&Co.Ltd.（八田進二・橋本　尚共訳（二〇〇〇）「キャドベリー委員会報告書」『英国のコーポレートガバナンス』白桃書房、一―一一〇頁所収。）

――〔Code〕（1992）*Report of the Committee on the Financial Aspects of Corporate Governance: The Code of Best Practice*, December, London：Gee&Co.Ltd.（八田進二・橋本　尚共訳（二〇〇〇）「最善の実務の規程」前掲書。）

Mills, Roger W.（1997）*Internal Control Practices within Large UK Companies*, Corporate Governance: Responsibilities, Risks and Remuneration, (Edited by Kevin Keasey and Mike Wright), John Wiley Sons Ltd.pp.121-143.

National Commission on Fraudulent Financial Reporting（NCFFR）（1987）*Report of the National Commission on Fraudulent Financial Reporting*, October.（鳥羽至英・八田進二共訳（一九九一）『不正な財務報告―結論と勧告―』白桃書房。）

安達精司・ラーラ・ダハティ（一九九二）「英国におけるコーポレイト・ガバナンスをめぐる論議（上）および（下）」『旬刊商事法務』第一三〇〇号、五三―五九頁および第一三〇一号、二四―三二頁。

笹倉淳史（一九九六）「キャドベリー報告書とその展開」『産業経理』第五六巻第三号、五九―六七頁。

八田進二（一九九七）「カナダにおける内部統制議論」『産業経理』第五七巻第二号、三三―四三頁。

第12章 カナダにおける内部統制の議論

1 はじめに ―米国の動きを振り返って―

有効な統制システムおよびガバナンス・システムの構築は、企業のみならず、あらゆる組織体の効率的かつ合理的な目的達成にとって不可欠の要素である。しかし、かかる認識に見合った、統制ないしガバナンスの本質に関する包括的な議論については、わが国の場合、前世紀においては、ほとんどなされてきていなかった。それだけでなく、二一世紀に入ってからの企業社会の状況をみるに、こうした統制ないしガバナンス・システムの欠如が主たる原因とされる不祥事が跡を絶たないのが実情である。

一方、米国では、「トレッドウェイ委員会支援組織委員会」（COSO）が一九九二年に公表した、「産」・「学」・「士」協同の研究に基づく全四分冊からなる内部統制に関する包括的な報告書『内部統制の統合的枠組み』（COSO, 1992）が、理論面のみならず、実務面においても極めて大きな影響力を与えており、すでに二〇世紀末までには、一般的な承認を得た文献として位置づけられるようになっていた。

そもそもCOSOは、米国公認会計士協会（AICPA）、米国会計学会、財務担当経営者協会、内部監査人協会および管理会計士協会（前身は全米会計人協会）の五団体の支援に基づく「不正な財務報告全米委員会」（トレッドウェイ委員会）が、一九八七年に公表した報告書（NCFFR 1987）の中での勧告を受けて組織されたものである。トレッドウェイ委員会では、米国において頻発する不正な財務報告の問題に焦点を当て、この不正な財務報告を引き起こす要因を識別し、その発生を減少させるための方策を明らかにするとの使命のもとに、財務報告プロセスに関与するすべての当事者（公開企業、公認会計士、証券取引委員会等の規制当局および教育機関）に対する改善勧告を行っているが、とりわけ、最高経営者が作り出す社風（すなわち、財務報告が行われる企業の環境または企業の風土）こそが、財務報告プロセスの誠実性に最も影響を与える要因である、との立場を明示している。

そして、かかる最高経営者が作り出す社風を改善するための枠組みとして、不正な財務報告の原因となる諸要因の識別と理解、この種の不正が発生するリスクの評価および不正な財務報告の防止または発見について合理的な保証を与える内部統制の設計と実施という三つの段階を提示している（鳥羽・八田共訳、二五―二七頁）。このうち、財務報告に直接影響を及ぼす統制については内部会計統制だけでなく、内部監査職能や監査委員会といった企業の全般的な統制環境を形成する要素を包含した広義の内部統制の確立を勧告している（同、二八―二九頁）。しかし、内部統制自体、複雑で、動的で、たえず変化している概念であり、これまでも様々な機関等によって研究されてきているものの、必ずしも一義的な解釈は示されておらず、また、内部統制の有効性を判断する規準も確立されていないことから、内部統制に関する新たな統合的な指針を設定する任務をCOSOに委ねたのである。

ところで、米国の場合、企業社会において内部統制の問題が本格的に注目されるようになったのは、一九七〇年代中葉に生じた違法な支出の摘発のなされたウォーターゲート事件の結果にあったとされている（八田、一九

九四、三七—三九頁)。かかる状況を背景にして成立した一九七七年の海外不正支払防止法は、証券取引委員会管轄下の登録会社に対して、内部会計統制システムの設計と維持を法的要件として規定したのである。

一方、AICPAの「監査人の責任に関する委員会」(コーエン委員会)は、一九七八年公表の報告書(AICPA 1978)において、内部統制に関する勧告事項の一つとして、企業経営者が財務諸表上の言明に対して責任を負う旨を認めた報告書(経営者報告書)を財務諸表に添付して提出すべきことを要請するとともに、この経営者報告書には、「内部統制上の固有の限界に関する説明と独立監査人が指摘した内部統制上の重大な欠陥に対する企業側の対応についての説明を含む、企業の会計システムとそれに対する統制についての経営者の評価が記載されるべきである。」(鳥羽訳、一九九〇、一四八頁)と提言している。加えて、監査人に対しても、監査職能の拡大を前提に、かかる報告書での内部統制についての経営者の記述に同意するか否か(但し、監査人が関与しうる内部統制は、会計統制に限定しており、経営統制については除外している)の報告を求めることで、内部(会計)統制の調査と評定を重要な監査職能として位置づけている(同、一二〇頁)。

その後、一九八〇年代に入って発生した貯蓄貸付組合(S&L)を中心とする金融機関の経営破綻問題を契機に、米国議会は金融機関に対する規制強化の方策を打ち出し、会計検査院の提案を受けて、一九九一年、内部統制に関する報告とこれに対する監査人の関与を義務づけた連邦預金保険公社改革法を制定した。

このように、米国では、重大な不正の発見および防止を主たる目的として、企業経営者に対しては、有効な内部統制の設計と維持、さらには、実際の企業の内部統制の有効性に対する評価を記述した経営者報告書の公表を、また監査人に対しては、内部統制に対する十分な調査および評価と経営者報告書に対する関与を図ることで、健全な企業経営と信頼しうる財務報告を確保しようとの方向に舵がとられたのである。

同時に、以上みてきた米国における内部統制に関する種々の動きは、カナダにおける内部統制の議論に対しても極めて多くの影響を及ぼしてきている。しかし、こうした影響を受けつつも、そこにはカナダ独自の見解ないし対応もみられる。そこで、以下においては、一九七〇年代後半以降、一九九〇年代の半ばに至るまでのカナダにおける内部統制の議論を振り返るとともに、カナダ勅許会計士協会（ＣＩＣＡ）の統制規準審議会（The Criteria of Control Board：ＣｏＣｏ）が一九九五年一一月に公表したＣＯＳＯのカナダ版とも捉えられる報告書『統制に関するガイダンス』（CoCo, Control, 1995）の内容を中心に吟味し、内部統制に関する新たな枠組みに対する視点を得ることとする。

2 内部統制に対するこれまでの対応

コーエン委員会報告書が公表された同じ年の一九七八年に、ＣＩＣＡの「監査人の役割検討特別委員会」（アダムス委員会）は、監査人の役割に影響を及ぼしている当時の幾つかの報告書[1]および動向を検討し、かつ、（ａ）かかる報告書および動向に対してＣＩＣＡが講ずべき適切な対応策、および（ｂ）こうした対応策に関連してＣＩＣＡのしかるべき委員会もしくは他の機関が講ずべき措置を勧告した報告書（Adams, 1978）を公表した。

アダムス委員会は、同報告書において、監査人の役割すなわち監査職能の拡大に関連して、コーエン委員会が提言した内部統制問題に対する立場（すなわち、内部統制の有効性に関する記述を盛った経営者報告書の公表とかかる報告書に対する監査人の関与を求める立場）とは、ほぼ正反対の見解を示している。つまり、同委員会は、監査人が、内部統制に関する報告書を公表しうるように、かかる内部統制をより包括的に調査および評価することは、以下の四つの理由から、適切ではないと考えていたのである（Adams, p.41）。

（一）内部統制に関する報告書は、公表される財務諸表についての一般的な保証に対してほとんど意味がないという点
（二）内部統制が過去において有効であったという事実は、今後も有効であるとか、将来の財務報告が信頼しうるものであるとの保証にはならないという点
（三）社会の人々は、内部統制に関するより高度に専門的な信頼性の概念について理解ないし解釈するのが難しいと考えるであろうし、そのため、資産の保全もしくは正確な財務情報の提供のために、内部統制システムに対してどの程度の信頼性を置くことができるのか悩むであろうという点
（四）不当な会計記録の保存という悪質な事例のあることが開示要請の論拠となっているが、これについては、監査人は、監査の結果、適切な会計記録が保存されていないと思われる場合に報告すべきとする現行法上の要件(2)を明確にすることによって達成可能である。かかる取扱いの方が、国際的状況でのあらゆる場合における統制の適切性に関する報告を要求することよりも望ましいという点

つまり、アダムス委員会は、監査人が内部統制を検証するのは、ひとえに、試査の範囲を決定することにあり、企業の内部統制システムが満足いく場合には、監査コストの減少と効率的な監査が可能となると捉えている。したがって、監査人としては、内部統制システムに依拠した監査を行おうと考える場合に限り、かかるシステムを検討・評価することになり、その場合にあっても、依拠する予定のない領域についての検討・評価は必要ではないとしている。このように、同委員会は、監査人の役割の拡大との関連で内部統制問題を取り上げ、対費用効果という監査職能の経済性計算に合致する範囲内でのみ、内部統制に関与することになるとの立場を明示したので

ある（Adams, p.41）。その意味で、当時にあっては、内部統制の問題は、企業経営者にとっては相応の関心事ではあっても、監査人にとっては、効率的な監査を側面から支えるといった程度での関心しか払われていなかったといえる。

しかし、その後一九八八年にＣＩＣＡの「監査に対する社会的期待検討委員会」（マクドナルド委員会）が公表した報告書（Macdonald, 1988）では、とりわけ金融機関における内部統制を中心に、一定の条件を踏まえたうえで、監査人がかかる内部統制についての評価および報告に関与すべきことを提言している。そもそも、このマクドナルド委員会は、「社会の人々が監査に対して期待もしくは要請している内容と、監査人が監査によって遂行することが合理的に期待でき、かつ、期待すべき内容との間にギャップ（いわゆる、期待のギャップ：筆者挿入）が存在する場合に、その相違点をいかに解決すべきかを決定するための結論と勧告を行うこと」（Macdonald, p. iii）が任務とされており、いわば、ＡＩＣＰＡのコーエン委員会のカナダ版とも称されるものである。

同委員会では、監査人の行う財務諸表監査に際して、有効な内部統制システムは会計記録に関する証拠を強固にさせるということを認識したうえで、監査人が企業の特定の内部統制に依拠しうるのは、かかる統制手続の実際の機能が検証されている場合に限られると捉えている。しかし、監査手続の減少ないしは監査（試査）範囲の縮小といった内部統制の信頼性に依拠した監査の効率性を意図する場合には、かかる内部統制の検討・評価のためのコストといった、いわばトレード・オフの関係にある、経済的側面を考慮しなければならず、しかも、内部統制には固有の限界（たとえば、経営者によって内部統制が蹂躙される場合のあること）があることから、監査人としては内部統制に全面的な信頼を置くことはしないとの観察を行っている（Macdonald, p.22）。

このように、マクドナルド委員会の示した内部統制に対する監査人の関与の仕方についての理解は、基本的には、先のアダムス委員会の示した視点と比べて大差はみられない。しかし、一方において、従業員不正の防止と発見が有効に行われるためには、十分に計画された内部統制システムが不可欠であり、かかるシステムの設計と運用に対する第一次的責任は企業経営者にあることを再確認したうえで、監査人としては、財務諸表の適正表示に関する意見表明を行う目的に照らして、内部統制システムの脆弱さを減ずるために意図された統制手続の機能を評価ないし調査すべきであると捉えている。そして、重大な従業員不正のリスクが高いため、拡張された監査手続を実施しても、かかる不正が生じていないとの合理的な保証を提供しえない場合には、監査報告書に係る事実（すなわち、内部統制上の欠陥ゆえに、会計記録が不完全であるということ）を明示することになり、限定意見を表明すべきであると解している（Macdonald, p.96）。

また、他方において、企業規模が拡大し、取引量が増大するにつれ、監査人が内部統制に依存する度合いは高まらざるを得ず、こうした大量の業務の範疇に属する事業体の典型として金融機関における業務を取り上げたうえで、金融機関の監査人は、内部統制システムの有効性を監視し、信頼しうる内部統制に依拠すべき状況を指摘している（Macdonald, p.121）。しかし、この場合にあっても、監査人の立場からみたとき、内部統制および金融機関を取り巻くリスクの管理構造についての検証に係るコストの問題（すなわち、現行の監査報酬の中で負担し得る程度のコストで済ますことが可能かという問題）、および、内部統制の信頼性の程度を規制当局等の外部の関係者に報告する場合の確立した表現ないし統制の判断規準が必要であるという問題が残されており、直ちに監査人の職務（役割）の拡張として受け入れるものではないとの慎重な姿勢を示している（Macdonald, p.122）。こうした状況を踏まえて、マクドナルド委員会は、内部統制と監査人の責任に関して、以下の勧告を行っている（Macdonald, p.123）。

「ＣＩＣＡとしては、監査報告書で示される特定の保証に関するしかるべきガイダンスが設定されることを条件に、監査人は金融機関の内部統制システムの設計および機能に関する報告を規制当局に対して行うべきである、との要請を好意的に捉えるべきである。この結果、ＣＩＣＡは、規制当局、監査人および様々な種類の金融機関の代表者と共同して、それぞれの種類の金融機関にとっての記録保持、統制および内部監査に関する有効かつ賢明なシステムのための判断規準を作成すべきである。」

こうした勧告が一つの引き金になって設置されたのがＣｏＣｏであるが（Jackson, 1994, p.59）、組織をめぐる環境は、その後、統制に対してより一層の重きを置くようになったのである。

3 ＣｏＣｏおよびガイダンスの位置づけ

そもそもＣｏＣｏは、「民間、公共および非営利の各部門における企業ガバナンス・システムに関連した事項を含む、組織体内部の統制システムに関する設計、評価および報告のための統制に関するガイダンスを設定すること（CICA, 1995, Preface）を目的に、一九九二年、ＣＩＣＡの理事会によって設置されたものである。なお、ＣｏＣｏの設置を促した直接的な背景として、以下の三つの動向が挙げられている（CICA, Preface）。

（1）科学技術の影響およびピラミッド型組織の水平化が、組織体における価値観や将来像の共有および開かれた情報伝達といった非公式の手段を通して、統制に対してより大きな重きを置くようになってきたこと。そのため、ガイダンスでは、統制についての最新の理解を提供することが意図されている。

(2)特定の目的に関して、統制の有効性についての社会への報告に対する要請が高まっていること。たとえば、トロント証券取引所の企業ガバナンス・システムに関する委員会は、公開企業に対して内部財務統制および規則の遵守に関して報告することを要求している。なお、この場合の前提として、かかる報告は、その基礎にあるシステムおよび報告対象領域の業務遂行の信頼性を高めるであろうということがあることから、ガイダンスでは、この報告のために必要な基礎を提供することが意図されている。

(3)利害関係者の利益擁護の一環として、規制当局が統制に対する法的要件を設定しようとする動きが高まってきていること。すでにいくつかの金融規制当局は、それぞれの管轄下にある金融機関に適用可能な手続および報告の原案を設定している。そのため、ガイダンスでは、長い間にわたり、そうした規制当局の要件に整合した基礎を提供し、かつ、規制当局が、効率的な業務遂行を減じる詳細な手続要件を設定せずに、当局の目的を達成できるようにすることが意図されている。

ところで、CICAは、これまでも「勧告」(Recommendations)、「ガイドライン」(Guidelines) および「研究および調査報告書」(Studies and Research Reports) の標題の下に、多くの実務上の指針等を公表してきており、CoCoのガイダンスを含め[3]、それぞれの公表物が有する権限の大きさ(つまり、遵守に際しての強制力)が問題とされることを念頭に、〔図表12—1〕に示すような関係図をもって、かかるガイダンスの有する権限を識別している。

このように、現段階においては、ガイダンスは、規制のための基礎および枠組みを形成するものの、遵守することが強制される規範的な最低要件とされることは意図されていない。したがって、組織体における統制に責任を有しているか、あるいは、有効な統制に関心を有している関係者(すなわち、取締役会およびその他のガバナンス

〔図表12-1〕意図された権限

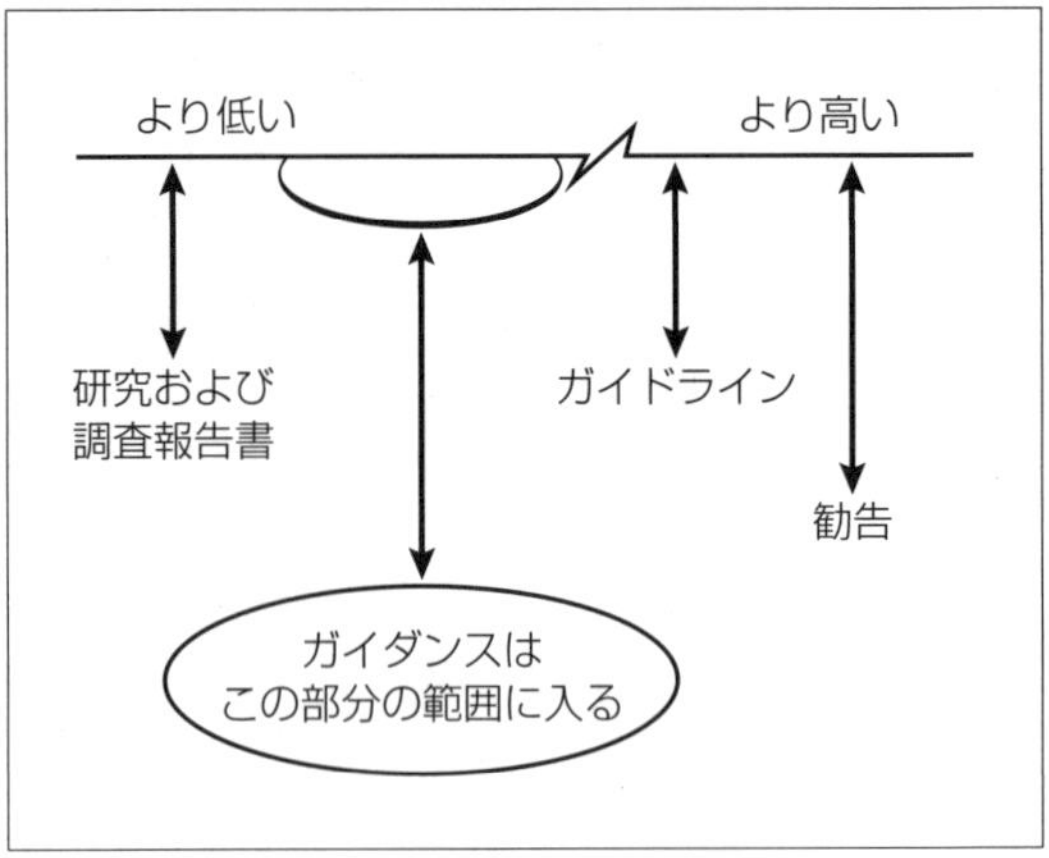

機関、上級経営者およびライン部門の経営者、所有主・投資家および債権者、そして監査人）が、統制に関する判断を下すために本ガイダンスを利用する際には、各組織体の状況に合うように、それぞれ自主的な判断をもって利用することが必要であるとされている。

4　「統制に関するガイダンス」の内容 ―COSOとの比較を中心にして―

CoCoの公表した報告書第一号『統制に関するガイダンス』（以下、統制ガイダンス）は、米国のCOSOの報告書に概念的な基礎を置きつつも、COSOとは異なる前提および洞察を踏まえて、CoCo独自の統制に関する枠組みを提示している。以下では、COSOの報告書との相違を中心に統制ガイダンスの示す統制の概要について吟味することとする。

（1）意義および範囲

COSOは、内部統制について次のように定義している（鳥羽・八田・高田共訳、一九九六、一八頁）。

「内部統制は、以下の範疇に分けられる目的の達成に関して合理的な保証を提供することを意図した、事業体の取締役会、経営者およびその他の構成員によって遂行される一つのプロセスである。
・業務の有効性と効率性
・財務報告の信頼性
・関連法規の遵守」

これに対して、統制ガイダンスは、財務報告に関する内部統制（いわゆる伝統的な内部会計統制）よりも広範な意味を有する統制概念を取り上げ、特に、組織における有効な統制のための判断規準を基礎とした統制の枠組みを提供している点に大きな特徴がある。

まず、「目的を追求して業務を遂行する人々」（para.3）をもって組織と解し、この組織の最小単位が人間であるという点から、人間と統制との関係について、次のような基本的視点を表明している（para.5）。

「人間は、その『目的』（達成すべき目的）を理解することによって導かれ、『可能性』（情報、資源、必要なものおよび技能）によって支えられて、任務を遂行する。当人はかかる任務を長期間にわたり適切に遂行するために、『取組み』の熱意が必要となる。当人は、かかる任務をより適切に達成する方法および加えるべき変更について『学習』するために、自己の業務の成果および外部の環境を『監視』することになる。同様のことは、いずれのチームもしくは作業グループの場合にも当てはまる。人間のいずれの組織においても、統制の本質は、目的、取組み、可能性および監視活動と学習である。」

かかる理解に立って、統制ガイダンスは、ＣＯＳＯよりも若干広い範疇の組織の統制目的を明示したうえで、以下のような統制についての定義を示している（para.6）。

「統制は、総合的に考えて、組織の目的の達成に際して、人々を支援する（組織の資源、システム、プロセス、文化、構造および任務を含む）組織における統制の構成要素からなる。こうした組織の目的は、以下の一つもしくは複数の一般的な範疇に分類される。

・業務の有効性と効率性は、顧客サービス、資源の保全と効率的な利用、収益性および社会的責任の履行のような組織の目標に関連した目的を含んでいる。これには、組織の資源の不適切な使用もしくは損失からの保全および債務の識別とその管理の保証が含まれる。

・内部報告と外部報告の信頼性は、適切な会計記録の維持、組織の中で利用される情報および第三者に対して公表される情報の信頼性といった事柄に関連した目的を含んでいる。これには、盗難の隠匿および業績の歪曲といった、二種類の主要な不正からの記録の保護が含まれる。

・関連法規と内部方針の遵守は、組織の業務が法規上の義務および内部方針に準拠して実施されていることの保証に関連した目的を含んでいる。」

このように、統制ガイダンスの示す統制目的には、COSOでは直接に取り上げていない、内部報告の信頼性および内部方針の遵守といった組織内部での経営者の監視活動の一環と捉えられる目的が加味されている。このため、こうした定義との整合性をもって、統制ガイダンスでは、経営者に特有の領域（すなわち、マネジメント・プロセスとして捉えられる経営者の活動のうち、内部統制の構成要素とはならないとされている領域）であるとして、COSOでは除外している、目的の設定プロセス、戦略的経営計画、リスクの管理および是正措置（鳥羽・八田・高田共訳、三〇頁）について、これを統制の範囲に含めている。その結果、統制ガイダンスが統制の範囲から除外しているのは、経営管理上の意思決定の領域だけとなっている。つまり、統制は、監視および意思決定に責任のある人々が、適切で信頼しうる情報を得ることを保証するのを助けること、あるいは、講じられた措置もしくは措置を講じないとの意思決定の結果に従って、その結果を報告することはできる。しかし、いかなる目的を設定すべきか、あるいは、いかなる措置を講じるべきかの意思決定については、統制ガイダンスでは、これを統制の埒外の管理の側面であるとして、統制と管理の間の区別を行っている点（para.9）にも特徴がある。

（2）有効性の判断

ＣＯＳＯは、統制環境、リスクの評価、統制活動、情報と伝達および監視活動という五つの相互に関連のある内部統制の構成要素を基礎に、内部統制の枠組みを構成するとともに、以下のように、かかる構成要素が三つの統制目的の範疇において有効に機能している場合に、内部統制が有効であると判断できると捉えている（同、二八―二九頁）。

「取締役会と経営者が、以下のことについて合理的な保証を得る場合には、内部統制は統制目的の三つの範疇それぞれにおいて有効である、と判断することができる。

・取締役会と経営者が事業体の業務目的がどの程度達成されているかを理解していること。
・公表財務諸表が信頼しうる方法で作成されていること。
・関連法規が遵守されていること。

特定の内部統制システムが『有効である』かどうかを決定するということは、五つの内部統制の構成要素が存在し、かつ、有効に機能しているかどうかについての評定から得られる主観的判断である。内部統制の構成要素が有効に機能していることは、上で述べた一つまたは複数の統制目的の範疇が達成されていることについて、合理的な保証を提供するものである。かくして、構成要素は、内部統制の有効性の判断規準でもある。」

一方、統制ガイダンスでは、統制の枠組みは、統制について考慮する際の、有用かつ包括的な方法を提供することにある（para.20）として、組織における統制についての理解および統制の有効性に関して判断を下すための基礎である、具体的な統制の断判規準を明示し、かかる判断規準の組織における特定の目的への適合度合いをもって統制の有効性を判断すべきであると捉えている。つまり、統制の有効性の判断は、ＣＯＳＯにいう統制目的の範疇（たとえば、業務の有効性と効率性）との関連で行われるのではなく、顧客サービスの目的や従業員の士気の目的といった組織における個別的な目的との関連において行われること、そして、かかる有効性の評価には、具体的に示された二〇の判断規準(4)を用いることを要求しているのである。

(3) 基礎をなす概念

そもそも、統制ガイダンスに示された判断規準は、組織に対する基本的視点でも述べられた統制の本質（すなわち、目的、取組み、可能性および監視活動と学習）から演繹されたものであり、ＣＯＳＯの掲げる五つの構成要素を評価する際に、「検討すべき事項」として例示されている事項をほぼ網羅する内容となっている。まず、目的に関する判断規準は、組織の目的（使命、将来像および戦略を含む）、リスク（および企業機会）、方針、計画の設定そして業績目標および業績指標といった、組織の方向感覚を与えるものを対象としている（p.10）。次に、取組みに関する判断規準は、誠実性を含む倫理的価値観、人的資源に関する方針、権限・責任および報告義務そして、人々の間の相互の信頼といった、組織の主体性および価値観を与えるものを対象としている（p.14）。さらに、可能性に関する判断規準は、知識・技能および手段、情報伝達プロセス、情報、調整そして統制活動といった、組織の能力を与えるものを対象としている（p.17）。そして最後の監視活動と学習に関する判断規準は、内部環境と外部環境の監視、業務遂行の監視、組織の目的の背後にある仮定の検討、情報ニーズと情報システムの再評価、事後点検手続そして統制の有効性の評価といった、組織を進化させるものを対象としている（p.12）。

これらの規準のうち、取組みに関する人々の間の相互信頼（B 4）、および、監視活動と学習に関する仮定についての定期的な見直し（D 3）についてはCOSOでは明確に述べられていないものである。また、統制ガイダンスにおける監視活動の概念には、COSOでは議論の対象とされていない、組織の営業成績についての監視活動が含まれている（para.109）。

このように、統制ガイダンスでは、統制の基礎をなす概念においてCOSOとの相違がみられる。そのため、統制ガイダンスは、目的の達成に際して組織を信頼できるようにさせるものが統制であるとの視点から、有効な統制についてさらに次のような定義を含めている（para.7）。

「統制は、組織がその目的を達成するであろうとの合理的な保証を与えている限りにおいて、有効なものである。あるいは別の表現をすれば、統制は、組織がその目的を達成しそこなう（統制不能の）残余リスクが受容可能なものと考えられる限りにおいて、有効なものである。したがって、統制には、リスクの識別とその緩和が含まれる。」

つまり、統制には、(一) 企業機会を識別し、それを利用しうる組織の能力を維持しそこなうリスクの識別とその緩和、および (二) 組織の弾力性―すなわち、予期しないリスクおよび企業機会に反応して、それに適合したり、また、決定的な情報のない場合に証拠となる徴候をもとにして意思決定を行いうる組織の能力―を維持しそこなうリスクの識別とその緩和が含まれるとし、単に特定の目的に関連した既知のリスクだけでなく、組織の活力と成功に深い関わりを有する組織における基本的なリスクの管理をも射程内に置いた統制を指向している

5　おわりに ―統制に対する基本的視点の再確認―

統制ガイダンスが採用した統制に対する視点では、先のマクドナルド委員会の行った勧告―すなわち、有効かつ賢明な統制システムのための判断規準を作成すべきであるということ―にも相応すべく、統制の判断規準を柱とした枠組みを開発することに主眼が置かれている。そして、かかる判断規準を、組織における一般的な統制目的の範疇との関連からではなく、組織を構成する人間の行動プロセスに即して設定している点にCOSOとの間に大きな相違がみられる。(5) このような相違の理由としては、今後、監査人が企業の統制システムの有効性の程度に関して何らかの関与(たとえば、規制当局はじめ外部の関係者に対する報告という形で関与)が求められる場合、統制に関する確立した規準が存在しない場合には、監査可能性の問題とも絡んで信頼しうる判断が行い得ない、との問題意識が根底にあったことによるものと思われる。統制ガイダンスは、統制の本質を目的、取組み、可能性および監視活動と学習という、組織における人間の行動プロセスと捉えていることからも明らかなように、統制の有効性を評価することが、まさに人間の行動ないし行為を評価することに他ならないことを明示している。し

たがって、監査人が統制の有効性の評価に関与することで、伝統的な会計情報の信頼性の保証を役割とする情報の監査に加えて、人間の行為ないし業務の是非を対象とした実態の監査を指向していることが伺われる。

確かに、実態監査の遂行には、監査手続面および監査報告面において解決されなければならない問題が山積しているが（鳥羽、一九九五、六四―七〇頁）、少なくとも統制ガイダンスでは、社会的ないし組織上の合意としての統制の有効性に関する判断規準を確立することで、統制についての評価を可能ならしめようとしている。同時に、有効な統制を維持・促進させる責任が経営者を中心とした組織体自らにあることを踏まえ、かかる統制の判断規準を柱とした枠組みを、組織独自のものとして開発もしくは変更して利用することで、組織全体の有効かつ効率的なガバナンス・システムを確立することも意図されている。

ＣＯＳＯおよび統制ガイダンスにおいては、統制の枠組みにおける理論的側面での若干の相違はみられるものの、米国およびカナダの両国ともに金融機関を中心に、統制に関する報告とそれに対する監査人の関与が法定化されてきたことから、今後は実践面での適用に関してさらに議論が進んでいくものと思われる。しかし、組織における統制の問題は、各国の社会的、経済的および法的規制面での相違、あるいは、かかる環境下に置かれた組織体独自の文化および風土、とりわけ経営者の社風によって影響を受ける側面も多いと考えられる。その意味で、統制ガイダンスが、ＣＯＳＯと異なったアプローチをもって統制の枠組みを提示したことは、今後わが国において統制に関する議論を行ううえでの新たな視点を示しているものと思われる。

【注】

（１）検討対象となった報告書には、コーエン委員会の中間報告書（Cohen,1978）、米国下院のモス委員会報告書（Moss,1979）および上院メトカーフ委員会報告書（Metcalf,1977）等がある（Adams,1978,p.65）。

（２）当時、カナダの会社法では、その規定が在外子会社にまで及ぶか否かは明らかにされていないが、カナダの会社に対しては、適切な会計記録を維持すべきこと、また、監査人に対しては、適切な会計記録が保存されていないことを発見した場合には、監査報告書の中で必要な記載を行うことを規定していた（Adams,1978,p.51）。

（3）ＣｏＣｏは、Control and Governance Seriesとして、本報告書以外に、CICA, CoCo（1995a,1995b,1995c,1998,1999,2000）の報告書を公表している。

（4）統制ガイダンスが掲げる二〇の判断規準は以下のとおりである（p.9）。

目　的

A1　目的を設定し、伝達しなければならない。

A2　組織がその目的の達成に際して直面する内部および外部の重要なリスクを識別して、評価しなければならない。

A3　組織の目的達成と組織のリスク管理を支援することを意図した方針について、人々が自分達に期待されている事項および自己の裁量で行動しうる範囲を理解できるように、これを設定し、伝達し、かつ、実行しなければならない。

A4　組織の目的達成に際しての努力を導く計画を設定し、伝達しなければならない。

A5　目的および目的に関連した計画は、測定可能な業績目標および業績指標を含んでいなければならない。

取組み

B1　誠実性を含む倫理的価値観の共有を組織全体にわたって確立し、伝達し、かつ、実行しなければならない。

B2　人的資源に関する方針と管理は、組織の倫理的価値観および組織の目的達成と整合したものでなければならない。

B3　しかるべき立場の人々が意思決定を行い、措置を講じることができるように、権限、責任および報告義務を明確に示すとともに、組織の目的と整合したものにしなければならない。

B4　人々の間の情報の流れおよび組織の目的達成に向けての彼らの有効な業務を支援するために、相互の信頼感を促進しなければならない。

可能性

C1　人々は、組織の目的達成を支援するのに必要な知識、技能および手段を保持しなければならない。

C2　伝達プロセスは、組織の価値観および組織の目的達成を支援しなければならない。

C3　十分かつ目的適合的な情報を、人々が自分達に割り当てられた責任を履行しうるように、適時に識別し、伝達しなければならない。

C4　組織の様々な部分における意思決定と行動を調整しなければならない。

C5　組織の目的、目的達成にとってのリスクおよび統制の構成要素の相互関係を考慮にいれて、組織の統合的部分として統制活動を設計しなければならない。

監視活動と学習

D1　組織の目的あるいは統制についての再評価の必要性を知らせるような情報を入手するために、外部環境と内部環境を監視しなければならない。

D2　組織の目的および計画において識別される目標および指標に対して、業績を監視しなければならない。

D3　組織の目的の背後にある仮定を定期的に検討しなければならない。

D4　情報ニーズおよびそれに関連した情報システムについては、目的が変わったりあるいは報告上の欠陥が識別されたときに、再評価しなければならない。

D5　しかるべき変更あるいは措置が行われることを保証するために、事後点検手続を確立しなければならない。

D6　経営者は、所属する組織の統制の有効性を定期的に評価し、その結果を統制の有効性に責任ある当事者に伝達しなければならない。

（5）　なお、一九九四年一一月に公表された統制ガイダンスの公開草案では、基本的にCOSOの採用した構成要素（但し、情報と伝達は含まれていない）を中心とした統制の枠組みが採用されていた。

【参考文献】

American Institute of Certified Public Accountants（AICPA）(1978) The Commission on Auditors' Responsibilities, *Report, Conclusions and Recommendations.*（鳥羽至英訳（一九九〇）『財務諸表監査の基本的枠組み―見直し

と勧告—』白桃書房。)

Canadian Institute of Chartered Accountants〔Adams〕(1978) The Report of the Special Committee to Examine The Role of The Auditor(アダムス委員会), *CA Magazine*, April.pp.35-69.

Canadian Institute of Chartered Accountants, Criteria of Control Board〔CoCo〕(1995a) CONTROL AND GOVERNANCE—*Preface to Guidance issued by the Criteria of Control Board*, November.(八田進二・橋本 尚共訳(一九九七)「カナダ勅許会計士協会 統制規準審議会公表ガイダンス第一号『統制に関するガイダンス』」『駿河台経済論集』第六巻第二号、三二九—三三四頁。)なお、本中での本ガイダンスの引用に関しては、該当Paragraphおよび頁についてのみ示してある。

——(1995b) CONTROL AND GOVERNANCE—Number 1, *Guidance on Control*, November.(八田進二・橋本 尚共訳(一九九七)「カナダ勅許会計士協会 統制規準審議会公表ガイダンス第一号『統制に関するガイダンス』」『駿河台経済論集』第六巻第二号、二七七—三二八頁。)

——(1995c) CONTROL AND GOVERNANCE—Number 2, *Guidance for Directors-Governance Process for Control*, December.(八田進二・橋本 尚共訳(一九九八)「カナダ勅許会計士協会 統制規準審議会公表ガイダンス第二号『取締役のためのガイダンス—統制のための統治プロセス』」『駿河台経済論集』第七巻第一号、八三—一一五頁。)

——(1998) CONTROL AND GOVERNANCE—Special Bulletin, *Guidance for Directors —The Millennium Bug*,February.(八田進二・橋本 尚共訳(一九九九)「カナダ勅許会計士協会 統制規準審議会公表ガイダンス特別公報『取締役のためのガイダンス—千年紀バグ』」『駿河台経済論集』第八巻第二号、一五三—一七五頁。)

——(1999) CONTROL, RISK AND GOVERNACE - Number 3, *Guidance on Assessing Control* April.(八田進二・橋本 尚共訳(一九九九)「カナダ勅許会計士協会 統制規準審議会公表ガイダンス第三号『統制の評価に関するガイダンス』」『駿河台経済論集』第九巻第一号、八五—一四一頁。)

——(2000) CONTROL, RISK AND GOVERNANCE—Number 4, *Guidance for Directors-Dealing with Risk in the Boardroom* April.(八田進二・橋本 尚共訳(二〇〇〇)「カナダ勅許会計士協会 統制規準審議会公表ガイダンス第四号『取締役のためのガイダンス—取締役会議室におけるリスクへの対処』」『駿河台経済論集』第一

○巻第一号、八一―一〇九頁。）
Canadian Institute of Chartered Accountants, Criteria of Control Board〔Macdonald〕（1988）*Report to the Commission to study The Public's Expectations of Audits*（マクドナルド委員会）, June.
Committee of Sponsoring Organizations of the Treadway Commission,（COSO）（1992）*Internal Control-Integrated Framework*, AICPA, September.（鳥羽至英・八田進二・高田敏文共訳（一九九六）『内部統制の統合的枠組み―理論篇およびツール篇―』白桃書房。）
National Commission on Fraudulent Financial Reporting（NCFFR）（1987）*Report of the National Commission on Fraudulent Financial Reporting*, October.（鳥羽至英・八田進二共訳（一九九一）『不正な財務報告―結論と勧告―』白桃書房。）
Peter Jackson（1994）Co-operative control, *CA Magazine*, April,pp. 59-63.
U. S. House of Representatives〔Moss〕（1979）*Federal Regulation and Regulatory Reform, Report by* The Subcommittee on Oversight and Investigations of The Committee on Interstate and Foreign Commerce（モス委員会）, October.
U. S. Senate〔Metcalf〕（1977）*The Accounting Establishment,*a Stuff Study prepared by The Subcommittee on Reports, Accounting, and Management of The Committee on Government Operations（メトカーフ委員会）, March.
鳥羽至英（一九九五）「実態監査理論序説―実態監査の理論的構造」『會計』第一四八巻第六号、六二―七三頁。

八田進二（一九九四）「企業の内部統制をめぐる新たな展開」『経営行動』第九巻第四号、三六―四四頁。

第13章 内部監査とコーポレート・ガバナンス

1 はじめに

二一世紀への橋渡しとなるべき一九九〇年代のわが国経済が、それまでの右肩上がりの経済発展とは対照的に、「失われた一〇年」とも揶揄されるほどの長い停滞を続けたのは周知のとおりである。こうした経済の停滞ないし破綻を生じさせた理由としては、様々な要因が考えられるのであろうが、かかる原因を経済社会のあらゆる側面から冷静に見直すとともに、そこで得られる知見に基づいて、二一世紀における経済社会再生のための教訓を得ることが、社会科学全体の課題であるといえるであろう。

とりわけ企業経営といったミクロ経済的レベルにおいては、第二次世界大戦後半世紀を越える時を経過する中で、ほとんど経験したことのない大型の企業破綻および、経営上層部の責任に係る企業不祥事が続発したことは、その後の歴史の中に深く刻まれているところであり、現在においてもそのすべてが終結したとは必ずしもいい難い状況にある。しかし、少なくとも、かかる事案が二〇世紀の末期に集中したことは、長引く経済環境の低迷に符合するものであることは論をまたないものの、結局は、わが国企業全般にわたって企業経営の根幹に係る経営方針、経営組織あるいは経営戦略等が極めて脆弱であったことを露呈したものと解される。加えて、かかる脆弱さゆえに生じた企業不祥事等の問題については、取締役等の企業経営の責任者に対して、法の場で責任を問う動きが頻発してきていることから、もはや一企業の枠を越えて、わが国経済社会全体の問題として深刻に受けとめられてきたのである。

こうした状況に追い打ちをかけることとなったのは、二〇〇〇年九月二〇日に大阪地方裁判所が下した大和銀行株主代表訴訟の第一審判決の内容であった[1]。そもそも本事件は、一九九五年九月、大和銀行ニューヨーク支店の元行員が一九八四年から一九九五年までの一一年間にわたって、米国債の不正な簿外取引等で約一一億ドルの損失を出したことが発覚したことによるものである。同行は、同年七月に本人からの告白により、こうした事実を把握しながらも、当該損失を隠すため米連邦準備制度理事会（ＦＲＢ）に虚偽の報告をしたとの疑いをもたれ、共同謀議等の二四の罪で起訴され、一九九六年一二月に、一六の罪を認め司法取引に応じて三億四〇〇〇万ドルの罰金を支払っており、今般の判決はこうした一連の巨額損失事件に対する役員（取締役および監査役）の責任を問うたものであった[2]。

下された判決では、株主代表訴訟として過去最高の賠償額（すなわち、当時の役員一一人に対して総額七億七、五〇〇万ドル（約八三〇億円））の支払いを命じていることから、経済界における動揺ぶりがマスコミ等を通じて、種々報道されたことは周知のとおりである。しかし、ここで問題とされるべきは巨額の賠償金の当否ということではなく、健全な企業経営の根幹をなす会社のガバナンスないしコントロールに対して、取締役ないし監査役が相応の責任を有していることが判決文をもって示されたという点である。因みに本事件の争点は、「（一）被告らに、内部統制システムの構築に関し、任務懈怠行為があったか、（二）被告らに、米国法令違反に関し、任務懈怠行為があったか、の二点」[3]であり、それぞれに対して任務懈怠に係る一定の責任を認めているのである。このうち、前者の内部統制システムについては、判決文中、リスク管理体制および法令遵守体制を併せた内容のものとして捉えるとともに、かかる内部統制システムを構築すべき取締役の義務を明示的に認めた、という点で画期的な意義を有するとの評価もなされている（岩原、二〇〇〇、一一頁）。

そこで、本章においては、まず健全な企業経営を支える会社機構全般にかかわる問題でもあるコーポレート・ガバナンスについて、内部統制の問題を中核に据えて検討を加えることとする。

その際、従来より内部統制の要素として捉えられる内部監査に焦点を当てることで、新たな視点での内部監査機能についてあわせて検討を行うこととする。

2 コーポレート・ガバナンスに対する見方 ―英国における報告書を中心に―

今日、企業を取り巻く様々な問題を解明するためのひとつのキーワードとして「コーポレート・ガバナンス」という用語が頻繁に用いられている。かかる用語の意味する内容については、極めて多義にわたる理解が示されており、未だ、必ずしも共通の認識が得られているとはいい難い（八田、一九九九a、一〇〇―一〇一頁）。しかし、一連のコーポレート・ガバナンス議論は、そのすべてが、一九九〇年代に入って本格的に始まったという点では共通しているのである。

そして、主要国においてかかる議論の先駆けとなったとされるのが、一九九二年公表のかの有名な英国のキャドベリー委員会報告書『コーポレート・ガバナンスの財務的側面』(Cadbury, 1992)であった。同報告書では、「コーポレート・ガバナンスは、企業を方向づけて統制するシステムである(八田・橋本訳、二〇〇〇、二三頁)。」と規定し、取締役会は、自己の企業のガバナンスに責任を負うことを明示している。

一方、ガバナンスにおける株主の役割としては、「取締役および監査役を任命し、しかるべきガバナンス機構が整備されているとの確信を得ることである(同訳書、二三頁)。」と解している。

このキャドベリー委員会の後継委員会として設置されたハンペル委員会は、一九九八年一月に、コーポレート・ガバナンスに関する『最終報告書』(Hampel, 1998)を公表し、英国におけるコーポレート・ガバナンス議論に一応の終止符を打つとともに、これを具体的に実践に移す方向へ向かわせたのである。[4]

このハンペル委員会報告書では、まずもって、「コーポレート・ガバナンスの重要性は、企業の繁栄とアカウンタビリティーの双方に貢献するところにある(同訳書、一七五頁)。」として、それまでの議論が後者のアカウンタビリティーに対する議論に傾いていた点を指摘するとともに、単一の公式では示し得ない企業の繁栄に対する取締役の責任を再確認することの必要性を強調している。つまり、コーポレート・ガバナンスについて先のキャドベリー委員会が示した定義(すなわち「企業を方向づけて統制するシステム」)を受け入れてはいるが、かかる定義は「企業の取締役をコーポレート・ガバナンスに関するあらゆる議論の中心に据えており、株主が取締役を任命することから株主の役割と結びつけている(同訳書、一八〇頁)。」ため、限定的すぎるとの認識をもっている。「それは、事業の成功にとって、やはり不可欠な企業経営に関連する多くの活動を除外しているからである(同訳書、一八〇頁)。」とする。因みに、「規模または業種にかかわらず、すべての上場企業に共通する唯一最優先の目的は、株主の投資を長期的に維持し、かつ、それを可能なかぎり最大化させることである。…中略…企業は成功に結びつく関係を構築しなければならない。これらの関係は、企業の事業活動の性質によって決まるであろうが、従業員、顧客、仕入先、与信者、地域住民および政府との関係を含むものであろう。これらの問題を対象とする方針を策定することは、経営者の責任であり、その際、経営者は株主の投資を長期的に維持し、かつ、増大させるという最優先の目的を考慮に入れなければならない（同訳書、一八〇頁）。」として、取締役会は、株主以外の利害関係者との関係を発展、持続することで株主に対する法的な責任を果たすことができるとし、株主との関係を第一義的に据え、株主に対してアカウンタビリティーを負うことを強調しているのである。

このガバナンス・システムにおける機能として、株主に対する取締役会のアカウンタビリティーを強化すること、そして、そのための方策として、先のキャドベリー委員会は『最善の実務の規程（The Code of Best Practice）』の四、五節において、「取締役は、企業の内部統制システムの有効性に関する報告を行うべきである」とし、さらに、かかる取締役の報告書は、監査人によるレビューを受けるべきであるとの勧告も行っていた（同訳書、一三頁）。その後、ハンペル委員会での検討が加えられた後の『統合規程』では、「アカウンタビリティーと監査」の項の中核として、内部統制に関する原則（D・2）「取締役は、株主の投資を保護し、かつ、企業の資産を保全するために健全な内部統制システムを維持すべきである。」を規定するとともに、左記の二つの条項を勧告事項として付している（同訳書、二六〇頁）。

「条項D・2・1　取締役は、少なくとも年一回、企業集団の内部統制システムの有効性をレビューし、レビューを行ったことを株主に対して報告すべきである。かかるレビューは、財務上、業務上および遵守上の統制ならびにリスク管理を含むすべての統制を包含すべきである。

条項D・2・2　内部監査機能を有していない企業は、適宜、その必要性を検討すべきである。」

以上からも明らかなように、公開企業の経営の健全な発展とアカウンタビリティーの履行を目途として、国際的な環境下における企業競争力の強化と、株主を中心とした利害関係者に対する取締役の責任の明確化をなすところに、コーポレート・ガバナンスの本質をみてとることができるであろう。

その際、このアカウンタビリティーの履行のための中核とされるのが、企業の内部統制システムであり、しかも、この内部統制システムが健全なものであることを定期的に監視する機能が内部監査に課せられていると捉えられているのである。

とりわけ、キャドベリー委員会では、内部統制システムに対する企業ないし取締役の責任を解除するのに役立つ内部監査機能を確立することを健全な実務とみなして、内部監査による定期的な監視が内部統制システムにおける不可欠の要素である、との理解を示している[5]。

そこで、次に、内部統制に対する見方について内部監査との関連において検討を加えることにする。

3 内部統制に対する見方と内部監査

ところで、ハンペル委員会の『統合規程』に示された内部統制に関する原則（D・2）およびかかる原則の下に付された二つの条項（D・2・1およびD・2・2）については、ロンドン証券取引所の上場規則（12・43A節）により、かかる原則および条項への遵守状況を説明することが求められるようになっている。このように、英国においては、健全な内部統制システムを維持することが上場企業の取締役会に課せられた責任として認定されたことにより、かかる責任を適切に履行するための方策が検討されてきている。因みに、イングランドおよびウェールズ勅許会計士協会（The Institute of Chartered Accountants in England&Wales：ＩＣＡＥＷ）が設置した内部統制作業部会は、上場企業が前記の『統合規程』における内部統制の新たな要件を履行するために必要なガイダンスとして、一九九九年九月、『内部統制：統合規程に関する取締役のためのガイダンス（通称「ターンバル委員会報告」）』[(6)]を公表した。

このターンバル委員会報告書では、最初に「内部統制とリスク管理の重要性」と題して、「企業の内部統制システムは、企業の事業目的の達成にとって重要なリスクの管理において主要な役割を有している。健全な内部統制システムは、株主の投資の保護と企業資産の保全に貢献している（八田・橋本訳、二〇〇〇a、一五九頁）。」との基本的な理解を示している。そして、内部統制自体の目的ないし役立ちとしては、「業務の有効性と効率性を促進し、内部報告と外部報告の信頼性を保証するのに役立ち、かつ、法規の遵守を手助けする（同訳書、一五九頁）。」として、すでに広く受け入れられている米国のトレッドウェイ委員会組織委員会（ＣＯＳＯ）の報告書『内部統制—統合的枠組み』（COSO, 1992）における定義での理解と同様の立場を採っていることが明らかにされている。

ところで、ターンバル委員会報告書は、企業が直面するリスクは絶えず変化しているために、「健全な内部統制システムは、企業が晒されているリスクの性質と程度についての十分かつ定期的な評価に依存している。…内部統制の目的は、リスクを除去することよりはむしろリスクをしかるべく管理、統制するのに役立つことである（同訳書、一五九頁）。」として、リスク管理の一環として内部監査を位置づけようとする意識が伺われる。これは、内部監査をして、「組織体の中に設置された独立的評定機能」と捉える米国の内部監査人協会（The Institute of Internal Auditors：ＩＩＡ）が一九四七年以来とり続けてきた視点と相違するものではない。

しかし、ＩＩＡは一九九九年六月に、旧来とは一変する以下のような新たな内部監査の定義を採択したのである。

「内部監査は、組織の業務に付加価値をもたらし、かつ、かかる業務を向上させるために設計された、独立的かつ客観的な保証およびコンサルティング活動である。内部監査は、リスク管理、統制およびガバナンスのプロセスの有効性の評価と改善のための、体系的かつ規律正しい方法を提供することにより、組織が自らの目的を達成することを支援する。」

このように、内部監査を取り巻く環境は、必ずしも、従来の内部統制の範疇に拘泥することなく、内部監査の対象においては、ガバナンスのプロセスの有効性の評価と改善をも包含するほどに極めて広く、また、その役立ちについては付加価値を生み出すための助言、勧告といったコンサルティング業務を指向する方向への転換がみられるのである。したがって、内部監査をどのように捉えるかにより、内部統制との関係、さらには、コーポレート・ガバナンスとの関係についてもまったく異なった理解が示されることになるであろう。こうした内部監査をめぐる新たな動向については、これを内部監査への役割期待と内部監査がこれまで担ってきた機能との間のギャップが顕在化したことで生じた内部監査機能の転換現象であると捉える向きもある。[7]

確かに、内部監査機能として、いかなる範疇の役割まで期待するのかは、基本的に企業経営者が自らの権限と責任において決定しうるものであるが、内部統制の評価という、内部監査が本源的に有している役割については、これを度外視して考えることはできないであろう。つまり、健全な内部統制を維持することが求められる経営者の責任として、かかる内部統制の機能状況（つまり、内部統制が自らの意図した通りに機能しているかどうか）についての評価のための監視プロセスを常設することは、経営者自身の責任を果たすうえでも不可欠とされるからである。

4 今求められる内部監査機能の実質

激変する企業環境の下で、情報ニーズの多様化と相俟って、とりわけ英語圏社会において広がりはじめた会計プロフェッションによる保証業務（assurance service）は、伝統的な財務諸表監査との間に多くの問題を投げかけてきた（八田、一九九九b、六八―八一頁）。こうした、いわゆる外部監査の世界において拡大しつつある保証業務等は、監査人の独立性を中核とする監査業務とは対峙するコンサルティング業務との境界線を曖昧なものとする点が指摘されている。しかし、先にみた内部監査のコンサルティング重視の傾向は、こうした外部監査の場合と同様の問題を生じさせるように思われる。さらに、こうした内部監査機能の役割期待の質的転換は、内部監査のアウトソーシング（会計事務所等への外部委託）化の傾向にもみられるように、そこでの業務は、旧来の内部監査と外部監査の識別さえも困難にさせる状況が想起されるのである。

しかし、ここで明らかにしておかなければならないことは、内部監査が本源的に有する機能としての内部統制に対する監視機能、あるいは内部統制の有効性に係る評価機能を放棄する場合には、かかる内部監査は、内部統制の範疇では捉えることのできない全く異質の、あるいは、次元の異なる機能を担った活動として解されなければならないということである。つまり、健全かつ有効な内部統制を構築する目的をもって実施される種々の助言・勧告等、いわゆるコンサルティング業務を新たな内部監査の役割として担わせようとすることは、大いに予想されるところである。それどころか、ＣＯＳＯの内部統制報告書が描く内部統制概念では、内部統制手続が業務に組み込まれるべきものと捉えることから（鳥羽・八田・高田訳、一九九六、一九―二〇頁）、従来、内部監査機能が担ってきていた内部統制評価プロセスが、いわゆる内部監査が対象とする被監査部門ないし監査対象業務に移行することで、日常的な監視は必ずしも必要でなくなる場合も想定される。しかし、このような状況にあっても、監査対象とされる活動ないし業務からは独立した評価および監視がなされるのでなければ、COSOのいう内部統制の五つの構成要素（すなわち、統制環境、リスクの評価、統制活動、情報と伝達、および、監視活動）のうちの監視活動の中における独立的な評価が達成されず、内部統制の不備が問題とされることになるであろう。なお、ここにいう独立的評価の特徴としては、第一に、企業の内部牽制が十分に機能しているかどうかを評価するものであること、第二には、かかる独立的評価は、統制の対象であるリスクの大きさとそのリスクの引き下げに対する統制手続の重要性いかんによって、その範囲および頻度は異なるということ、そして、第三には、こうした独立的評価の一部を外部監査が担う場合もあるということ等が挙げられる。

ところで、日本公認会計士協会の監査基準委員会報告書第一五号（中間報告）「内部監査の整備及び実施状況の把握とその利用（平成一〇年三月二四日）」では、内部監査を内部統制組織の一部として捉えるとともに、内部監査の第一の目的として「内部統制が有効であるかについてこれを継続的に監視するために、内部統制組織の評価及びその運用の監視並びにそれに関する助言勧告等の業務」を掲げており、内部監査を確立した評価活動であると捉えている。そして、かかる評価活動としての内部監査は、内部統制の確立と維持の責任を有する経営者の経営管理の一環として捉えられるべきものと考えられているのである。

このような視点に立って、冒頭に掲げた株主代表訴訟の事案を振り返るとき、一従業員の行った不正行為が長期間にわたって発見されずにいたという事実から、まず第一に、明らかに内部監査の評価活動が機能していなかったことが指摘できる。そして、かかる内部監査を包含する内部統制システムに欠陥があったことも否定しえないであろう。ただし、内部監査機能および内部統制の構築には、企業活動の規模、多様性および複雑性、さらには従業員数といった企業特有の環境要因だけでなく、対費用効果の検討を含む個別的な要因をも加味して検討がなされることになる。したがって、個々の企業における内部統制の有効性ないし健全性の評価については、必ずしも画一的な基準が用意されているわけではない。そのため、内部統制の不備ないし脆弱さゆえに生じるであろう不正問題等については、当該企業および当該業務ないし活動におけるリスクについての適切な評価が極めて重要であるといえる。

5 おわりに

本章では、コーポレート・ガバナンスに対する見方を英国における報告書に依拠しながら、そこでの議論における内部統制および内部監査について検討を行ってきた。その結果、昨今取り上げられる企業不祥事等の問題に限っていうならば、内部監査の不備ないし未整備が脆弱な内部統制となって顕現し、企業活動を正しく方向づけて統制すべきコーポレート・ガバナンスの欠陥として問い掛けがなされる状況をみてとることができた。そのため、かかる責任が、わが国の場合には、内部統制の所有者とされる経営者（取締役）および内部統制の番人とされる監査役に対して追及されることとなったものと考えられるのである。

しかしながら、不幸にもわが国の場合にあっては、長年にわたり、この内部統制の実践上の定義ないし範疇等については、企業関係者の間にあってさえ、必ずしも共通の認識が得られているとはいえない状況が続いてきたのである。したがって、内部統制に関する確たる議論を核として理解すべき性格のコーポレート・ガバナンスについて、これを、内部統制議論を超えて一足飛びに法の世界で論じたり、あるいは、法制化すれば事足れりとする動きに対しては、極めて安易に過ぎるとの批判がなされるべきものと思われる。

その意味で、できるだけ早い段階で、わが国の企業環境に根ざした内部統制の枠組みを提示することが強く求められていたのである。そうした要請にも応える形で導入された会社法上の内部統制関連規定および金融商品取引法上の内部統制報告制度を踏まえたうえで、この内部統制をも含めたコーポレート・ガバナンス議論について、法の場で議論を深化させていくことが可能となるものと思われる。

【注】

（1）本事件の判決文全文については、『旬刊商事法務』（二〇〇〇年一〇月五日号）に掲載されている。

（2）「なお、本判決を不服として、原告・被告双方が控訴しているほか、被告が本判決に付された仮執行宣言の強制執行の停止を大阪地裁に申し立て、同地裁は九月二五日、被告一一名に総額八億二九二五万五〇〇〇円の供託を命じるとともに強制執行を停止する決定を行っている。」（『旬刊商事法務』（二〇〇〇年一〇月一五日号、七七頁））。

（3）『旬刊商事法務』二〇〇〇年一〇月一五日号、七六頁。

（4）英国における一連のコーポレート・ガバナンス議論は、『ハンペル委員会報告書』の公表とそれを基礎とした『統合規程』（すなわち、「健全なガバナンスの原則と最善の実務の規程」、Committee on Corporate Governance, *The Combined Code*, June,1998）の制定、さらに、これらを受けて行われたロンドン証券取引所の上場規則の改正により、一応の終結をみたと考えられる。

（5）キャドベリー委員会報告書では、第四章の取締役会に関する検討において内部監査の問題を取り上げ、次のように述べている（八田・橋本訳、二〇〇〇、四二頁）。

「内部監査人の機能は、外部監査人の機能を補うものであるが、それとは異なるものである。本委員会は、重要な統制および手続を定期的に監視するために企業が内部監査機能を確立することが健全な実務であると考えている。かかる定期的な監視は、企業の内部統制システムの不可欠な部分であり、その有効性を保持することに役立つものである。内部監査機能は、監査委員会の代わりに調査を行うためおよび不正の疑いがある場合に追跡を行うためにしかるべく設置される。内部監査部長は、自己の立場の独立性を保持するために、監査委員会の委員長と自由に面会することができなければならない。」

（6）ところで、このターンバル委員会報告書（ICAEW Internal Control Working Party, 1999）で示されたガイダンスは、先の『統合規程』および『ロンドン証券取引所上場規則』の新要件に合致するもので、これまで適用されてきた、「キャドベリー委員会作業グループ」（通称、「ラットマン委員会」）が一九九五年二月に策定したガイダンス（なお、本作業グループでの議論の詳細については、以下を参照されたい。八田（一九九七、三〇―四三頁））に取って代わるものと位置づけられており、このターンバル委員会の内部統制要件は、二〇〇〇年一二月二三日以降終了事業年度から完全実施されることになっている。その意味でも、本報告書は、英国における内部統制の議論ないし実践面に対する理解の手助けとして、極めて意義深いものと思われる。

（7）内部監査の進む方向として、一方ではリスク・ベース監査として内部監査が脱皮すること、また、他方では、コンサルティング・サービスの提供に重点を移行させることの二つの方向性に集約できるとの指摘もある（堀江、二〇〇〇、六六頁）。

【参考文献】

Committee of Sponsoring Organizations of the Treadway Commission (COSO)（1992）*Internal Control-Integrated Framework, Framework*および*Internal Control Integrated Framework, Evaluation Tools*, AICPA September.（鳥羽至英・八田進二・高田敏文共訳（一九九六）『内部統制の統合的枠組み―理論篇およびツール篇―』白桃書房。）

Committee on Corporate Governance〔Hampel〕（1998）*Final Report*, January, London：Gee Publishing Ltd.（八田進二・橋本　尚共訳（二〇〇〇）『英国のコーポレート・ガバナンス』白桃書房、一六九―二六八頁所収。）

Committee on Financial Aspects of Corporate Governance〔Cadbury〕（1992）*Report of the Committee on the Financial Aspects of Corporate Governance*（キャドベリー委員会報告書）, December, London：Gee and Co .Ltd.（八田進二・橋本　尚共訳（二〇〇〇）『英国のコーポレート・ガバナンス』白桃書房、一―一一〇頁所収。）

Institute of Chartered Accountants in England and Wales, Internal Control Working Party（1999）*Internal*

Control: Guidance for Directors on the Combined Code, September.（八田進二・橋本　尚共訳（二〇〇〇）「ICAEWターンバル委員会報告書『内部統制─統合規程に関する取締役のためのガイダンス』」『駿河台経済論集』第九巻第二号、一五三─一七一頁。）

岩原紳作（二〇〇〇）「大和銀行代表訴訟事件一審判決と代表訴訟制度改正問題（上）」『旬刊商事法務』第一五七六号、一一頁。

八田進二（一九九七）「イギリスにおける内部統制の議論」『會計』第一五二巻第三号、三〇─四三頁。

──（一九九九ａ）「会計時評：コーポレート・ガバナンス議論の行き先─主要国の研究報告書等を踏まえて─」『企業会計』第五一巻第一〇号、一〇〇─一〇一頁。

──（一九九九ｂ）「会計情報の拡大と監査可能性─監査範囲の拡大と監査業務の品質の確保を中心に─」『會計』第一五五巻第四号、六八─八一頁。

堀江正之（二〇〇〇）「内部監査の新しい潮流」『會計』第一五八巻第五号、六六頁。

第14章 わが国の内部統制報告制度の概要と課題

1 はじめに

周知のとおり、二〇〇六年六月制定の金融商品取引法では、開示制度の整備の一環として、四半期報告制度とともに内部統制報告制度について、二〇〇八年四月一日以降開始の事業年度から上場企業に対して義務化することとなった。そのため、対象企業においては、本制度の適切な運用に向けて、自社に見合った実務対応が求められることとなったのである。

幸いにも、本制度の導入が想定され始めてから、すでに二年近い期間があったことから、先駆的な企業の中には、米国型の内部統制報告実務に倣いながらも実務対応してきているところもみられる。しかしながら、新興企業ないしは中小規模の企業にあっては、必ずしも、十分な対応のみられないところもあり、制度開始後の課題も想定されるところである(1)。

しかし、いずれの場合においても、今後の内部統制報告制度については、二〇〇七年二月一五日に金融庁・企業会計審議会から公表された「財務報告に係る内部統制の評価及び監査の基準並びに財務報告に係る内部統制の評価及び監査に関する実施基準の設定について（意見書）」（以下、意見書）に盛られた基本的視点に即した対応が求められていることに留意しなければならない。それどころか、徒に米国型の実務対応に依存する傾向に対しては、これを厳に慎むだけでなく、内部統制が果たすべき本来の役割を見失わないようにすることが強く求められるのである。

そこで、本章では、今後始まる内部統制報告制度の概要について理解したうえで、特に、本制度の円滑な運用に向けて、極めて重要な役割を有している監査役および経営者における課題について検討を行うこととする。

2　内部統制報告制度の概要

(1) 内部統制報告制度導入の背景

二一世紀幕開けとともに証券・資本市場において生じた問題の一つに、いわゆる企業不正問題の続発が指摘できる。とりわけ、二〇〇一年、エネルギー卸売会社エンロンの会計不正問題を契機に、米国では証券市場が著しく信頼を失墜することとなった。その結果、市場の信頼性を短期間で回復させるために講じられたのが、わが国でもよく知られている二〇〇二年七月の企業改革法の制定であった。確かに、二〇〇一年のエンロン事件が起きてから、その後も公開会社において会計不正問題が矢継ぎ早に露呈することとなり、その極めつけは、翌二〇〇二年六月発覚の通信大手企業ワールドコムの会計不正事件であった。[2] こうした背景の下、米国ではエンロン事件以降、ちょうど七カ月の間に、ニューヨーク証券市場は時価総額にして約八兆円下落したのである。ただ、時価総額で八兆円というのは証券市場全体から見た場合、それほど驚く金額ではないと解されるものの、一九九〇年代に入ってから右肩上がりの順調な株価上昇を維持してきた米国の経済社会にとっては極めて大きな痛手として受け取られたのである。そのため、おそらく政治銘柄的な視点で企業改革法の速やかな制定がなされたものと思われる。

ところで、この企業改革法が示したディスクロージャー制度の信頼性向上に向けた改革の枠組みでは、会計および監査面での改革だけでなく、内部統制を中核としたコーポレート・ガバナンス改革を含む三位一体の見直しこそが、信頼しうるディスクロージャー制度の確保に向けて不可欠であるということを示したのである（八田、二〇〇三、五四―七一頁）。中でも、その後、企業社会において最も大きな影響を及ぼすこととなったのが、企業の内部統制に関する報告制度の導入であったことは、周知のとおりである。つまり、米国でもこの内部統制報告制度の適用を規定した企業改革法の四〇四条については、企業サイドの負担増問題を中心に、今日に至るまで様々な見直しを余儀なくされているのである。

一方、わが国の場合、二〇世紀末に相次いで露呈した会計および監査の不祥事を経て、あるいは、それに伴う経済低迷を乗り越えながら、二一世紀の幕開けは、ある程度改革の方向性も定まり、もはや制度的に対応することはないのではないかという議論も見られた。しかし、二〇〇四年一〇月中旬以降、少なくとも公共性ないしは社会性を旨とすべき上場会社において、いわゆる不実開示問題が相次いで露呈することとなった。加えて、幾つかの経理不正問題も露呈することとなったことから、米国に倣ったような市場全体の見直しが求められることとなったのである。当時、証券市場の信頼性を担保するための法律として金融商品取引法の策定が検討されていたため、その中の一つの項目として、いわゆるディスクロージャー制度（企業内容等の開示制度）を見直すべきことが課題に加えられたのである。すなわち、開示される企業情報については、時宜に適ってタイムリーでなければならないものの、単に早ければ良いというだけのものではない。それとともに、信頼し得る情報システムと健全な処理プロセスが整備され、かつ、有効に運用されることで、公正かつ真実な情報開示が担保されるものであることを理解することが重要といえる。したがって、従来のように、結果としての財務情報の開示にのみ焦点を当てるのではなく、かかる財務報告がなされるプロセスの信頼性を検証ないしは評価することが必要であるとの視点から、企業改革法四〇四条に即した制度を、わが国においても導入する方向性が示されたのである。結果として、一つはタイムリーな情報開示の視点から四半期報告制度が、そして、もう一つは真実な情報開示プロセスの担保ということから内部統制報告制度が導入されることとなったのである。

(2) 金融商品取引法での企業内容等の開示制度整備

金融商品取引法では、「財務計算に関する書類その他の情報の適正性を確保するための体制」をもって「内部統制」と称している(第二四条の四の四)。ここで留意すべきは、金融商品取引法で求めている内部統制は、あくまでもディスクロージャー、すなわち開示情報の信頼性を担保するところに力点が置かれているということである。しかし、そもそも内部統制というものは、後述するように、健全経営を推進する仕組みないしはプロセスであり、まさに経営管理そのものという点からも、経営マターであるということである。つまり、本来、よりよい経営を行っていくという視点を踏まえるならば、ディスクロージャーだけを取り上げて議論するというのではなく、当然ながら、より広範な内部統制の概念の下で検討されるべきものであるといえるのである。

ところで、金融商品取引法に関しては、確かに、内部統制報告制度に極めて多くの関心が寄せられているものの、本制度が法の趣旨に見合って有効に機能していくためには、更なる前提として、企業経営のトップに立つ責任者が、内部統制に対して第一義的責任があることを自覚することが不可欠である。それを明示するために、米国でも企業改革法の三〇二条において、いわゆる決算宣誓と並んで内部統制状況についての宣誓が求められているのである。同様に、わが国の場合にも、内部統制を有効に整備し、かつ、運用していく前提として、経営者に対しては、まず内部統制に対する責任を明確にするために、従来は、任意の制度として導入されていた確認書制度について、これを義務化する対応が図られることとなったのである（第二四条の四の二）。つまり、有価証券報告書の記載内容—当然、この中には財務諸表のほかに内部統制報告書も含まれている—が金融商品取引法令に基づいて適正であるということについての宣誓がなされることとなったのである。因みに、わが国では、これを確認書と称しているが、その提出日的からしても、これはあくまでも宣誓書と解されるべきものである。[3]というのも、虚偽の開示がなされた場合について、有価証券報告書の虚偽記載の場合には一〇年以下の懲役もしくは一〇〇〇万円以下の罰金、またはこれの併科が、さらに、内部統制報告書に関しては、五年以下の懲役もしくは五〇〇万円以下の罰金、またはこれの併科が、それぞれ課されることで、罰則の強化も図られているからである。

（3）内部統制報告書の記載内容

ところで、内部統制報告制度では、まず経営者が自社の内部統制の有効性の度合いについて評価した結果を内部統制報告書として作成し、しかる後、財務諸表監査担当者である監査人がかかる内部統制報告書の記載内容の適否に関しての監査を行い、その結果を内部統制監査報告書として公表することから、新たに二つの報告書の開示がなされるのである。このように、二つの報告書が作成されることから、これらを総称して、一般に「内部統制報告制度」と称しているのである。この内部統制報告制度については、二〇〇八年四月一日以降開始事業年度の上場会社から適用がなされるということから、それぞれの報告書の記載内容等について、具体的な規定等の盛られた関係府令および政令等々が公表されることとなった(4)。

まず、内部統制報告書の作成については、「財務計算に関する書類その他の情報の適正性を確保するための体制に関する内閣府令」(第一条)にも規定のとおり、当該府令および一般に公正妥当と認められる財務報告に係る内部統制の評価の基準に準拠すべきものとされている。同様に、内部統制報告書の監査証明についても、当該府令および一般に公正妥当と認められる財務報告に係る内部統制の監査に関する基準および慣行に準拠すべきものとされている。そして、留意すべきは、ここで準拠が求められている、評価の基準ならびに監査の基準としては、企業会計審議会が二〇〇七年二月一五日に公表した意見書の中の「財務報告に係る内部統制の評価及び監査の基準」がこれに該当することが明確にされたのである。そのため、意見書に盛られた一連の内部統制関連の基準については、これまで企業会計審議会が公表してきた企業会計の基準および監査の基準と同様に、いわゆる「法規範性」を有するものと解することができるのである。

なお、内部統制報告書の記載事項を規定した当該内閣府令に添付の「第一号様式」に即して、内国会社の一般的な雛形(財務報告に係る内部統制が有効である場合)の見本を示すと、〔図表14―1〕のようになるものと思われる。

この報告書の記載事項からも明らかなように、内部統制報告書に対する責任は、経営トップの企業経営者にあるということである。但し、今般の制度は、財務報告に係る内部統制に対する報告ということから、ここにいう、経営トップとしては、単に企業の代表者だけでなく、財務担当の責任者を含めた範疇の者が対象とされている点は、留意すべきである。したがって、実際の内部統制実務への対応に際しても、コンサルティング会社等の外部機関にすべてを依存したり、また、社内的にも、自ら関与しないで内部統制の構築ないし整備を行ったとしても、まさに第三者依存型の内部統制あるいは経営者不在の内部統制ということから、本来の趣旨からして、当該企業の内部統制は極めて脆弱であるとの評価がなされるものと思われる。そのため、早い段階で、内部統制に対する

〔図表14-1〕内部統制報告書の雛形

内部統制報告書の表紙

【提出書類】内部統制報告書
【根拠条文】金融商品取引法第24条の4の4第1項
【提 出 先】○○財務（支）局長
【提 出 日】平成21年6月×日
【会 社 名】○○株式会社
【英 訳 名】○○ CO.,Ltd.
【代表者の役職氏名】代表取締役社長 ○○○○ ㊞
【最高財務責任者の役職氏名】専務取締役 ○○○○ ㊞
【本店の所在の場所】東京都千代田区大手町○丁目○番○号
【縦覧に供する場所】株式会社東京証券取引所
（東京都中央区日本橋兜町2番1号）

内部統制報告書

私たちは、財務報告に係る内部統制の整備及び運用の責任を有しております。私たちは、我が国において一般に公正妥当と認められる内部統制の基準に準拠して財務報告に係る内部統制の整備及び運用を行いました。財務報告に係る内部統制は、その限界により、財務報告の虚偽の記載を完全には防止又は発見することができない可能性があります。

私たちは、平成×年×月×日時点における財務報告に係る内部統制の有効性の評価を実施しました。当該評価に当たり、私たちは、我が国において一般に公正妥当と認められる財務報告に係る内部統制の評価の基準に準拠して評価を行いました。

私たちは、財務報告に係る内部統制の有効性の評価に当たって、すべての事業拠点について全社的な内部統制の評価を行い、その評価結果を踏まえて、業務プロセスの評価範囲を決定しました。なお、決算・財務報告に係る業務プロセスについては、全社的な内部統制に準じて、すべての事業拠点について全社的な観点で評価しました。その他の業務プロセスについては、連結ベースでの売上高を基準に重要な事業拠点の選定を踏まえ、金銭的及び質的影響の重要性の観点から、評価範囲を決定しました。この決定に基づいて、会社の事業目的に大きく関わる勘定科目である売上、売掛金および棚卸資産に至る業務プロセスについてはすべてについて、それ以外については財務報告全体に対する金銭的及び質的影響の重要性の大きい業務プロセスを加えて評価を行いました。

以上の評価に基づき、私たちは、平成×年×月×日時点における会社の財務報告に係る内部統制は有効であると認めます。

以上

※なお、別途、財務報告に係る内部統制の有効性の評価に重要な影響を及ぼす後発事象が発生した場合には当該事象を、また、財務報告に係る内部統制の評価について特記すべき事項がある場合には、その旨及び内容を記載する。

取り組みの姿勢に対して、経営者の意識改革を行っておくことが求められるのである。

ところで、経営者が評価を行った結果の内部統制報告書については、別途、監査人による監査が行われることになる。その際、先行する制度を有する米国では、企業側に対して監査人が重装備の内部統制を強く求めたといったことが指摘されている。そのため、わが国においても、同様の現象が生ずるのではないかといった懸念も示されている。しかし、わが国の場合には、後述のとおり、監査人に対しては、財務諸表監査と内部統制監査を一体的に行うことで、効率的な監査が遂行されることが念頭に置かれており、また、内部統制本来の主人公である経営者とは、必要に応じて協議を行い、双方が協力関係のもとで実務対応を図ることで、有効かつ効率的な監査の実施が期待されているのである。すでに六〇年近い歴史を有するわが国の公認会計士による監査制度の歴史を振り返るとき、企業側が監査人に対して期待している点として、会計・経理面での改善等に向けた建設的な指導が挙げられることから、これをもって、監査人の指導的機能と捉える場合がある。そこで、今般の内部統制対応においても、監査人の独立性を堅持するとの前提の下、監査人と経営者との協議ということについては、一連の内部統制基準においても前向きな理解を示しているのである。

3 内部統制基準の内容と特徴

(1) 内部統制基準の基本的視点

二〇〇五年一月二八日に企業会計審議会において設置された内部統制部会（部会長：八田進二）では、翌二月から審議を開始し、同年一二月八日には、部会報告として「財務報告に係る内部統制の評価及び監査の基準のあり方について」を取りまとめて公表したのである。同報告では、「財務報告に係る内部統制の評価及び監査の基準案」が示されており、通例、この内容が、内部統制の「基準」として位置づけられている。この基準策定に際しては、先行する米国での内部統制の議論、すなわち、通称COSOと呼ばれるトレッドウェイ委員会支援組織委員会（Committee of Sponsoring Organizations of the Treadway Commission）が、一九九二年および一九九四年に公表した報告書『内部統制の統合的枠組み』をベースに議論が進められたのである。実は、米国では、一九九一年制定の連邦預金保険公社改革法（FDICIA）により、金融機関に対して内部統制報告の義務化が始まっており、現在の制度の原型がすでにあったということである。しかし、そもそも企業の内部統制問題が、法律の中で議論されるようになったのは、それよりさらに遡ること二四年前の一九七七年制定の海外不正支払防止法（FCPA）の中であり、公開企業に対して内部会計統制システム構築義務が課せられたことに端を発しているのである。同法では、一九七〇代前半のウォーターゲート事件を契機に、そして、その後ロッキード事件にも結びつくことになるのであるが、企業側における二重帳簿あるいは違法な支出を防止するために健全な会計記録を維持すべきことが規定されたのである。[5] これが米国での内部統制の法制化の嚆矢であり、二〇〇二年七月制定の企業改革法により公開企業に対して、内部統制報告制度が導入されるまでには、すでに三〇年近い歴史があったという事実を見逃してはならない。そこで、わが国においては、こうした米国における長い議論の歴史を踏まえたうえで、しかし、単にCOSOの枠組みに盲従するのではなく、わが国の会社法制との整合性等にも留意するとともに、国際的にも説明可能で、かつ、わが国の実情に合った実効性のある基準のあり方について検討が進められたのである（池田、二〇〇七、九頁）。

その結果、内部統制の基準では、まず、以下のような内部統制についての定義を示している。

「内部統制とは、基本的に、業務の有効性及び効率性、財務報告の信頼性、事業活動に 関わる法令等の遵守並びに資産の保全の四つの目的が達成されているとの合理的な保証を得るために、業務に組み込まれ、組織内のすべての者によって遂行されるプロセスをいい、統制環境、リスクの評価と対応、統制活動、情報と伝達、モニタリング（監視活動）及びＩＴ（情報技術）への対応の六つの基本的要素から構成される。」

前記の内部統制の四つの目的のうち、最も重要なのは第一番目に示された目的、すなわち、事業活動の目的達成のために、業務が有効かつ効率的に行われるようにするということであるが、これはまさしく経営者の経営管理そのものであると解することができる。このことからも、内部統制対応は、すぐれて経営マターであると考えられるのである。したがって、内部統制が有効に機能しているということは、別の見方をするならば、良い会社であり続けること、つまり、競争力を維持して、企業価値を高め、そして企業を取り巻く利害関係者（ステークホルダー）に対して必要な情報を適時適切に正しく発信して、十分に説明責任を果たしている場合に、その会社の内部統制は有効であると評することができるものと思われる。

ところが、内部統制の良し悪しというのは、当然ながら、明示的に実感できるものでなく、それが実感できるときは、皮肉にも、内部統制が脆弱で有効に機能していなかったことを原因とする企業不祥事等が露呈したときなのである。つまり、内部統制が良好だという状況は具体的にみえないということから、経営者としては、どうしても内部統制の整備・運用に強く関与するといったモチベーションが高まってこないのが通例である。しかし、今般の内部統制報告制度の導入をもたらした複数の企業不祥事にも代表されるように、ひとたび不祥事が発覚した場合に毀損する企業の信用ないしは企業価値の大きさを思い起こすならば、もはや、内部統制を度外視して企業経営を推し進めることは不可能であろう。その意味からも、内部統制に対する経営者意識の変革が強く求められるのである。

こうした、経営者の視点に立った内部統制議論が重要であるということは、内部統制の基本的要素においても指摘することができる。つまり、基準では、六つの基本的要素が明示されているが、第一番目の統制環境こそ、こうした理解に基づくものなのである。つまり、「統制環境とは、組織の気風を決定し、組織内のすべての者の統制に対する意識に影響を与えるとともに、他の基本的要素の基礎をなし、リスクの評価と対応、統制活動、情報と伝達、モニタリング及びＩＴへの対応に影響を及ぼす基盤をいう。」ということからも明らかなように、まさに、経営者の考え方、倫理観ないしは経営方針等を総称した内容のものであるといえる。この統制環境を説明する言葉として最も相応しい英語表現としては、Tone at the Top, すなわち、経営トップの姿勢ないしは意向ということになるであろう。経営者は、すべてにおいて、率先垂範の姿勢を堅持し続けることが求められているのである。と同時に、こうした考えを基礎においた内部統制に対する理解を全社的に浸透させることができるならば、組織内においても同じ価値観が共有され、健全な企業経営が期待されることになるのであり、それを経営者自らが見届けることが内部統制の評価である、と捉えることもできるのである。

したがって、こうした統制環境に関する部分の整備ないしは運用については、コンサルティング会社とか監査法人といった第三者に依存することは不可能だといわざるを得ないのである。その意味で、内部統制の基準は、多くの場面で企業経営者による裁量の余地を残しており、いうならば、原則主義的な考え方に依拠して規定されていることから、わが国の基準は、規制という側面からは、ミニマムスタンダード（つまり、最低限の要求水準を規定したもので、いわば「原則主義」的発想の基準といえる。）であり、あとは、経営者の責任のもとに、企業の創意と工夫により、自社に適合する体制整備を行うことが期待されているのである。

さらに、内部統制の基本的要素として示されたものには、これ以外に、リスクの評価と対応、統制活動、情報と伝達、モニタリング、そしてITへの対応があるが、そのいずれもが、健全な経営を行ううえで当然に求められる要素といえる。ただ、従来必ずしも、十分な対応がなされてこなかった課題としては、これらの要素が有効に機能していることを評価してきていないということが挙げられるであろう。そのためにも、内部統制の番人として、今後、企業内におけるモニタリングの主役とも言える監査役（または監査委員会の委員）が果たすべき役割と責任は非常に大きいといわざるを得ない。

(2) 内部統制基準における特徴⑥

ところで、わが国の基準では、制度の実効性を確保しつつ、効率的な実務対応ができるように、以下のような、幾つかの方策が講じられている。

①トップダウン型のリスク・アプローチの活用
②内部統制の不備の区分
③ダイレクト・レポーティングの不採用
④内部統制監査と財務諸表監査の一体的実施
⑤内部統制監査報告書と財務諸表監査報告書の一体的作成
⑥監査人と監査役・内部監査人との連携

①に関して、少なくとも、今回の制度においては、内部統制の評価に責任を有する経営者に対して、まず第一に、企業を取り巻く種々のリスクに対する感覚を磨くことを求めており、かかる意識に基づいて、自社の財務報

告の信頼性をそぐような重要なリスクを見極めることが可能となるのである。

ところで、内部統制の評価を進めていく際に、当然に、幾つかの点で問題ないしは不備と呼ばれるような事項が指摘されてくる場合が考えられる。しかし、それらすべてを直ちに、是正ないしは克服しなくてはならない、といったことは規定されていない。早急に是正が求められるのは、そのうちの重要な虚偽表示に結びつくような欠陥に対してであり、それ以外は、不備ということで、企業の自主性に委ねられることとして、わが国では、②に示されているように、内部統制上の問題を「不備」と「重要な欠陥」の二区分に分けることで、実務上の簡便化が図られている。

ここに内部統制上の「重要な欠陥」とは、英語でいうMaterial Weaknessの訳語であるが、その本来の意味は、「特定の内部統制構造の構成要素を設計または運用しても、監査の対負である財務諸表に金額的に重要な影響を及ぼす誤謬または異常事項が、従業員による通常の職務遂行の過程の中で適時に発見されないリスクが相対的に低い水準に引き下げられていない状況」(鳥羽・八田・高田共訳、一九九六、二三二頁)とされている。と同時に、ここに言う、「欠陥」という用語は、広義には、「注意を払うに値する内部統制システムの状況である」(同、二三二頁)と定義されている。したがって、重要な欠陥というのも、直ちに、財務報告に虚偽の記載をもたらすという類のものではなく、内部統制上、こういう問題ないしは弱点があることに十分留意すべしであることを示すメッセージと解することができるであろう。

次に、③に関しては、米国での制度対応での議論で取り上げられる論点ということで、監査人が経営者による内部統制の評価とは別枠で、内部統制上の要点を抽出して直接監査をするというダイレクト・レポーティングについては、わが国では採用していないということである。こうした点も踏まえて、④および⑤のように、わが国では、新たに始まる内部統制監査について、財務諸表監査と一体的に行い、監査報告書についても一体化することとされているのである。つまり、財務諸表監査と同一の監査人が、内部統制監査を実施することから、監査計画から監査の実施、証拠の入手、そして意見表明まで一体化できることから、まさしく日本独自の効率的な一体型監査が実現されるものと解されている。

さらに、⑥において、企業経営者が経営責任を適切に履行して、正しい情報の開示を行うためには、外部の監査人だけでなく、企業内の監査役、監査委員会あるいは内部監査人といったモニタリングの機能を担う関係者が、役割分担を図りながらもそれぞれに連携をとって適切な対応を図ることが必要であるとの視点も示されている。

このように、実施基準の基本的視点については、「内部統制の構築の手法等は、個々の組織が置かれた環境や事業の特性によって異なるものであり、すべての組織に適合するものを一律に示すことはできない」との説明に端的に現れている。経営者は、こうした視点を踏まえて、各企業に相応しい内部統制の整備および運用をしていくことが期待されているのである。

4 内部統制における監査役の役割

内部統制の基準では、監査役または監査委員会に対して、「取締役及び執行役の職務の執行に対する監査の一環として、独立した立場から、内部統制の整備及び運用状況を監視、検証するという役割と責任を有している。」として、重要なモニタリングの役割をもったものと位置づけている。特に、わが国独特の制度といわれる監査役制度については、会社法において厳格な規定がなされており、取締役の職務の執行を監査することが明定されている。但し、会計監査領域に関しては、会計監査人制度適用企業の場合、会計監査人の監査の方法および結果についての相当性判断が求められている（会社計算規則第一五五条）ことから、監査役としての会計監査業務の大半について会計監査人に依拠することが可能である。しかし、会計監査業務以外の業務監査については、そのすべてが監査役の守備範囲とされているのである。

そもそも監査役は、法文上、取締役の職務の執行を監査しなくてはならないが、その取締役には、内部統制システムの構築あるいは運用の責任があることから、当然、監査役は内部統制システムの整備・運用の状況について監査しなければならないということになる。こうした点が明確になったこともあって、社団法人日本監査役協会では、二〇〇七年一月に「監査役監査基準」を見直し、そこに内部統制システムに係る監査の規定（第五章業務監査　第二一条　内部統制システムに係る監査）を織り込むとともに、さらに別枠で、同年四月に、「内部統制システムに係る監査の実施基準」を制定したのである。このことにより、まさに監査役が内部統制の番人としての大きな役割を担うとのメッセージを、対外的にも発信しているのである。

因みに、内部統制の基準では、監査役は統制環境の一翼を担いつつ、同時に、独立のモニタリングも行うということが規定されている。そのため、日本監査役協会では、効率的な監査をするために、統制環境の一翼を担いながら、会社に想定されるリスクのうち、会社に著しい損害を及ぼす重要なリスクに対応するリスク・アプローチの手法を実施基準の中で示すとともに、内部統制システムがプロセスとして機能しているかどうかについて監視、検証を行うということから、プロセス・チェックという視点も示している。さらに、内部統制システムの監視が適切な意思決定過程および適切な手続を経て行われているか、についての監査を行うことも想定されている。

いずれにして、今般、日本監査役協会が示した、内部統制システムに関する監査対応については、会社法が考えている内部統制対応よりも一歩も二歩も進んだ対応と捉えることができるものであり、今後の監査役監査におけるベスト・プラクティスを形成していくものと評することができる。

5 内部統制報告制度スタート段階での幾つかの誤解

二〇〇八年四月開始事業年度から始まる内部統制報告制度ではあるが、すでに先取りする形で始められている内部統制実務では、本来の制度の主旨とは相容れない、あるいは、全く誤解に基づく対応も散見されるのである。以下では、制度の円滑な導入と健全な発展に資するべく、多くで見聞した誤解等について、それを払拭しておくこととする。(7)

(1) 目的に対する誤解

まず第一に挙げられるのは、今回の制度の目的に対する誤解である。内部統制は、定義からも明らかなように、財務報告の信頼性の確保だけでなく、それ以外の目的を含め四つの目的が明示的に示されている。したがって、これらすべての目的を満遍なく達成しなければ金融商品取引法でいう内部統制対応ができない、という誤解がある。金融商品取引法は、その中でも特に、財務報告の信頼性を担保する部分に注力することで、決算書を中心とした財務報告の信頼性を担保するプロセスを適正なものとして維持することを目的としているのである。

但し、財務報告の信頼性という目的だけ、より具体的には、経理部だけ、あるいは会計担当者だけに内部統制を植えつければいいのかというと、実はそうではない。なぜならば、たとえば経理周りとして、資材担当の倉庫係であれば棚卸資産勘定がかかわってくる。あるいは営業担当であれば売掛債権が、また、仕入係であれば買掛債務が、結果として、会計数字に結びつくことから、こうした領域においても、適切な内部統制が求められるからである。しかし、財務報告とは無縁の、たとえば製品の品質管理とか、業務効率の度合い等々については、会社としては取り組むべき課題ではあっても、金融商品取引法に規定されている内部統制対応とは次元が異なるものといえる。したがって、コンサルティング会社からのいろいろなアドバイスを受け入れる場合にあっても、それが、金融商品取引法のもとで求められている内部統制対応であるのか否かについては、正しく見極めることが不可欠である。

(2) 主体に対する誤解

第二として、内部統制の構築および評価の主体に対する誤解がある。財務報告に係る内部統制を構築し、その有効性を評価するのは、一義的に経営者の責務とされている。具体的にも、有価証券報告書等の開示書類の適正性に対して責任を有するのは、いわゆる経営者(CEOおよびCFO)である。したがって、彼らが、一連の内部統制の構築および整備に関与せずに、自分達以外の者に代行させるということでは、経営者不在の内部統制議論だということで、一般的には、内部統制の構築すらできていないといった評価がなされる恐れもある。内部統制をいかに有効かつ効率的に整備していくかは、すぐれて経営の問題であるといえるのである。

(3) リスク・アプローチに対する誤解

第三の誤解としては、リスク・アプローチという考え方に対する誤解を指摘することができる。そもそも、リスク・アプローチとは、一九八〇年代の米国における外部監査において採用された、効率的な監査を行うための手法なのである。つまり、粉飾といった重要な虚偽表示に結びつく可能性のあるリスクに対して限られた資源を重点的に投入することで、重要な虚偽表示だけは絶対見逃さないことを意図した監査アプローチなのである。そのためには、監査人は、企業の概況や事業の特性等に精通することで、リスクに対する感度を高めておくことが極めて重要なのである。こうした、効率的監査を行うために開発されたリスク・アプローチの採用を、今度は、経営のプロである経営者に求めているのが、内部統制の基準で示されている考え方なのである。そのためにも、企業の実態について最も熟知しうる立場の経営者が、率先して、内部統制の評価に関与しなければ、本来の趣旨も生かされず、徒に、コスト負担等を余儀なくされるものと思われる。

ところが、巷間伝えられたところは、企業を取り巻くすべてのリスクを洗い出すとともに、そのすべてのリスクにコントロールをかけ、その結果のすべてを内部統制の評価と称して、文書化するというものである。これは、効率的監査ないしは効率的評価とは、対極に位置する対応であり、いわば、オールリスク洗い出しアプローチと称すべき、重装備の実務であると言える。それどころか、そのような意味の無い、そして高コストの内部統制対応のすべてを、コンサルティング会社等の外部の第三者に委ねている状況は、まさに、本末転倒であると言わざるを得ないのである。

(4) コストに対する誤解

前記のリスク・アプローチに対する誤解とも連動する問題として、内部統制対応コストに対する誤解が挙げられる。つまり、何でもかんでもリスクと捉え、それに対する統制の有効性等を評価することから、禁止的とも言えるコスト負担が余儀なくされることになるのである。実際に、先行する制度を有する米国では、巨額の内部統制関連コストが計上されたということもあり、わが国でも同様の問題が露呈するといった穿った見方も多くなされていた。

しかし、わが国の場合には、少なくとも財務報告の信頼性をそぐような重要なリスク、より端的に言うならば、粉飾決算をもたらすような重要な虚偽表示リスクを見極めて、重要性の高いところを重点的に評価するために、評価範囲を絞り込むことが示されているのである。つまり、連結ベースでの決算書を前提に、連結売上高の全体の三分の二位に至る事業拠点を選定する（事業拠点アプローチ）とともに、粉飾や会計上の操作が行われ易い勘定科目（たとえば、売上高、売掛金および棚卸資産）に至る業務プロセスを原則として評価対象とするということで、評価範囲の絞り込みという考え方が示されている。この点、米国では、いわゆる勘定科目アプローチということで、すべての勘定科目を見ることが前提とされたために、評価範囲についても、九五％のカバー率といった形で、業務プロセスのほとんどすべてを評価対象していたことで、その後、制度対応の見直しがなされることにもなったのである。その点、わが国の場合には、全社的な視点での評価を行った後、評価範囲の絞り込みを行うとともに、必要に応じて、リスクの高い業務プロセス等に範囲を広げていくことで、コスト・ベネフィットを考慮した実務対応が図られていると解されるのである。

（5）文書化に対する誤解

内部統制対応の中で見られる誤解の中の最たるものは、文書化（ドキュメンテーション）の問題であったといえる。米国でも同様の現象が見られたが、巷で起きている大きな流れは、何か文書を作れば内部統制対応ができていると勘違いしているということである。文書化というのは、あくまでも、内部統制の実務対応における一手続にすぎない。しかし、現実には、そうした手続論が、内部統制の目的化している場合も多く見受けられるのである。そのため、余りにも過重な事務作業のため、本来なすべき業務が意図通りに進められず、貴重な人的資源が枯渇してしまうといった懸念もみられる。幸いにも、わが国の場合には、内部統制報告制度での導入に関しては、後発組の優位性から、米国におけるすべての失敗例を見届けることができたため、そこで得られた知見を活用することで、より効率的ないしは、よりコスト効率の良い実務対応が図られることが期待されている。ただ、残念ながら、一連の内部統制基準が確定する前に、すでに、米国型の重装備の実務に手を染めてしまった企業もあることから、制度の開始を前に、従来の古い考え方あるいは既存の考え方を一端棚上げして、新しい視点で一連の内部統制基準の精神を汲み取ることが強く求められる。

(6) 監査に対する誤解

新たに始まる内部統制監査に対する誤解もある。実は、米国では、この監査が企業サイドに対して、重装備を余儀なくさせる内部統制対応を迫ったともいわれているのである。しかし、これについても、わが国の場合には、財務諸表監査と内部統制監査を一体的に行うことによって、監査コストを大きく削減することができる。ただわが国の場合には、これとは別に、米国で採用されているダイレクト・レポーティングを採用していないことから、監査効率が下がるとか、あるいは、監査人の責任が過重になるといった懸念も表明されていた。しかし、すでに見たように、わが国の採用する内部統制監査は、経営者による内部統制の評価結果についての監査であり、経営者と対立するような視点でなされる直接監査ではない。それは、すでに、会社内部において、直接、内部統制システムの監視、検証を行う監査役が存在すること、さらには、有効な内部統制の整備、運用に向けて、監査人と経営者は、適宜、必要な協議をすることで内部統制自体の信頼性の向上を図ることも期待されていること等もあって、米国的な実務の採用の必要性が示されなかったのである。それどころか、逆に、わが国独特の一体監査が、より効果的かつ効率的な監査結果をもたらすものと解されているのである。

（7）内部統制の限界に対する誤解

ところで、内部統制には限界があるといわれており、基準においても、そうした場合の例が示されている。中でも、社会から最も求められている経営者不正の防止には、内部統制は全く無力であるため、内部統制をどんなに強化しても、経営者の不正行為は防止できないといった指摘がみられることである。確かに、内部統制は万能ではない。しかし、内部統制とは、複数の者によって職務が分掌され、かつ、互いに牽制、監視して、適正な行動を確保しようとするものであるところから、経営者が不正行為を働く場合でも、必ずや複数の者が何らかの形で関与することで、そうした行為の実行は相当程度困難なものになると思われる。さらには、組織内部でのホットラインとか内部通報制度の制度を通じて、善良な者による通報等も期待されることから、おそらく今までのように事後的に傷が大きくなってから不正が発覚するというのではなく、事前に防止・抑止ないしは早期に摘発される可能性が高まることも期待できる。したがって、内部統制によって経営者不正は防げないと断ずるのではなく、かなりの部分が防げることを念頭に、より有効な内部統制の整備、運用が求められるものと思われる。

（8）適用時期・範囲等に対する誤解

最後に、米国で行われた中小規模の公開会社に対する制度適用の延期措置について、同様に、わが国においても、中小規模ないしは新興市場の企業の場合、対応のための資源が乏しいことから、何らかの延期ないしは軽減措置があるのではないかとの思惑を表明する向きもあった。しかし、これについては、早い段階から、わが国の内部統制基準は、企業の規模ないしは業種等に関わりなく、一律適用が可能なように、原則的な基準となっており、各企業の特性に応じた取り組みが可能になっていることが強調されてきているのである。たとえば、簡素な組織構造を有する小規模企業の場合には、職務分掌にかかわる代替的な統制や企業外部の専門家の利用等の対応を十分に認めているわけである。つまり、すべての企業が大規模企業並みの対応をする必要などは全くないわけである。それこそまさしく、内部統制というのは経営サイドが主体的に取り組まなくてはならない問題であるということであろう。

6　おわりに ―継続する内部統制に向けた経営者の課題―

すでにみたように、一九九〇年代初頭の米国において公表されたCOSOの報告書は、当然、当時の米国の経済社会における、米国の企業環境の中における内部統制議論だったといえる。そのため、隣国のカナダでは、一九九〇年初頭の金融機関における不祥事を経て、カナダ版COSOを策定する作業が始まったのである。そもそもは、トロント証券取引所の要請を受けたがカナダ勅許会計士協会（Canadian Institute of Chartered Accountants：CICA）が、統制基準審議会（The Criteria of Control Board）を設置し、ニックネームを、米国のCOSOに対して、CoCoと名付けたのである。CoCoは、一九九五年一一月以降二〇〇〇年四月に至るまでに、五分冊からなる統制に関するガイダンスを公表しているのである[8]。その内の第一号として公表された『統制に関するガイダンス』では、すでに第12章でみたように、統制についての基本的枠組みを示すとともに、統制の有効性を判断するための規準について、極めて斬新な見方を示しているのである。それは、当時、米国の元商務庁長官の名前を冠して創設されていた「マルコム・ボルドリッジ賞」（いわゆる経営品質大賞ないしは優良企業賞と解されるもの）において採用されていた判定規準が、まさに、企業の統制の善し悪しを判定する規準、さらには、統制を構築し、評価する基準として採用できるとの考えを示したのである。

思うに、内部統制問題は詰まるところ経営者マターであると解することができる。そして、今般、整備および運用が始まった内部統制報告制度では、有効な内部統制システムを確保することが求められている。内部統制が有効であるということは、当然に、品質の高い企業経営、すなわち良い経営が確保されていることである。その結果、当然、同業他社に比べて競争力も強化されてくるであろうし、場合によっては企業価値の高い企業としての評価を得ることもできるであろう。そういう評価が与えられたとき、内部統制は有効に機能していると評価されるのではないであろうか。

但し、今般導入の制度では、これまでも、良い経営をやっているとの自負がある経営者であっても、それがどのような論拠に基づいて言えるのか、そしてまた、利害関係者に対して納得する形での説明が行えるか、といった点を考慮に入れて、一連の内部統制基準に規定されている内容との摺り合わせを行うことが何よりも大切であると思われる。

というのも、経営者には、まず、内部統制に対する直接責任があるということが明確にされたということ、さらに、外部に対して自社の内部統制の有効性度合いを説明する責任（いわゆるアカウンタビリティー）が課せられたということから、経営者としても、当然ながら説明するための材料を持たなければならなくなったのである。したがって、今回の制度は、経営者に意識の改革を迫るものであり、まさに経営管理能力ないしは経営力が問われる制度であると捉えることもできるのである。

【注】

（1）「『対応間に合う』六割どまり」『日本経済新聞』二〇〇七年一二月一八日、一六面の記事。

（2）二〇〇一年のエンロン事件（Enron）から、二〇〇二年のワールドコム事件（WorldCom）に至るまでに発覚した、米国での主な不正事件

AOL, Adelphia, Computer Associates, Dynegy, Global Crossing, Halliburton, Qwest Communications, Sunbeam, Tyco International Waste Management, Inc.

（3）金融商品取引法で使用の「確認書」について、金融庁から公表の英文訳によれば、正式に、Certificationという用語を使用している。Certificationというのは証明という意味からも、実質的意味合いとしては、「自ら正しいということを証明して宣誓する」という理解をしておく方が良いのではないか。

（4）内部統制報告制度の運用に際して、公表された関係府令等は、以下の通りである。

二〇〇七年

八月三日　「金融商品取引法施行令」の公布

八月一〇日「財務計算に関する書類その他の情報の適正性を確保するための体制に関する内閣府令（内部統制府令）」の公布

一〇月一日「内部統制府令ガイドライン」「内部統制報告制度に関するQ&A」（問一～問二〇）の公表

二〇〇八年

三月一一日「内部統制報告制度に関する一一の誤解」等公表

四月一日　内部統制報告制度適用開始

六月二四日「内部統制報告制度に関するQ&A」（追加Q&A）についてQ&A追加分公表（問二一～問六七）

二〇〇九年

四月二日　「内部統制報告制度に関するQ&A」（再追加Q&A）についてQ&A再追加分公表（問六八～問八四、問一〇一～問一〇七）

なお、監査上の実務指針としては、日本公認会計士協会（二〇〇七）がある。

（5）海外不正支払防止法の一部として意義のある一九三四年証券取引所法第一三条（b）項（二）号では、すべての証券取引委員会登録会社に対して、内部統制に関する以下の法的用件を規定している。すなわち、

（A）発行企業の行う取引と資産の処分を、合理的な詳細さで、正確に、そして適正に記載した帳簿、会計記録および勘定を作成し保存すること。

（B）以下の事項について、合理的な保証を提供できる内部会計統制システムを設計し、維持すること。

（ⅰ）取引は、経営者の全般的な承認あるいは個別的承認のもとに行われること。
（ⅱ）（Ⅰ）一般に認められた会計原則あるいは財務諸表に適用可能なその他の規準に準拠して財務諸表を作成するうえで、また、（Ⅱ）資産に対する説明責任を明らかにするうえで必要な取引は記録されていること。
（ⅲ）資産の利用は、経営者の全般的な承認あるいは個別的承認が得られた場合に限って認められること。
（ⅳ）資産に対する記録上の説明責任は、適当な時間的間隔をおいて、資産の現物と照合され、両者に差異があった場合には、適切な措置がなされていること。

（6）わが国の内部統制基準の特徴については、八田（二〇〇六、一四〇―一四三頁）を参冊されたい。

（7）内部報告制度に導入に際して生じている誤解についての詳細な理解については、八田（二〇〇七）を参照されたい。

（8）序文以外の五分冊からなるＣｏＣｏの一連のガイダンスの成果は、CICA（1995a,1995b,1995c,1998,1999,2000）である。

【参考文献】

Canadian Institute of Chartered Accountants, Criteria of Control Board〔CoCo〕（1995a）CONTROL AND GOVERNANCE—*Preface to Guidance issued by the Criteria of Control Board*, November.（八田進二・橋本尚共訳（一九九七）「カナダ勅許会計士協会　統制規準審議会公表ガイダンス第1号『統制に関するガイダンス』」『駿河台経済論集』第六巻第二号、三二九―三三四頁。）なお、本中での本ガイダンスの引用に関しては、該当Paragraphおよび頁についてのみ示してある。

――（1995b）CONTROL AND GOVERNANCE—Number 1, *Guidance on Control*, November.（八田進二・橋本尚共訳（一九九七）「カナダ勅許会計士協会　統制規準審議会公表ガイダンス第1号『統制に関するガイダンス』」『駿河台経済論集』第六巻第二号、二七七―三二八頁。）

――（1995c）CONTROL AND GOVERNANCE—Number 2, *Guidance for Directors-Governance Process for Control*, December.（八田進二・橋本尚共訳（一九九八）「カナダ勅許会計士協会　統制規準審議会公表ガイダンス第二号『取締役のためのガイダンス—統制のための統治プロセス』」『駿河台経済論集』第七巻第一号、八三―一一五頁。）

――（1998）CONTROL AND GOVERNANCE―Special Bulletin, *Guidance for Directors ―The Millennium Bug*,February.（八田進二・橋本　尚共訳（一九九九）「カナダ勅許会計士協会　統制規準審議会公表ガイダンス特別公報『取締役のためのガイダンス―千年紀バグ』」『駿河台経済論集』第八巻第二号、一五三―一七五頁。）

――（1999）CONTROL, RISK AND GOVERNACE - Number 3, *Guidance on Assessing Control* April.（八田進二・橋本　尚共訳（一九九九）「カナダ勅許会計士協会　統制規準審議会公表ガイダンス第三号『統制の評価に関するガイダンス』」『駿河台経済論集』第九巻第一号、八五―一四一頁。）

――（2000）CONTROL, RISK AND GOVERNANCE―Number 4, *Guidance for Directors-Dealing with Risk in the Boardroom* April.（八田進二・橋本　尚共訳（二〇〇〇）「カナダ勅許会計士協会　統制規準審議会公表ガイダンス第四号『取締役のためのガイダンス―取締役会議室におけるリスクへの対処』」『駿河台経済論集』第一〇巻第一号、八一―一〇九頁。）

池田唯一編著（二〇〇七）『総合解説　内部統制報告制度』税務研究会出版局。

鳥羽至英・八田進二・高田敏文共訳（一九九六）『内部統制の統合的枠組み―理論篇およびツール篇―』白桃書房。

日本公認会計士協会（二〇〇七）監査・保証実務委員会報告第八二号「財務報告に係る内部統制の監査に関する実務上の取扱い」一〇月二四日公表。

八田進二（二〇〇三）「『会計不信』払拭に向けた企業会計の新たな枠組みの検討―米国『企業改革法』を手掛かりとして―」『會計』第一六三巻第四号、五四―七一頁。

――（二〇〇六）「わが国内部統制報告制度の課題と展望」『会計プロフェッション』第二号、一四〇―一四三頁。

――（二〇〇七）『これだけは知っておきたい　内部統制の考え方と実務―評価・監査編』日本経済新聞社。

第15章

内部統制報告制度の果たすモニタリング機能

1 はじめに ―問題提起―

わが国では、二〇〇五年一二月に、金融庁企業会計審議会・内部統制部会から「財務報告に係る内部統制の評価及び監査の基準のあり方について」（以下、「部会報告」）が公表された。[1]これを受けて、公開会社における開示規制の一環として、二〇〇六年六月に成立した金融商品取引法では、「財務計算に関する書類その他の情報の適正性を確保するための体制の評価制度」として、いわゆる内部統制報告制度の導入が規定されたのである。

こうした制度は、すでに先行する形で導入がなされている米国の企業改革法（SOX法）四〇四条[2]に盛られた内部統制報告制度に類似することから、それをJ-SOXと呼称し、あたかも、米国流の内部統制実務と同様の画一的な作業等が求められるようになったとの誤った理解もみられたのである。

しかし、わが国の内部統制報告制度では、公開会社のすべてに対して一律的に適用可能となるような、幾つかの取組みもなされており、米国ＳＯＸ法四〇四条がそのまま導入されるものではない。

こうした新たな内部統制報告制度の導入にあたり、各企業が有効な内部統制を整備・運用しうるためには、かかる内部統制を継続的に評価するプロセスが備わっていることが不可欠である。こうしたプロセスこそが、内部統制の基本的要素の一つであるモニタリングであり、そこには、通例、「日常的モニタリング」と「独立的評価」の二つの側面がある。

そこで、本章では、まず、わが国におけるこの「内部統制報告制度」導入の契機およびかかる制度の概要について、日米の比較等を行いながら再確認しておくこととする。

そして、実際に有効な内部統制を担保するための課題として、内部統制の基本的要素とされるモニタリング機能の担い手の視点から検討することの意義について考察し、もって、今後、わが国で開始される内部統制報告制度についての展望を行うこととする。

2 内部統制報告制度導入の契機

周知のとおり、二〇〇四年一〇月中旬以降に発覚した証券取引法上の問題として、継続開示情報としての有価証券報告書の開示内容について不適正な事例が相次いで発覚したことから、証券市場に対する投資家の信頼は著しく損なわれることとなったのである（図表15―1」参照）。

このように、複数の不実開示問題の発覚は、企業のディスクロージャー制度を支える会計および監査だけの問題で済まされるものではなく、市場の主人公である企業自身の規律づけないしは経営者の行動のあり方に対して、

〔図表15-1〕2004年10月以降発覚の上場企業の不実開示等の実態

〈2004年10月に発覚した事案〉

(1) 西武鉄道（東証一部、10月13日監理ポスト入り、12月17日上場廃止）
　・上場維持のために、コクド等の西武株保有比率の虚偽記載

(2) アソシエント・テクノロジー（2003年6月上場）（東証マザーズ、10月21日監理ポスト入り、2005年1月2日上場廃止）
　・経費付け替えなどによる純利益の水増し（粉飾）

(3) 伊豆箱根鉄道（東証二部、10月26日監理ポスト入り、12月26日上場廃止）
　・上場維持のために、グループ企業による保有株数の過少記載

(4) カネボウ（東証一部・大証一部、10月28日監理ポスト入り、2005年6月13日上場廃止）
　・過去2年間の売上過大計上と経費の過少計上（粉飾）

(5) 三谷産業（名証二部、10月26日監理ポスト入り、12月14日監理ポスト解除）
　・不適切な会計処理が発覚、4年分の有価証券報告書を訂正

〈2004年11月に発覚した事案〉

(6) 大出産業（ジャスダック上場、11月4日開示情報監視銘柄に指定、11月26日店頭登録廃止）
　・上場維持のために、株主数の水増し記載

(7) 日本テレビ放送網（東証一部、11月5日監理ポスト入り、11月20日監理ポスト解除）
　・実質、読売新聞グループ本社所有株を渡辺恒雄氏名義での虚偽記載

〈2005年以降に発覚した事案〉

・小田急電鉄グループ（小田急電鉄、小田急建設、小田急不動産、神奈川中央交通の4社）、有価証券報告書の虚偽記載問題を公表
（東京証券取引所は、厳重注意とともに、6月13日を提出期限とする改善報告書の提出を求め、管理ポストには移さず）

（『日本経済新聞』2004年11月11日朝刊を基に一部加筆）

大きな課題を投げかけたのである（八田、二〇〇六a、一―一五頁）。その結果、わが国においても、ＳＯＸ法四〇四条とほぼ同様の規定の盛られた「金融商品取引法」二四条の四の四では、「財務計算に関する書類その他の情報の適正性を確保するための体制の評価」についての評価報告書（これを「内部統制報告書」という）の提出の義務づけが、また、証券取引法第一九三条の二第二項では、この内部統制報告書に対する公認会計士または監査法人による監査証明の義務づけが規定されたことから、いわゆる「内部統制報告制度」が導入されることとなったのである。

しかし、誤ってならないのは、今般の内部統制報告制度の導入は、日米ともに、公開企業における不実な開示により、証券市場におけるディスクロージャーの信頼性が失墜したことから、市場の信頼を回復し、投資家の保護を図ることに主眼が置かれたものであるということである。

そのため、ＳＯＸ法の場合と同様に、わが国の金融商品取引法においても、本来の開示情報の責任者である企業経営者に対する責任の明確化という観点から、有価証券報告書の記載内容が金融商品取引法令に基づき適正であることを確認した旨を記載した「確認書」の提出を義務づけることで、有価証券報告書等の開示情報の信頼性の一層の向上を図ろうとしているのである[3]。

ところで、今般の金融商品取引法のもとで導入される内部統制報告制度に対して、すでに施行済みのいわゆる会社法のもとでの内部統制議論との間に若干の混乱が見受けられたのである。しかし、会社法で議論されることとなった内部統制議論（因みに、会社法においては、「内部統制」という用語は一切用いられておらず、「業務の適正を確保するための体制」という表現をもって「内部統制」と一般に解されている）は、そもそもが、株式会社における取締役の責任限定を図るための議論が契機となっていたことから、金融商品取引法の場合とは、明らかに視点が異なるものであると捉えられる[4]。したがって、本章では、会社法での議論について立ち入ることはしないものとする。

3 内部統制報告制度の概要

すでにみたように、金融庁企業会計審議会・内部統制部会が公表した「部会報告」は「財務報告に係る内部統制の評価及び監査の基準のあり方について」と題する前文に該当する「公表文」と、「Ⅰ　内部統制の基本的枠組み」「Ⅱ　財務報告に係る内部統制の評価及び報告」および「Ⅲ　財務報告に係る内部統制の監査」の三部からなるいわゆる「基準案」の二つから構成されている。

このうちの基本的枠組みで、まず、内部統制について、以下のような定義および概念的な枠組みを示している。

「内部統制とは、基本的に、業務の有効性及び効率性、財務報告の信頼性、事業活動に関わる法令等の遵守並びに資産の保全の四つの目的が達成されているとの合理的な保証を得るために、業務に組み込まれ、組織内のすべての者によって遂行されるプロセスをいい、統制環境、リスクの評価と対応、統制活動、情報と伝達、モニタリング（監視活動）及びＩＴ（情報技術）への対応の六つの基本的要素から構成される。」

こうした理解は、すでに、種々紹介されているように、米国のトレッドウェイ委員会支援組織委員会（ＣＯＳＯ）で示された視点を敷衍したものではあるが、わが国の実情を反映しつつ、内部統制の目的として「資産の保全」を、また、基本的要素として「ＩＴ（情報技術）への対応」をそれぞれ加えることで、内部統制概念の国内化と最新化に資するものとなっていると解されている（八田、二〇〇六b、六六―六九頁）。

そもそも内部統制とは、企業経営者が、自らの経営責任を適切に履行し、かつ、最大限の成果をもたらすための手段でもあることから、その整備および運用についての最終責任は経営者にある。と同時に、有効な内部統制の整備および運用は、結果として、企業自体の競争力と価値を高め、もって市場における優位性を獲得する方策でもあることから、企業サイドにあっては、相応のコスト負担を求められることは当然のことといえる。加えて、上場会社においては、資金調達コストの削減等をはじめとした多大の恩恵を享受するためのミニマム・スタンダードとして、内部統制関連コストを負担することは、社会的責任の一環といっても過言ではない。

そのため、今般導入の内部統制報告制度では、まず、経営者に対して、自社の内部統制の整備および運用に対する責任を明確にするとともに、かかる内部統制の有効性の程度についての評価の報告書（いわゆる「内部統制報告書」）の作成を求めているのである。加えて、財務諸表の信頼性向上に対する制度的対応として、かかる内部統制報告書の開示内容、すなわち、経営者による内部統制の有効性の評価結果に対する監査を、財務諸表監査担当の監査人に対して求めているのである。このように、わが国における内部統制報告制度は、あくまでも、現行の財務諸表の信頼性の向上と財務諸表監査の有効性ないしは信頼性の向上を目指して導入されたもので、現行のディスクロージャー制度の埒外において議論されているものではないことに留意しておく必要があると思われる。しかし、現行の財務諸表監査が、いわゆる企業活動の成果として示される財務諸表といった「結果に対する監査」であるのに対して、日々刻々変動するであろうプロセスとしての内部統制に対する監査であることから、内部統制監査の実質は、「プロセスの監査」であると捉えることができる。したがって、自ずから、こうした動的な視点で捉えられる内部統制の有効性についての評価という点からは、それを「時点」ではなく「期間」といった時間軸のなかで捉えるべきとの理解がなされるものと思われる。しかし、ＣＯＳＯにおいても同様であるが、最終的に、経営者による内部統制報告書については、内部統制上の重要な欠陥についてはできるだけ速やかに是正措置を講じるとともに、期末時点までに対応が間に合っていない重要な欠陥についてはこれを開示するとの前提で、期末「時点」における評価報告書を採用することとされている（鳥羽、八田・高田共訳、一九九六、二一七―二二一頁）。

同様に、監査人サイドにあっては、監査期間中の内部統制が対象ではあっても、実際の意見表明の対象とするのは、期末日時点で表明される経営者の内部統制報告書であり、それが、一般に公正妥当と認められる内部統制の評価の基準に準拠して、適正に作成されているかについて意見表明することになるものと解される。

このように捉えた場合、今般の内部統制報告制度において最も大きな意味を有することは、内部統制上の重要な欠陥等を開示することなどではなく、経営者の意向を受けて整備・運用されている内部統制の機能状況を適宜評価するとともに、独立的な立場でのモニタリングを行うことで、内部統制の有効性を継続的に評価し、もって、本来の目的である財務報告の信頼性をより向上させることに尽きるものといえる。

4　内部統制のモニタリング機能の意義 ―独立的評価の概要―

ところで、「部会報告」によれば、内部統制の基本的要素の一つに位置づけられているモニタリングについては、以下のように規定されている。

「モニタリングとは、内部統制が有効に機能していることを継続的に評価するプロセスをいう。モニタリングにより、内部統制は常に監視、評価及び是正されることになる。モニタリングには、業務に組み込まれて行われる日常的モニタリング及び業務から独立した視点から実施される独立的評価がある。両者は個別に又は組み合わせて行われる場合がある。」

そして、さらに、日常的モニタリングについては、「内部統制の有効性を監視するために、経営管理や業務改善等の通常の業務に組み込まれて行われる活動をいう」ことから、日常的モニタリングは、通常の業務に組み込まれた一連の手続を実施することで、内部統制の有効性を継続的に検討・評価することである。このことから、組織に属するすべての者が、自らの通常の業務との関わりにおいて、有効な内部統制の整備・運用に対して何らかの役割と責任を有しているといえるのである。

一方、独立的評価については、「日常的モニタリングとは別個に、通常の業務から独立した視点で、定期的または随時に行われる内部統制の評価であり、経営者、取締役会、監査役または監査委員会、内部監査等を通じて実施されるものである」とのことから、まさに、独立的評価は、経営上の問題等につき、日常的モニタリングとは異なる視点から、定期的または随時に行われるものといえる。したがって、こうした要請に応えることのできる独立的評価としては、一般企業の場合、経営者自身による評価、取締役会による評価、監査役または監査委員会による評価、そして、内部監査部門等による評価が考えられる。

まず、経営者による独立的評価であるが、これは、経営者自身、組織の代表者として内部統制の整備・運用に最終的な責任を有していることから、かかる観点からの評価ということになるが、通常は、その責任を果たすために、内部監査部門等に適切な指示を行いその結果を監視することにより、独立的評価を遂行するのが通例であろう。

次に、取締役会による独立的評価であるが、これについては、内部統制の整備・運用に係る基本方針を決定するとともに、経営者（すなわち、取締役ないしは執行役）の職務の執行を監督する職務を担っている取締役会において、経営者が取締役会の決定に従って内部統制を適切に整備・運用しているかを監視することである。

さらに、監査役または監査委員会による独立的評価では、監査役または監査委員会が、取締役および執行役の職務の執行に対する監査の一環として、独立した立場から、内部統制の整備・運用状況を監視、検証する役割を果たすこととなる。なお、かかる監査を有効に実施するために行う監査役または監査委員会による独立的評価に際して使用する補助者については、取締役および執行役ないしは、監査対象業務からの独立性を確保することが重要といえる。

最後の、内部監査部門等による独立的評価の場合の内部監査人については、「部会報告」において「内部監査人とは、組織内の所属の名称の如何を問わず、内部統制の整備及び運用状況を検討、評価し、その改善を促す職務を担う者及び部署をいう」と規定しており、内部監査人による監査というのは、あくまでも、内部統制の基本的要素の一つであるモニタリングの一環として捉えられるべきものであるとの理解が重要である。つまり、内部監査は、一般に、経営者の直属として設置された内部監査部門（すなわち、経営の「執行」の側に立った監査）が、業務活動の遂行に対して独立の立場から、内部統制の整備・運用状況を直接監視し、必要に応じて、その改善事項を報告するものであるといえる。

このように、内部統制の有効性に関する独立的評価については、個々の業務プロセスに係る内部統制の評価だけでなく、企業全体を俯瞰したうえで組織全体にわたる内部統制の評価にいたる広範な範囲に及ぶ評価が含まれており、まさに、有効な内部統制を担保するうえで不可欠の要素であるといえる。

5 独立的評価の態様 ―内部統制のモニタリングと外部監査―

因みに、今般導入の内部統制報告制度では、より効率的かつ有効な内部統制評価を念頭に、「部会報告」でも「経営者は、内部統制の評価に当たって、連結ベースでの財務報告全体に重要な影響を及ぼす内部統制（以下「全社的な内部統制」という。）の評価を行ったうえで、その結果を踏まえて、業務プロセスに組み込まれ一体となって遂行される内部統制（以下「業務プロセスに係る内部統制」という。）を評価しなければならない」と規定している。ここにいう、「全社的な内部統制」とは、企業全体、場合によっては、連結ベースでの企業群全体に広く影響を及ぼす内部統制を意味するものと解され、内部統制の基本的要素の統制環境と深い関わりを有する領域といえる。しかし、経営者の場合、単に、全社的な内部統制だけを評価対象とすれば事足りるというものではなく、そこでの評価結果を踏まえて、業務プロセスに係る内部統制まで評価することが不可欠なのである。しかし、実際には、全社的な内部統制に関しては、出資者等（株主）の代表である取締役会および監査役または監査委員会が、一方、業務プロセスに係る内部統制に関しては、内部統制の基本的要素の中での内部監査が、直接にそれを補完ないし補助することで、経営者の独立的評価も可能となるのである。こうした視点からも、経営者による独立的評価、そして、これを支える監査役または監査委員会の監査および内部監査については、その対象領域が、全社的なものであれ、または、業務プロセスの領域のものであれ、必ず、自らの判断を行使することで、それぞれの内部統制に対して「直接的評価」を行っていくところに重要な意義がある。

とりわけ、監査役監査の場合には、法文上も、各監査役が独任制のもとで、補助者の有無いかんにかかわらず、取締役の職務の執行の監査が要請されているということから、全社的な内部統制だけでなく、任意での内部監査とは別に、業務プロセスに係る内部統制についてまで独立的評価をすることが求められているのである。そればかりか、監査役の場合、大会社において行われてきている会計監査人監査との関係から、彼らの行う監査の方法または結果に対して相当性の判断をすることとなっており、今般の内部統制監査においても、ほぼ同様の対応が想定されるのである。

しかし、内部統制報告制度の場合、まずはじめに、開示企業側の対応として、経営者による内部統制の評価が行われるのであり、それを支えるのが、内部監査および監査役監査である。かかる理解に立つならば、そして、その経営者の評価結果について会計監査人の外部監査が「間接的評価」という形で行われることに鑑みるならば、監査役サイドにおいて、計算書類に対する会計監査人監査に対する対応とは異なった対応が取られることが強く望まれるのである。会計監査人監査に対して監査役監査の側で声高に言われる「会計監査人の行う監査の方法または結果に対する相当性の判断」という視点は、この内部統制監査においては、極めて多くの矛盾を残す結果となるものと思われる。

加えて、監査役設置会社における監査役監査と、委員会設置会社における監査委員会による監査にあっては、いずれも内部統制の有効性に対する独立的評価とはいえ、特に、「業務プロセスに係る内部統制」の評価において大きな差異が見られるのである。それは、すべての監査業務を自ら直接に実施することになる監査役の監査に対して、監査委員会による監査の場合においては、全社的な内部統制については、監査委員会が関与することはあっても、業務プロセスレベルの内部統制にまで直接関与するということは、機関の性格ないし委員会構成員の位置づけから見ても、通常はあり得ない。つまり、監査委員会設置会社にあっては、それこそ、有効な内部統制の整備および運用を可能ならしめるために、特に、業務プロセスに係る内部統制の独立的評価を確保するための、

〔図表15-2〕

<table>
<tr><th>内部統制</th><th colspan="2">直接的評価</th><th>間接的評価</th></tr>
<tr><td>全社的な内部統制（「統制環境」に関係）</td><td rowspan="2">経営者による独立的評価</td><td>取締役会による評価（監査委員会監査）
監査役監査</td><td>外部監査（内部統制監査）</td></tr>
<tr><td>業務プロセスに係る内部統制（「モニタリング」に関係）</td><td>監査役監査
内部監査</td><td>監査委員会監査</td></tr>
</table>

十全な内部監査部門等の存在を前提に、それに依拠することが不可欠とされているのである。したがって、実質的には、監査委員会の場合の業務プロセスに係る内部統制の評価は、監査役監査の場合と異なって、いわゆる「間接的評価」をもって独立的な評価の目的が達成可能であると解されているのである。したがって、そのためには、監査役設置会社とは比べ物にならないほどに、内部監査機能に対する重要性が強調されるのであり、また、それが有効に機能しない場合には、最終的な経営者による評価に対しても信頼性が失墜する恐れがあるといわざるを得ないのである。

　こうした企業側における内部統制のモニタリングを踏まえたうえで、監査人による内部統制監査が行われるのである。しかし、ここでの監査については、すでにみたように、あくまでも、経営者の行った内部統制の有効性の評価結果に対しての意見表明であり、まさに、内部統制に関しての「間接的評価」と捉えることができるものである。以上のように、内部統制の独立的評価の態様につき、各レベルでのモニタリングと外部監査との関係を示したものが〔図表15—2〕である。

6 おわりに ―わが国内部統制報告制度の課題と展望―

内部統制の有効性の評価に際しては、「部会報告」での対応にもあるように、経営者を主人公にした「トップダウン・アプローチ」の下では、全社的な内部統制の評価、そして業務プロセスに係る内部統制の評価へと、ブレークダウンしていくことが指向されている。そのため、内部統制の基本的要素である「モニタリング」の実質を成す「日常的モニタリング」と「独立的評価」のうち、とりわけ「独立的評価」の実効性のいかんが、内部統制の有効性評価の適切性を左右するといっても過言ではないであろう。

しかし、「独立的評価」については、経営者の評価に大きな影響を有するであろう監査役監査と監査委員会監査とでは、「業務プロセスにかかる内部統制」の独立的評価に決定的な差異がみられることも事実である。その中でも、最も大きな違いは、監査委員会設置会社にあっては不可欠とされる「内部監査」の位置づけが、監査役設置会社の場合、ほとんどの場合に、希薄であるということである。加えて、取締役会、監査役または監査委員会の有する機能が、内部統制の基本的要素のうち、「モニタリング」だけでなく、「統制環境」に関わってくることから、取締役会だけでなく、監査役または監査委員会監査が、内部統制の整備・運用に関わる可能性があり、自らも、独立的評価の対象になるということである。

一方、内部統制の最終責任者である経営者には、すべての内部統制の評価が求められていることから、その役割を有効に達成するための方策を講じることが不可欠となる。同時に、外部監査による内部統制の間接評価が適切に履行されることで、本来の目的とされる内部統制報告制度が機能することになる。したがって、この内部統制報告制度の有効性を担保するためには、内部統制のモニタリング機能の中での独立的評価の位置づけおよびそれぞれの機能分担の明確化が急務であるといえるのである。(5)

【注】

（1）金融庁の企業会計審議会では、二〇〇五年一月二八日開催の総会において、「財務報告に係る内部統制の有効性に関する経営者による評価の基準及び公認会計士等による検証の基準について策定を行う」との役割をもった「内部統制部会」（部会長　八田進二）の設置を決議した。これを受け、同部会では、同年一二月八日、「財務報告に係る内部統制の評価及び基準の基準案」を公表するとともに、今後、内部統制に関する「実施基準」の公表を表明していたが、二〇〇六年一一月二一日に「財務報告に係る内部統制の評価及び監査に関する実施基準──公開草案（案）──」が公表された。

（2）米国の「企業改革法」と俗称される法律の正式名称は、「証券諸法に準拠し、かつ、その他の目的のために行われる企業のディスクロージャーの正確性と信頼性の向上により投資家を保護するための法」（An Act to protect investors by improving the accuracy and reliability of corporate disclosures made pursuant to the securities laws, and for other purposes）であるが、同法制定に至るまでの上下両院それぞれにおける法案提案者（ポール・サーベインズ（Paul S. Sarbanes）上院議員、メリーランド州選出、民主党およびマイケル・G・オクスリー（Michael G. Oxley）下院議員、オハイオ州選出、共和党）の名に因んで、「二〇〇二年サーベインズ＝オクスリー法（Sarbanes-Oxley Act of 2002）」と略称することが規定されている（同法一条）。なお、現実には、さらに簡略化した名称である「SOX法」と呼称される場合が多いことから、本章でも、これに倣うこととする。内部統制報告実務を規定したSOX法四〇四条（内部統制に関する経営者評価）では、以下のように規定されている。

四〇四条（a）「証券取引委員会（SEC）は、……略……各年次報告書に内部統制に関する報告書を含めることを義務づける規則を制定しなければならない。かかる規則には、以下の事項を明記すべきである。

（1）適切な内部統制の体制および財務報告のための手続の構築と維持に対する経営者の責任

（2）財務報告のための発行者の内部統制体制および手続の有効性についての、発行者の直近の事業年度末における評価」

四〇四条（b）「内部統制の評価と報告―発行者のために監査報告を作成または発行する登録会計事務所は、上記の（a）に基づく内部統制の評価に関して発行者の経営者による評価について証明及び報告を行わなければならない。本項に基づく証明は、公開会社会計監視委員会（PCAOB）が公表または採用した証明業務の基準に準拠して実施されなければならない。当該証明については、監査とは別の契約として行ってはならない。」

（3）企業改革法では、まず、三〇二条（財務報告書に対する企業の責任）において、経営者に対して、定期報告書、すなわち年次報告書および四半期報告書において、企業の事業および財政状態をすべての重要な点において適正に表示していることおよび内部統制の構築および維持の責任を負っていることなどを証明すべきことを要請している。また、九〇六条（財務報告書に対する企業の責任）において、SECに提出される財務諸表を含む定期報告書において、最高経営責任者（CEO）および最高財務担当役員（CFO）（または同等の地位にある者）に対して、財務諸表を含む定期報告書が証券取引法の規定に完全に準拠したものであり、かかる定期報告書に含まれる情報が、あらゆる重要な点において、当該会社の財政状態および経営成績を適正に表示していることを証明する文書（すなわち、宣誓書）を添付することを義務づけている。

（4）大規模企業における経営者の責任として、有効な内部統制を構築し、それを通じて企業内の監視を図ることであるとの視点を示したものが、二〇〇〇年九月二〇日に下された大阪地方裁判所の判決（大和銀行における株主代表訴訟事件）、および、二〇〇二年四月五日に発せられた神戸地方裁判所の所見（神戸製鋼所における株主代表訴訟事件に関して）であったことは、つとに有名なところである。かかる法律上の責任追及を踏まえて新たに導入されたのが会社法（および平成一四年改正の商法）での内部統制関連規定である。

（5）本章で取り上げたように、今般の内部統制報告制度が本来の主旨に適って有効実施されるためには、内部監査の有効性いかんが一つの鍵になっていると解されるが、Moody's Special Comment（2006,pp.1-9）およびCOSO（2006）は、ほぼ同様の問題意識による研究成果と、米国における新たな動向である。

【参考文献】

Comittee of Sponsoring Organizations of the Treadway Commission（COSO）（1992）*Internal Control-Integrated*

Framework AICPA, September.（鳥羽至英・八田進二・高田敏文共訳（一九九六）『内部統制の統合的枠組み―理論篇およびツール篇―』白桃書房。）

――（2006）*Request for Proposal to Develop Additional Application Guidance on Monitoring, Including Tools and Techniques,* October 17.

Moody's Special Comment（2006）*Best Practices In Audit Committee Oversight Of internal Audit,* Moody's Investers Services Global Credit Research, October,pp.1-9.

八田進二（二〇〇六a）「企業情報の開示と監査―拡大するディスクロージャーと厳格化する監査―」『會計』第一六九巻第三号、一―一五頁。

――（二〇〇六b）『これだけは知っておきたい内部統制の考え方と実務』日本経済新聞社。

初出一覧

第Ⅰ部　会計上の課題

第1章「財務報告の信頼性をめぐる諸問題—会計士監査の果たす役割についての検討を中心に—」『會計』第一五七巻第四号　二〇〇〇年四月

第2章「会計情報の拡大と監査可能性—監査範囲の拡大と監査業務の品質の確保を中心に—」『會計』第一五五巻第四号　一九九九年四月

第3章「「会計不振」払拭に向けた企業会計の新たな枠組みの検討—米国『企業改革法』を手掛かりとして—」『會計』第一六三巻第四号　二〇〇三年四月

第4章「企業情報の開示と監査—拡大するディスクロージャーと厳格化する監査—」『會計』第一六九巻第三号　二〇〇六年三月

第5章「会計操作をもたらす諸問題—わが国の会計・監査制度を巡る課題を中心に—」『会計プロフェッション』第四号　二〇〇九年三月

第Ⅱ部　監査上の課題

第6章「会計士監査の進むべき方向性—情報監査と実態監査の議論を超えて—」『会計プログレス』創刊号　二〇〇〇年九月

第7章「わが国会計士監査の目指す道」『税経セミナー』第四五巻第一七号　二〇〇〇年一一月

第8章「不正問題に対する監査上の課題—我が国の監査基準における取組みを中心に—」塩原一郎編『現代会計—継承と変革の狭間で—』創成社　二〇〇四年三月

第9章「新世紀における監査の動向—外部監査と内部監査の行き着くところ—」『駿河台経済論集』第一〇巻第二号　二〇〇一年三月

第10章「会計情報監査と不正摘発監査」『企業会計』第五六巻第一号　二〇〇四年一月

第11章「企業情報の拡大に伴う保証の範囲と水準」『會計』第一七三巻第六号　二〇〇八年六月

第Ⅲ部　コーポレート・ガバナンス上の課題—内部統制問題を中心に

第11章「イギリスにおける内部統制の議論」『會計』第一五二巻第三号　一九九七年九月

第12章「カナダにおける内部統制の議論」『産業経理』第五七巻第二号　一九九七年七月

第13章「内部監査とコーポレート・ガバナンス—内部統制を核としての検討」『企業会計』第五三巻第一号　二〇〇一年一月

第14章「わが国の内部統制報告制度の概要と実務上の課題」『会計プロフェッション』第三号　二〇〇八年三月

第15章「内部統制報告制度の課題と展望—内部統制のモニタリング機能の担い手の視点から—」『會計』第一七一巻第一号、二〇〇七年一月

《著者紹介》

八田　進二（はった　しんじ）
一九四九年八月三日生まれ
青山学院大学大学院会計プロフェッション研究科教授

会計プロフェッションと監査

――会計・監査・ガバナンスの視点から――

二〇〇九年八月三日　初版発行
著　者――――八田進二
ⓒShinji Hatta 2009
発行者――――中島治久
発行所――――同文舘出版株式会社
http://dobunkan.co.jp/
東京都千代田区神田神保町一―四一
〒一〇一―〇〇五一
電話　営業〇三―三二九四―一八〇一
印刷・製本――三美印刷
ISBN978-4-495-19351-5